4차 산업혁명과 표준화

: 사례 모음

이희진·주한나·최동근 편저

박영사

이 저서는 2017-2019년도 산업통상자원부 및 산업기술평가관리원(KEIT)
연구비 지원으로 개발된 사례 연구임(과제번호-10078309)

추천사

"기술혁신의 촉진과 수출경쟁력의 제고를 위한
도구로서 표준을 전략적으로 활용해야"

중국에서는 "일류 기업은 표준을 만들고, 이류 기업은 브랜드를 만들고, 삼류 기업은 제품을 만든다"는 말이 있습니다. 최근 중국이 스마트시티, 인공지능 등 4차산업혁명을 선도하기 위해 ISO, IEC, ITU 등 국제표준화 무대에 적극 뛰어들고 있는 까닭입니다. 중국의 빠른 경제성장과 국제표준에서의 도약이 우리에게 표준의 중요성과 앞으로의 전략에 대해서 되돌아보게 합니다.

그간 우리나라는 뛰어난 인적자원과 근면성을 바탕으로 세계 7위 경제 대국의 반열에 올라섰습니다. 우리의 지난 경제 성장의 역사는 산업 선진국의 발전 경로를 따라가는 추격의 과정이었습니다. 그 밑바탕에는 빠른 산업화의 디딤돌이 되었던 선진국의 산업 표준이 있었습니다.

하지만 최근 이러한 수출 동력이 미국, 중국 등은 물론 근래 들어 급성장하고 있는 인도, 아세안 등 신흥국들과의 경쟁구도 속에서 큰 어려움에 직면하고 있습니다. 한강의 기적을 일군 과거의 성공방식이 더 이상 통하지 않는 시대가 왔다는 신호라고 생각합니다. 추격자로서의 이등 전략에서, 우리가 표준과 기준을 만들어가는 일등 전략을 수립하기 위해 기본과 원칙(Back-to-Basic)으로 되돌아가는 전략이 필요합니다.

지금 세계는 산업 간 경계를 뛰어넘는 4차 산업혁명 시대에 융복합 신산업의 주도권을 잡기 위해 치열한 표준 전쟁을 벌이고 있습니다. 정부에서도 최근 '4차 산업혁명 시대 국제표준화 선점 전략'을 마련하고 국무총리 주재로 열린 '국정현안점검조정회의'에서 이를 논의한 바 있습니다. 동 전략의 핵심 목표인 '300－60 프로젝트'는 전기·자율차, 스마트시티 등 10대 표준화 분야의 국제표준을 300종 제안하고, 국제표준화기구 의장단을 60명까지 확대함으로써 국제표준화에 있어 우리나라의 영향력을 높인다는 것입니다.

이러한 맥락에서 금번 「4차 산업혁명과 표준화: 사례 모음」 도서를 발간하게 된 점을 매우 환영합니다. 특히 이 책은 학계, 연구계, 업계 등 국내외 전문가들이 전기차 등 융합 산업에서의 표준의 역할과 전략, 통신 분야 등 무역 분쟁에서의 표준의 중요성, 선진국·개도국 등에서 표준의 다양한 정책 등을 종합적으로 정리한 데 그 의의가 크다고 하겠습니다.

이 책의 발간이 계기가 되어 4차 산업혁명 시대에 기술혁신과 안전, 그리고 수출 경쟁력 제고를 위한 표준의 역할과 특징에 대한 학계와 차세대 리더들의 이해와 관심을 높이고 관련 교육 및 연구가 활성화되기를 기원합니다. 아울러 이 책이 기업이 신제품 개발 시에 표준화 전략을 수립하고, 관련 정부부처가 표준관련 정책을 수립하는 데 좋은 촉매제가 되기를 바랍니다.

우리나라의 젊은 청년들이 "한국이 기술과 제품을 만들면, 글로벌 시장의 표준이 됩니다"라는 말을 당당하게 할 수 있는 4차 산업혁명 시대가 되기를 소망합니다. 감사합니다.

2019. 6.
국가기술표준원장
이 승 우

서문

"발 빠른 추격자(fast-follower)의 품질 전략에서 새로운 분야를 개척하는 선도자(first-mover)의 표준 전략으로"

–글로벌 시장을 선도하기 위해 우리가 사례에서 배워야 할 것들–

우리나라에서 표준화에 대한 강의가 본격적으로 시작된 것은 1962년 '제1회 품질관리 강습회 교재' 시리즈가 발간된 해로 볼 수 있다. 이때의 표준화 교육은 공장에서 샘플링 방법 등 품질관리에 필요한 표준화 내용이었다. 1962년은 제1차 경제개발 5개년 계획(1962~1966)이 착수된 시기로, 한국의 표준화가 정부 주도로 기술진흥을 위한 '공업화 정책'의 일환으로 추진된 특징을 보여 준다(김찬우, 2011). 이후 우리나라 표준화 교육은 1990년대까지 공업화와 품질 향상의 수단으로써 활용하기 위한 현장 교육과, 대학 내 산업공학 전공에서 이론 교육으로 이루어져 왔다.

1960년대부터 1990년대까지의 국가표준(KS) 제정도 일본, 독일, 미국 등 선진국 표준의 도입을 중심으로 이루어졌다. 1987년을 예로 들면 국가표준(KS) 중 선진국 표준을 도입한 비중은 81.1%에 달했다(공업진흥청, 1987). 1960년대부터 1990년대는 선진국의 표준을 산업현장에 도입하기 위한 발 빠른 추격자(fast-follower) 차원에서 생산관리 등의 목적으로 표준을 관련 교육에 반영한 시기라고 볼 수 있다.

1990년대는 ISO 9001, ISO 14001 등 ISO 경영시스템 표준과 인증이 한국을 포함해 전 세계적으로 확산된 시기다. 특히 1995년 WTO TBT(무역기술장벽)협정문이 발효되면서, 국가표준제정 활동도 1990년대 후반부터 선진국 표준 도입에서 TBT협정문이 강조하는 ISO 및 IEC 등 국제표준을 KS로 도입하는 변화의 시기였다. 이 시기의 국가표준은 2000년 10,835종에서 2010년 23,622종으로 확대되었는데, 대부분 ISO와 IEC 국제표준을 KS로 도입한 결과이다.

1990년대 변화의 시기를 거치면서, 2000년대에 들어서 표준화 교육이 '품질관리' 뿐만 아니라 '국제표준' 또는 '기술표준'으로·확대되었다. 대학 교육도 2004년 '미래사회와 표준'이라는 교재가 발간되고 11개 대학에서 동일한 제목의 강의가 다양한

서문

전공으로 개설되기 시작했다(Choi & de Vries, 2013). 표준화 교육의 내용이 사내표준과 품질뿐만 아니라, 새로운 산업화 과정에서 필요한 국제표준의 중요성과 전략 등에 대한 이론과 사례를 담게 되었다. 이후 표준화 강좌는 2000년대 후반 50여 개 이상으로 개설 강좌수가 확대되었다가, 현재는 20개 안팎의 대학에서 개설되어 운영되고 있다. 실제 대학의 강좌개설도 다양한 전공의 공과대학, 경영·경제·통상 등 사회과학으로 확대되는 시기이다.

2016년 정부가 수립한 '제4차 국가표준기본계획(2016-2020)'에는 산업간 융·복합이 확대되는 환경 변화에 따라, 표준 전문 인력의 체계적인 양성과 표준 특성화 대학원 육성에 대한 목표가 제시되었다. 같은 해에 2004년부터 대학의 표준화 교재로 활용되던 '미래사회와 표준'도 '스마트시대와 표준'으로 개정되어(7판) 출간하게 되었다. '스마트시대와 표준' 교재는 학부의 개론서로서 유용하게 활용되어 왔으나, 표준의 다양한 측면을 깊이 있게 논의하기 위한 교재로는 아쉬운 부분이 있었다. 이에 대학원 수준 또는 전문가 교육을 위한 교재의 필요성에 대한 공감대가 이루어져 있었다.

이번에 발간된 '4차 산업혁명과 표준화: 사례 모음'은 국내에서는 처음으로 4차 산업혁명과 융복합 산업시대의 최신 표준화 사례를 시작으로 무역 분쟁 및 사회변동에서 표준의 역할을 다룬 사례를 모았다. 또한 개발도상국 발전과 표준의 연관성을 보여주는 사례, 그리고 철도 궤간 표준과 국가통합의 관계도 엿볼 수 있는 역사적 사례도 포함되어 있다. 이 사례 모음은 아래와 같이 구성되어 있고 교육대상과 활용목적에 따라 다양한 방식으로 사용될 수 있다.

◆ 첫 번째 묶음. 융합 산업과 표준화

이 책의 첫 번째 묶음(1부)에서는 신산업 분야에서 일어나는 표준화 경쟁 사례를 다룬다. 이 사례들은 기업전략 또는 산업정책에 있어서 표준의 역할에 대한 이해를 높여줄 것이라고 기대된다. 대학의 (기술)경영 전공에서 논의하기 좋은 주제로 구성되어 있으며, 정책학 또는 공학 분야의 전공에서도 흥미롭게 다룰 만한 내용들이다.

Case 01 _ 전기자동차 충전의 통신표준에서 문제가 발생한 이유는 무엇인가?

지난 2012년 독일 BMW는 글로벌 전기차 시장에서 사실상 표준의 지위를 얻어가고 있던 콤보 충전 표준을 채택하여 국내 전기차 시장에 진입하였다. 그 과정에서 국내 스마트그리드 전력망의 원격검침용 통신 기술과 간섭을 일으키는 문제가 발생하였다.

이 사건은 전기자동차업계가 산업 내부에서 전기자동차 표준들 사이의 경쟁만을 들여다볼 것이 아니라, 4차 산업혁명 시대에는 타 산업 표준과의 충돌과 조화도 고려해야 할 필요성을 부각시키는 의미 있는 사례이다. 본 사례는 단순히 해외표준과 국내표준 간 충돌이 아니라, 자동차 산업과 전력 산업이라는 이종산업 간 표준 충돌의 사례라는 점에서 흥미롭다. IoT로 대표되는 4차 산업혁명 시대에 더욱 확산될 이종산업 간 융합과 그 융합 과정에서 일어날 다양한 표준 충돌 이슈의 서막으로 볼 수 있다.

본 사례를 통해 4차 산업혁명 시대 융복합 산업에서 유관 또는 이종산업 간 표준 충돌과 조화의 복잡성을 보다 폭넓은 시각으로 이해하고 논의할 수 있을 것으로 기대된다.

Case 02 _ 화웨이는 성장전략으로 표준화를 어떻게 활용하는가?

화웨이는 지난 2012년 스웨덴 제조업체인 에릭슨을 제치고, 통신장비 분야에서 세계 최대 매출 기업이 되었다. 성장 과정에서 ICT 표준의 중요성을 인식하고 통신 관련 표준화 기구인 3GPP에 적극적으로 참여하여, 사물인터넷 통신 표준 및 5G 표준 개발 과정에서 주도적 역할을 하고 있다.

특히 사물인터넷 표준 중 하나인 협대역 사물인터넷(NB-IoT) 표준화 과정에서 보다폰을 포함한 여러 기업과 협력하여 해당 표준화를 선도하였다. 현재 보다폰, 유블럭스, 차이나유니콤, 도이치텔레콤 등 여러 기업과 함께 사물인터넷 생태계를 조성하여 NB-IoT 상업화를 추진하고 있다.

본 사례를 통해 화웨이의 성장 과정에서 혁신과 표준의 중요성을 이해하고, 사물인터넷 표준에 기반을 두고 생태계를 구축하는 화웨이의 전략을 엿볼 수 있다.

서문

Case 03 _ 표준특허가 왜 삼성과 애플의 분쟁이 되었는가?

우리는 현재 가전제품, 자동차 등 오늘날까지 네트워크에 연결되지 않았던 많은 물건이 연결될 사물인터넷 시대, 그리고 방대한 양의 데이터를 5세대 이동통신표준을 기반으로 해서 무선으로 교환하는 시대를 맞이하고 있다. 사물인터넷은 제품 혹은 서비스 간의 상호운용성을 전제로 하는데, 상호운용성은 표준을 통해서만 가능하기 때문에 앞으로 표준의 중요성은 더욱 커질 전망이다. 특히 표준문서의 규격을 구현하는 과정에 반드시 필요한 기술이 있는데, 그런 기술이 담긴 특허를 표준특허라 부른다.

본 사례는 삼성 대 애플의 특허분쟁을 통해 표준특허 문제를 다룬다. 무선이동통신 산업에서는 표준특허가 오래전부터 문제가 되어왔으나, 좀처럼 해결이 되지 않고 있다. 기존의 표준특허 분쟁은 표준특허의 강한 영향력을 재확인시켰지만, 삼성과 애플의 분쟁은 표준특허의 한계점을 드러낸다.

본 사례는 표준특허의 개념을 이해하고, 표준특허로 인해 발생하는 문제점을 분석하고 이에 대응하는 방법을 제시하는 데 도움이 될 수 있을 것이다.

Case 04 _ How and Why did Blu-ray beat HD-DVD?

이 책의 다른 사례들이 주로 공적(de jure) 표준화 사례를 주로 다루는 데 반해, 이 사례는 사실상(de-facto) 표준화 사례를 다룬다. 사례에서는 기존연구를 토대로 표준경쟁을 R&D, 기술적 실현가능성, 시장창출 가능성, 시장경쟁, 시장경쟁 이후라는 다섯 단계로 나누어서 표준 경쟁에 영향을 미치는 다양한 요소를 비교한다. 예를 들면 브랜드 평판, 기술적 우위, 보완 상품, 가격 전략, 배포 전략, 현재/누적 시장점유율, 공급업체 등이다. 예를 들면, 소니가 게임 콘솔에 Blu-ray를 통합했기 때문에 유리한 입장을 차지했다. 만약 마이크로소프트가 콘솔에서 HD-DVD를 통합했다면, 유용한 전략이 되었을 수도 있다.

본 사례를 통해서 사실상 표준 경쟁에 영향을 미치는 요소를 이해하고, 기업(컨소시엄)의 승리 또는 패배의 원인을 분석하고 전략을 수립하는 데 유용할 것이다.

Case 05 _ Why did it take so long to develop the LSA Standard in Europe?

라디오 주파수 대역에 대한 수요가 급격히 증가하면서, 그것의 제한적인 가용성이라는 맥락에서 주파수 공동 사용(LSA)의 개념이 등장했다. 주파수 대역의 사용 비효율을 처리하고 새로운 비즈니스 모델을 가능하게 하는 방법으로 여겨지면서 표준화가 추진되었다.

이 사례는 ETSI의 주파수 공동 사용(LSA) 표준에 대한 기능적 요구 사항을 설명하며, 그 상호운용성의 중요성을 설명한다. 특히, 연구개발 활동과 표준화 연계가 매우 부족하다는 것을 지적하고 있다.

이 사례는 표준개발에 있어서 다양한 이해관계가 존재하고, 국제표준개발에 있어서의 복잡하고 상호 연결된 환경을 이해하도록 돕는다. 또한 표준개발에서 상보성, 의존성 및 형평성을 추구하면서 특정 표준 및 표준개발조직을 검색할 수 있는 기회를 학습자에게 제공할 수 있을 것이다.

◆ 두 번째 묶음. 무역, 사회변동과 표준화

이 책의 두 번째 묶음(2부)에서는 표준이 양자 또는 다자 무역에서 갈등·분쟁 요인이 되는 세 가지 사례와 사회변동(여기서는 고령화)이 어떻게 새로운 표준화 수요를 만들어내는지를 보여주는 사례를 다룬다. 한 국가의 표준이 수출·수입 전략 또는 통상 정책에서도 어떻게 작용하는지에 대한 이해를 높일 수 있을 것이다. 대학원의 국제통상 또는 무역 관련 전공에 적합한 사례들이며, 정책학 또는 사회복지 등의 전공에도 흥미로운 내용일 것으로 생각된다.

Case 06 _ 왜 한미 FTA의 통신 챕터에는 표준관련 조항이 포함되었는가?

본 사례는 2000년 초반 한국형 무선인터넷 표준 플랫폼 규격인 WIPI 단일표준화를 둘러싼 우리나라와 미국과의 통상 갈등을 다룬다. 휴대용 단말기에서 무선인터넷을 사용하기 위해서는 응용프로그램이 기기의 운영체제에 접속하여 운영체제의 다

서문

양한 기능을 이용할 수 있도록 해주는 모바일 플랫폼이 필수적이다. 우리 정부는 독자적으로 WIPI를 개발하여 단일표준화하고 모든 휴대단말기기에 WIPI 탑재를 의무화했다. 반면 미국 정부는 WIPI 의무화가 국제통상규범에 합치하지 않고 과도하게 무역제한적인 조치라고 주장하며 통상차원에서 우리 정부를 압박해 왔다. 결국 양국이 WIPI 이외에 다른 모바일 무선인터넷 플랫폼도 허용하는 것으로 합의하면서 갈등은 봉합되었다. 이후 미국은 한미 자유무역협정(FTA)을 포함하여 자국이 체결한 FTA 통신 챕터에 기술선택 유연성 조항을 삽입하여 정보통신 분야의 기술표준 조치를 규율하는 새로운 통상규범을 만들어가고 있다. 국내 기술을 활용한 정보통신 기술표준의 개발과 표준화 과정이 국가 차원의 통상 분쟁으로 이어질 수 있다는 점을 보여줬다는 점에서 본 사례가 시사하는 바가 크다.

이 사례를 통해서 정보통신 분야에서 기술표준의 중요성을 이해하고, 하나의 표준에 대해 국가별 입장 차이를 분석하고 대응 방안을 수립할 수 있을 것이다.

Case 07 _ 고령화 사회에서 ICT 기반 서비스에 표준이 왜 필요한가?

본 사례는 고령화 사회에 대한 대응 방안으로서 ICT 융복합 산업시대에서의 표준 전략에 대해 다룬다. 최근 전 세계적으로 4차 산업혁명 시대의 핵심 기술인 인공지능, 빅데이터 및 사물인터넷 등을 활용한 ICT에 기반한 서비스 구축을 중심으로 산업 혁신이 진행되고 있다.

본 사례에서는 국내외 고령자를 위한 ICT 기반 서비스 및 국제표준개발 기구의 동향을 살펴보고, 고령자 서비스와 관련된 표준의 역할을 이해하고 예상되는 어려움을 극복하기 위한 전략을 논의할 수 있을 것이다.

Case 08 _ 누가 '담배 유해성' 포장 표준을 만들었는가?

본 사례는 담배를 홍보하려는 산업계와 흡연의 유해성에 대한 경각심을 높이려는 보건계가 논쟁을 벌이면서 만들어진 국제표준을 분석한 사례이다. 담배 산업계는 흡연에 대한 긍정적 이미지를 부각하며 산업을 확대하고 산업의 글로벌 가치사슬을 구축하며 국제무역을 활성화하고자 했다. 반면에 보건계는 흡연의 유해성을 전파하고 경각심을 확산하여 담배시장과 산업을 제약하려고 하였다. 보건계는 이 문제를 국제사회의 논의를 통해서 담배 유해성에 관한 WHO의 담배규제기본협약(FCTC)이라는 국제기준을 도입하는 데에 성공하였다.

본 사례를 통해서 누가 흡연감소를 위해 국제표준화를 제안하였으며, 산업계는 이에 대해 어떻게 반응했는지 살펴볼 수 있다. 특히, 표준화 과정에서 기업의 상업적인 가치와 공공의 가치가 상충되는 측면을 분석할 수 있을 것이다.

Case 09 _ What is Vodka? Who defines Vodka?

2007년 6월 유럽의회에서는 난데없이 술을 둘러싼 논쟁, 표준전쟁이 벌어졌다. 그런데 이번 표준전쟁은 조금 다르게 불이 붙었다. 문제가 된 것은 VHS vs. Betamax 또는 HD-VDV vs. Blu-ray와 같은 기술표준 경쟁이 아니었다. 유럽 국가들이 보드카의 정의와 레이블링(labelling)을 가지고 열띤 논쟁을 벌였다.

보드카를 만드는 방법은 여러 가지가 있고 그 정의도 다양하다. 그런데 EU 무역법 아래에서는 모든 종류의 '증류주'가 모두 '보드카'로 상표를 달고(labelled) 팔릴 수가 없다. 이를 둘러싸고 여러 나라의 보드카 생산자, 이를 대표하는 정부들이 논쟁을 벌였다. 왜냐하면 보드카라는 이름을 걸고 자신들이 생산하는 술을 팔 수 있느냐 없느냐 하는 사업상의 사활이 걸린 문제였기 때문이다.

이 보드카 표준 사례는 표준이란 무엇이고, 어떤 종류의 표준이 있는지를 이해하고, 표준 분쟁에서 국가(정부)와 기업들의 역할은 무엇인지 살펴볼 수 있을 것이다.

◆ 세 번째 묶음. 표준의 다양성

세 번째 묶음(3부)에서는 인삼, 고무, 철도라는 1차 산업과 기간 산업에서의 표준화 사례를 통해서 표준의 다양성에 대한 이해를 높일 수 있다. 표준은 제조업 등 2차 산업, 정보통신기술 분야뿐만 아니라 농업, 고무 등 1차 산업이나 철도 등 인프라 산업 등 다양한 분야에서 개발되고 활용된다. 세 번째 묶음의 사례는 개발도상국의 산업

서문

발전과 표준을 다루므로 국제개발학 전공의 교육에서 사용될 수 있다. 또한 호주 철도 사례는 철도 궤간표준과 국가통합이라는 주제를 다루고 사회학, 정치학, 교양학부 등에서 기술과 사회변동의 사례로도 활용될 수 있다. 이밖에 다양한 사회과학 및 공학 수업에서도 관련 수업에 활용될 수 있을 것으로 기대된다.

Case 10 _ 왜 중국은 '고려인삼 재배 기법 표준'을 제안했는가?

이 사례는 중국이 고려인삼으로 불리는 파낙스 인삼(Panax Ginseng) 및 그 종자의 품질시험 검사 방법(이하 고려 인삼 재배 기법)이 국제표준으로 되기까지의 과정을 다룬다.

이 사례는 첫째, 소수의 생산자로 이루어진 과점적 시장의 전형적 사례이다. 이 과점 시장의 참여자인 중국은 고려 인삼 재배 기술을 국제표준화기구(ISO)에 제안하여 2014년 국제표준으로 인정받았다. 둘째, 개발도상국이 자국 기술과 상품을 국제표준으로 만들기 위한 노력을 다룬다. 이렇게 접근하면 본 사례는 국제표준화의 대상으로서 틈새(niche) 분야를 찾는 과정에 대한 정보를 제공한다. 셋째, 국제 및 국내 표준화에서 의사 결정 과정에 대한 중요한 시각을 제시하고 있으며, 학습자들은 이 점을 잘 숙지하여 사례를 분석한다면 변화하는 국제 환경에서 우리나라의 이익을 제고하는 방향으로 표준화 전략을 구상할 수 있을 것이다.

본 사례에서 중국 정부가 왜 고려 인삼 재배 기법을 ISO에 국제표준으로 제안했으며, 한국 등 주변국들의 반대가 심했는데도 불구하고 중국은 어떻게 자국의 기술을 성공적으로 국제표준으로 만들었는가에 대한 논의를 할 수 있을 것이다.

Case 11 _ 베트남은 고무 국가표준화를 통해 산업 발전에 성공하였는가?

이 사례는 베트남에서 천연고무 라텍스에서 알레르기 항원 단백질 제거 기술과 관련된 제품의 시험 방법을 국가표준으로 개발하는 과정을 다룬다. 베트남에서 고무 산업은 전통적으로 주요 수출 산업이었으며, 고무나무 재배, 고무 원액의 처리부터 산업 원재료로서 고무제품 생산에 이르기까지 국영기업을 중심으로 가치사슬이 형성되어 있었다.

베트남 정부는 품질을 개선하고, 제품 생산 역량 강화를 통해 고무 제품 순수입국에서 탈피하기 위한 전략을 고심하여 왔다. 이 사례는 국가표준화가 어떻게 라텍스 알레르기 항원 단백질 제거라는 혁신 기술을 전파해 고부가가치 상품 개발을 촉진하고, 나아가 국내 제품 생산 역량을 강화하기 위한 산업 정책으로 활용될 수 있는지를 살펴본다.

이 사례를 통해 전문가들이 국가표준화 과정에 참여하게 되는 과정에서 어떤 요인들이 주요하게 작용하였는지를 살펴본다. 또한 개발도상국의 산업 정책으로서 국가 표준화 활동과 혁신과의 관계를 이해할 수 있을 것이다.

Case 12 _ 호주 철도는 왜 표준화가 되지 못했는가?

호주의 철도 궤간 단절(breaks of gauge)은 철도 인프라 건설이 한창이던 19세기 중반부터 기원한다. 당시 현재 호주의 각 주는 영국의 개별 식민지(colony)였고 각 주는 철도 건설에 있어서 독자적인 궤간(gauge)을 사용했다. 여객들은 주 간 경계에서 기차를 갈아타고, 화물들은 다른 기차로 옮겨 실어져야 했다.

호주에서는 1901년 호주연방이 설립되고 하나의 국가로 되면서 궤간 단절을 해소하려는 노력이 계속 제기되었지만 20세기 후반에 들어서야 겨우 주요 도시를 잇는 표준궤도 철도가 건설되었다. 이는 현재에도 영향을 미치고 있는데 호주 철도는 다른 나라에 비해 상대적으로 발전이 뒤처져 있다.

이 사례에서는 호주에서 궤간 단절이 생긴 경제적, 정치적 및 사회적 원인을 논의하고, 또한 이 표준화 실패가 가져온 사회적 영향을 알아본다. 이 사례를 통해서 경제 또는 사회 통합에서 표준의 중요성을 이해하고 논의할 수 있을 것이다.

이 사례 모음은 대학원 또는 전문가 교육과정에서 표준/표준화의 복잡성을 이해하고, 토론 주제를 제시하는 것을 목적으로 작성되었다. 더불어 표준의 역사, 사회적 의미, 기술발전 및 사회변동과 표준 등의 주제에 관해서 좀 더 깊이 있는 읽을거리를 원하는 일반 독자도 쉽게 읽을 수 있도록 이야기 중심으로 작성되었다. 아무쪼록 다양한 분야의 전문가, 일반인과 학생들이 급격한 기술변화 및 사회변동의 맥락에서

서문

표준의 역할을 이해하는 계기가 되었으면 한다. 또한 글로벌 시장에서 우리 기업이 선도자(first-mover)가 되기 위한 표준 전략과 정책을 수립하는 데 도움이 될 수 있기를 기대한다.

– 이희진(연세대), 주한나(한림대), 최동근(한국표준협회)

[참고 문헌]

공업진흥청(1987), 품질백서.

김찬우(2011), "한국의 산업화와 표준정책 - 박정희 정권의 경제 계획적 표준화 도입배경과 국가 주도 표준화의 진수", 「대한정치학회보」 18집 3호, pp.161~181.

Choi & de Vries. (2013). Integrating standardization into engineering education: the case of forerunner of Korea. *International Journal of Technology and Design Education*. 23-4.

차례

PART 01 융합 산업과 표준화

차례

차례

PART

01

융합 산업과 표준화

전기자동차 충전 통신표준 vs. 스마트그리드 통신표준: 융복합 산업시대의 표준 전략*

Chapter 01

이희진(연세대학교 국제학대학원)
허준(한양대학교 박사과정)

1. 2013년, 글로벌 전기차 충전 표준의 국내 불시착

2013년 하반기 BMW의 전기자동차(이하 전기차) 모델 i3의 국내 출시 계획이 발표되면서 국내 전기차 충전 표준 논란이 시작되었다. BMW i3는 미국 및 유럽의 자동차 업체들이 채택하면서 사실상 글로벌 전기차 충전 표준으로 인정받고 있던 콤보[1] 방식의 충전 표준을 사용하고 있었다. 반면 국내에서는 일본 업체들이 개발하여 당시 널리 채택되었던 차데모 충전 방식이 표준으로 인정받고 있었다.

그러나 국내 전기차 충전 표준 정책이 단수의 표준만을 고집하거나, 글로벌 표준에 대해 폐쇄적인 정책을 추진하던 상황은 아니었다. 차데모 외 AC 3상이라는 기술도 국내 표준으로 인정받고 있었으며, 차데모와 AC 3상 표준 모두 글로벌 표준을 국내 표준으로 인정한 사례였다. 그렇다면 국내 자동차업체들의 반발이 있었던 것일까? 그렇지 않았다. 현대·기아차의 경우 당시 차데모 기술을 채택한 쏘울 및 레이 전기차 모델을 생산하고 있었지만, 그 판매량이 많지 않았으며, 국내 전기차 사업에 대해 다소 보수적인 입장을 취하고 있었기 때문에 이렇다 할 의사표시를 하지 않고 있었다. 미국계 자동차업체인 쉐보레의 경우 콤보 방식을 오히려 지지하고 있었다.

* 이 사례는 허준·이희진(2015), '미래 융합 산업 표준 전략: 전기자동차 충전 표준과 스마트그리드 통신 표준 충돌사례', 기술혁신연구, 제23권 제3호, pp.137~167을 바탕으로 작성되었음.

1 미국자동차공학회(Society of Automotive Engineers: SAE)에서 개발한 전기차 충전 시스템의 한 방식으로 북미형 5핀과 유럽형 7핀 방식이 있으며 BMW는 국내에서 북미형 5핀을 채택했다(<표 1.3> 참조).

BMW의 콤보 방식에 정작 반기를 든 곳은 자동차업체가 아닌 한국전력공사였다. 전력이라는 이종 산업에서 사업을 영위하고 있던 국내 공기업이 글로벌 전기차 표준의 국내 진출에 반발하고 나섰던 이유는 무엇이었을까? 국가표준 제정을 관장하던 국가기술표준원은 왜 콤보의 국내표준화 과정에 어려움을 겪었을까?

이는 BMW i3가 채택했던 콤보의 통신표준이 국내 차세대 지능형 전력망인 스마트그리드[2] 통신표준과 충돌을 일으켰기 때문이었다. 전기차를 충전하기 위해서는 차량 내 배터리 관리 장치(Battery Management System)와 충전기 간 충전 상태, 과금 등의 정보가 교환되어야 한다. 콤보 표준에서 사용되던 통신 기술은 HPGP PLC[3](IEEE P 1901, 2010.12)로 이는 전력선을 통신선으로 사용하는 기술인 PLC(Power Line Communication) 기술의 일종이다. 한편 국내 스마트그리드의 경우 원격에서 전기 사용량을 검침할 수 있도록 원격검침 인프라(Advanced Metering Infrastructure: AMI)가 설치되고 있었는데, 이때 검침 정보를 주고받는 통신 기술로 또 따른 PLC 기술인 HS PLC를 채택하고 있다. HS PLC는 한국전력에서 국가표준(KSX4600-1, 2006.5)으로 개발한 후 국제표준(ISO/IEC12139-1, 2009.7)으로 등록한 기술이었다. 문제는 콤보의 HPGP PLC 통신표준과 국내 스마트그리드 원격검침에 사용되는 HS PLC 통신표준[4]이 중첩된 주파수 대역을 사용하면서 상호 통신 간섭이 발생한다는 점에서 시작되었다. 산업통상자원부 산하 한국전기연구원의 실험 결과에 따르면 콤보 방식으로 전기차 급속충전을 하는 경우에는 문제가 없었으나, 완속충전을 할 경우 스마트그리드 원격검침 데이터의 18.9%[5]가 소실되어 정상적인 과금이 불가능한 것으로 드러났다(박주승, 2014). 이후 공공충전시설의 경우 급속충전이 일반적이겠지만, 가정에서 이루어지는 전기차 충전의 경우 대부분 밤 시간에 완속충전으로 이루어질 것이기 때문에 국내 스마트그리드 환경에서 콤보 충전 표준을 허용하는 것은 현실적으로 불가능했다.

---

2 전기의 생산, 운반, 소비 과정에 정보통신 기술을 접목하여 공급자와 소비자가 서로 상호작용함으로써 효율성을 높인 지능형 전력망을 말한다.

3 전기전자기술자협회(Institute of Electrical and Electronics Engineers: IEEE)의 단체표준이다. 또한 국제표준 ISO/IEC 15118-3의 부록 A 규정(Normative)으로 채택되었다.

4 관련 통신표준 번호는 <부록 1> 참조.

5 국내 기업 아이엔씨는 2016년 5월 국제표준(ISO/IEC12139-1)을 만족하면서 AMI 및 전기차 충전 인프라와 호환 가능한 PLC 칩을 개발하였다.

결과적으로 이 논쟁은 국내 스마트그리드 보급 사업이 아직 시험 단계에 머물러 있는 상황에서 BMW가 완속충전에 당분간 PLC 통신 기반 서비스를 제공하지 않는 것으로 합의하고, 2014년 1월 29일 콤보 기술이 한국자동차공학회의 단체표준[6](KSAE SAE 1772-2040, 2014.1)[7]으로 제정되면서 일단락되었다. 그러나 향후 야간 완속충전이 국내 전기차 충전의 가장 일반적인 충전 행태로 자리 잡을 경우 또다시 논란이 불거질 수 있다. 전기차의 차량 소프트웨어를 원격에서 자동으로 업그레이드[8]하는 등 PLC 통신이 가져올 여러 가치들을 고려한다면 결국 BMW도 콤보 완속충전에 PLC 통신의 재도입을 시도할 가능성도 남아 있다. 이 경우 콤보 기술과 스마트그리드 간 통신간섭 문제는 언제든지 다시 불거질 수 있다.

2. 국내외 전기차 및 전기차 충전 인프라 현황

전기차 시장 전문 조사기관 EV세일즈에 따르면 2017년 글로벌 전기차 판매 대수는 98만대에 이르며, 2018년에는 더욱 성장하여 137만대, 2020년에는 255만대를 넘어설 것으로 전망하고 있다. 글로벌 자동차업체들 또한 최근 경쟁적으로 전기차 출시 로드맵을 발표하고 있다. 자동차 판매 대수 기준 세계 1위 자동차업체인 폭스바겐은 2025년까지 전기차 모델을 50종 이상으로 확대하는 목표를 발표하였다. 독일의 프리미엄 자동차 브랜드인 벤츠는 2022년까지 10종, BMW는 2025년까지 12종을 출시할 예정이다. 전기차보다는 수소연료전기차 개발 및 확산에 집중하고 있던 도요타 또한 2020년대 초반까지 10종의 전기차 모델 출시를 발표하였다. 현대·기아차의 경우 2025년까지 전기차 모델을 14종으로 확대하는 계획을 발표했다(김성민, 2017).

전기차의 상품성도 크게 개선되고 있다. 전기차의 대표적인 구매 장벽으로 작용하던 1회 충전시 주행가능거리가 개선되고 있다. 초기에는 1억 원 이상 고가의 테슬라 차종들과 GM의 최신 전기차 모델 볼트(Bolt)만이 1회 충전 시 300km 이상의 주행이 가능할 뿐 대부분 주행거리가 100km대에 분포하고 있다. 그러나 2018년 출시 예

6 2015년 5월, 콤보 국제표준('14.6 제정)이 국내 국가표준(KSRIEC 62196-3)으로 제정되었다.
7 관련 커플러 표준들의 번호는 <부록 2> 참조.
8 이는 스마트폰 제조사가 소프트웨어 업그레이드를 통신망을 통해 원격 수행하는 것과 같다.

표 1.1 국내 전기차 보급 현황 (단위: 대)

구분	쏘울 (차데모)	레이 (차데모)	SM3 (A.C. 3상)	스파크 (콤보 1)	i3 (콤보 1)	리프 (차데모)	아이오닉		볼트 (콤보 1)	S90D (슈퍼차저)	합계
							(차데모)	(콤보 1)			
~'15	1,580	1,208	1,767	261	513	116	–	–	–	–	5,445
'16	729	81	623	100	369	88	3,749	–	–	–	5,739
'17.10.	1,290	38	1,569	5	153	47	255	5,948	457	54	9,816
합계	3,599	1,327	3,959	366	1,035	251	4,004	5,948	457	54	21,000

출처: 한국자동차공학회, 2017.

정인 현대·기아차의 코나 전기차 및 니로 전기차, 재규어의 I-PACE 등은 380km 내외의 주행거리를 갖출 것으로 예상된다(김성민, 2017).

국내 전기차 시장도 최근 들어 전기차 보급 속도가 가속화되고 있다. 환경부의 제2차 친환경차 기본계획(2011~2015년)에 따르면 이 기간 동안 정부의 국내 전기차 보급 목표 대수는 8만 5,700대였다. 실제 보급 실적을 살펴보면 목표 달성률 5.7%로 4,900대에 그쳤다. 그러나 한국자동차공학회에 따르면 2017년 10월 말 기준 국내에 보급된 전기차 누적 대수는 2.1만대에 달한다(<표 1.1>). 이 중 2017년에 보급된 전기차 대수가 9,816대로 전체의 47.1%의 비중을 차지한다. 물론 이는 2020년까지 전기차 100만대를 보급하려는 환경부의 목표에 비하면 한참 못 미치는 수치이다. 그럼에도 불구하고 최근 보급 속도가 빨라지고 있는 데에는 여러 동인들이 있다(조철, 2017).

우선 구매 진입 장벽이 많이 낮아졌다. 국비 1,400만 원에 지자체 보조금을 합치면 2,000만 원 내외의 보조금이 지원된다. 이는 전기차 보급에 적극적인 중국이나 노르웨이 등에 비해서도 높은 수준이다. 뿐만 아니라 전기차 사용의 편의성이 크게 개선되고 있다. 2017년 상반기 기준 전기차 완속 및 급속 충전기 누적 보급 대수는 3,114대이다. 2017년 8월 18일 환경부 발표에 따르면 급속충전기 설치 예산이 추가 반영되어 올해에만 1천대 이상이 설치될 계획이다. 하지만 무엇보다 경쟁력을 갖춘 다양한 전기차가 국내에 출시되어 고객들의 선택권이 넓어진 점도 빼놓을 수 없다. 현대·기아차의 블루온(단종), 레이(단종), 쏘울, 아이오닉과 르노삼성의 SM3 ZE, 쉐보레의 스파크, 볼트(Bolt), BMW의 i3, 닛산의 리프(Leaf) 외에도 2017년 6월 테슬라가 국내에 진출하면서 모델S(Model S) 등 다양한 전기차 모델이 국내에 출시되었다. 현재 국내에 판매된 승용 전기차 중 국산차는 15,272대, 수입차는 1,480대로 수입차 비중이 8.8%에 불과하다. 특히 자동차업체들이 전기차 주행거리를 경쟁적으로 늘리면서 배터리 용량이 커지고 이에 따라 충전 소요시간이 함께 늘어나고 있었는데, 이러한 대용량 전기차에 대해 보조금 지급을 제한하던 10시간 충전 소요시간 제한 규정이 일부 수입 전기차의 국내 진입을 막는 비관세 무역 장벽으로 작용하기도 하였다. 이를 개정하는 행정 예고가 2017년 7월 19일에 발표되면서 국내 전기차 시장의 개방화가 더욱 가속화되고 이는 고객들의 선택권 다양화로 이어질 예상된다(조철, 2017).

전기차 공공충전 인프라는 글로벌 기준 2012년 3.3만대에서 2016년 기준 32.2만대로 10배 가까이 증가하였다. 국별로 보면 중국 내 공공충전 인프라가 2014년 3만대에서 2016년 14.1만대로 급증하며 충전 인프라 성장을 견인하였다. 특히 중국 국영기업인 국가전력망공사, Potevio New Energy 등을 중심으로 한 중국 정부의 공격적인 투자가 주요 성장 동인이라 할 수 있다. 충전 속도를 기준으로 보면 2012~2016년 사이 완속충전이 2.9만대에서 21.2만대로 늘었고, 급속충전이 0.3만대에서 11만대로 급성장하였다(IEA, 2017).

자동차업체들도 적극적인 충전 인프라 확산 전략을 펼치고 있다. 테슬라의 경우 슈퍼차저라 불리는 자사 전용 급속충전소를 직접 구축하고 있다. 2017년 10월 기준 전 세계 1,000개의 슈퍼차저 충전소에 7,000여대의 급속충전기를 설치했다(Lambert, 2017). 이 외에도 호텔, 쇼핑몰 등 주요 시설과의 제휴를 통해 데스티네이션 차저(destination charger) 보급에도 많은 노력을 기울이고 있다. VW 그룹, 벤츠, BMW, 포드 등 유럽 시장 내 시장점유율이 높은 자동차업체들은 조인트 벤처를 설립하여 대응하고 있다. IONITY라 불리는 이 합작사는 2020년까지 유럽 전역의 고속도로를 중심으로 400여 개의 초고속충전소를 설치할 계획이다. 2017년 11월 글로벌 에너지 대기업 쉘(Shell) 또한 IONITY에 합류하기로 결정하였다(Bousso, 2017).

국내의 경우 2017년 기준 약 5,200여 개의 공공충전기가 설치되어 운영되고 있다. 급속과 완속 비중은 5:5를 유지하고 있으나 2018년부터 기존 가정용에만 지급되던 충전기 설치 보조금이 공공충전기에도 확대 적용되어 급속 공공충전기의 확대가 더욱 가속화될 전망이다. 현대·기아차의 경우 스타렉스 차량을 개조한 이동식 충전기를 개발하여 직접 찾아가서 충전하는 '찾아가는 전기차 충전 서비스'를 제공하고 있다. 이는 1회당 약 44km를 주행할 수 있는 7kWh 충전을 연 4회 제공하는 서비스이다(조철, 2017; 박관규, 2017).

3. 글로벌 전기차 충전 표준 개요

전기차 충전 표준은 크게 ① 충전 설비, ② 통신 프로토콜, ③ 충전 커플러로 구분된다(박주승, 2014). 첫째, 충전 설비는 IEC 61581 표준이 대표적이다. 이는 다시 세부적으로 구분되어 IEC 61581-22는 교류충전장치, IEC 61581-23은 직류충전장치, IEC 61581-24는 직류충전장치의 통신 프로토콜을 각각 다룬다(김언석, 2012). 직류 충전의 경우 자동차 내부 배터리 보호를 위한 충전 제어 통신 프로토콜이 중요하다. 둘째, 통신 프로토콜에는 일본에서 개발한 CAN 방식(IEC 61581-24, 2012.1)과 미국 및 유럽에서 보편적으로 활용되는 PLC 방식(IEEE P 1901, 2010.12)이 있다. 특히 PLC 방식은 기존 전력선을 통해 통신 신호를 보내기 때문에 별도의 무선 통신 기기가 필요 없는 것이 장점이다. 셋째, 충전 커플러는 충전 커넥터(일반 차량의 주유 건에 해당)와 차량 인렛(일반 차량의 주유구에 해당)으로 구성된다(<그림 1.1>). 충전 커플러 관련 표준(IEC 62196 시리즈)은 충전 설비와 전기차 간의 인터페이스를 다루고 있어 전기차와 충전기 간 상호운용성을 보장하는 중요한 역할을 한다.

그림 1.1 전기차 충전 커플러 구성

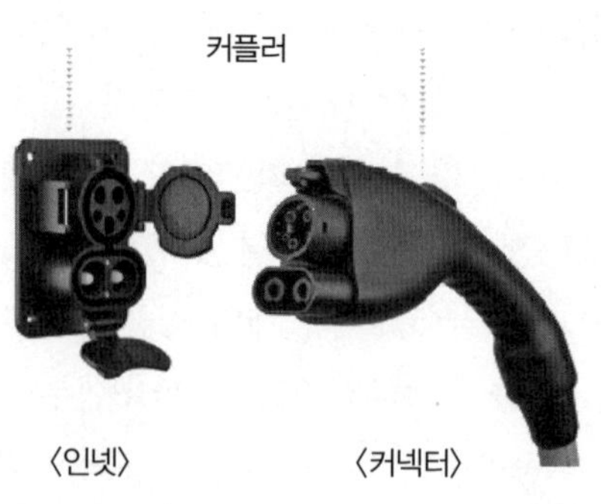

출처: Zero Emission Motoring.

전기차 충전 방식은 충전 속도에 따라서도 구분되는데 보통 가정에서 완속충전에 사용하는 교류와 공공충전소에서 급속충전에 사용되는 직류로 나뉜다. 교류는 충전 커플러 형상에 따라 다시 북미형 5핀(SAE J1772, 2010.1)과 유럽형 7핀(IEC 62196-2, 2011.10)으로 나누어진다(<표 1.2>). 직류의 경우 일본이 주도하여 개발한 차데모(CHAdeMo)가 대표적이다. 보통 한 대의 전기차에는 완속충전을 위한 교류 충전구와 급속충전을 위한 직류 충전구가 별도로 장착되어 있다. 그러나 최근에는 직류와 교류 겸용인 콤보 방식이 빠르게 확산되고 있다(<표 1.3>).[9] 전기차 충전 표준은 국가별로 상이하게 채택되고 있다. 완속충전(교류)의 경우 미국과 일본이 5핀을, 유럽과 중국이 7핀을 사용하고 있다. 한국에서는 5핀과 7핀이 모두 국가표준(KSRIEC 62196-2, 2012.12)으로 인정되어 사용하고 있다. 급속충전(직류)의 경우 차데모는 일본과 미국을 중심으로, 콤보는 유럽과 미국을 중심으로 확산되고 있다. 유럽표준화기구는 앞서 개발 및 보급된 차데모의 유럽 표준화를 계속 반대해왔으나 2014년 12월 31일 유럽 표준으로 인정하였다.[10] 이후 두 표준 모두 IEC 국제표준(IEC 62196-3, 2014.6)으로 인정받았다.

표 1.2 교류(완속) 충전

구분	AC 5핀	AC 7핀
충전 커플러 형상		
채택 국가	한국, 미국, 일본	한국, 유럽, 중국
관련 표준	한국(KSRIEC 62196-2, 2012.12) 미국/일본(SAE J 1772, 2010.1)	한국(KSRIEC 62196-2, 2012.12) 유럽(IEC 62196-2, 2011.10) 중국(GB Part 2)

출처: 산업통상자원부, 2015.

9 이외에도 미국 실리콘밸리의 프리미엄 전기차업체 테슬라의 독자기술인 수퍼차저(supercharger), 중국의 GB 방식, 배터리 교환 방식(충전 시간 단축), 무선 충전 기술 등이 니치 기술로 존재한다.

10 차데모는 CENELEC(European Committee for Electortechnical Standardization)의 표준(EN 62196-3)으로 제정되었다.

표 1.3 직류(급속) 충전

구분	5핀 콤보(북미형)	7핀 콤보(유럽형)	차데모(직류)
충전 커플러 형상			
채택 국가	미국, 유럽, 한국(5핀)		일본, 미국, 한국
관련 표준	미국 5핀(SAE J1772 DC, 2012.7) 유럽 7핀(IEC 62196-3, 2012.12) 한국(KSRIEC 62196-3, 2015.5)		일본(JEVS G105-1993) 미국(SAE J1772 DC) 한국(좌동)

출처: 산업통상자원부, 2015.

4. 글로벌 전기차 충전 표준 경쟁

글로벌 전기차 충전 표준은 일본 주도의 차데모 방식과 미국 및 유럽 주도의 콤보 방식이 치열하게 경쟁 중이다(Kane, 2013). 차데모는 2005년부터 도요타, 닛산, 미쓰비시 등의 자동차업체 외 도쿄전력, 후지중공업 등으로 구성된 컨소시엄이 개발하여 보급하고 있다. 차데모의 국제표준화는 2009년 차데모가 미국 자동차공학회(Society for Automotive Engineers: SAE)의 표준(SAE J1772 시리즈)으로 제안되면서 시작되었다. 유럽의 주요 자동차업체들은 차데모의 커넥터 부피가 커서 취급이 어렵고, 급속충전 직류 전용 커넥터인 차데모 커넥터와 별도로 완속충전 교류용 커넥터를 설치해야 하는 등 차데모의 문제점을 지적하였다(진영훈, 2015). 그러나 차데모는 일본뿐만 아니라 미국, 유럽 각지에 널리 확산되기 시작하였다. 차데모 협회(www.chademo.com)에 따르면 차데모는 2009년 처음 상용화된 이후 2018년 1월 기준으로 전세계에 16,655개(일본 내 7,133개)의 차데모 충전기가 보급되어 있다. 2017년 8월 기준 글로벌 누적 판매 28만대를 넘어 역대 1위 전기차 모델인 닛산의 리프도 차데모 방식을 따르고 있다. 2016년 11월 기준 닛산의 미국 누적 판매가 10만대를 넘어선 것을 감안할 때 일본뿐 아니라 미국에서도 차데모 방식이 검증된 전기차 충전 표준으로 가장 먼저 인정받았다고 볼 수 있다(Ma & Horie, 2017; Kane, 2016).

차데모가 미국 내에 확산되는 것과 별개로 미국 자동차공학회(SAE)는 2010년부터 독자 표준인 SAE J1772 개발에 착수하였다. 원래 완속충전에 적합했던 SAE J1772 방식은 급속충전이 가능하도록 SAE J1772 DC 표준(2012.7 제정)으로 발전하였다(Chambers, 2011). 이는 급속충전과 완속충전 플러그가 하나로 합쳐져 있어 DC콤보 혹은 콤보라 불렸다. 콤보는 차데모보다 다소 늦은 2013년부터 보급되기 시작하였으나 일본업체들을 견제하는 차원에서 GM, 포드 등 미국 자동차업체와 폭스바겐, BMW 등 유럽 자동차업체들이 적극적으로 채택하고 있어 향후 사실상 업계 표준(de facto standard)이 될 것이라는 전망이 지배적이다(Pyper, 2014; Hardcastel, 2013).

5. 국내 전기차 충전 통신표준 vs. 스마트그리드 통신표준

2012~2013년 당시 국내에는 복수의 전기차 충전 표준이 인정되고 있었고 자동차업체별 서로 다른 표준을 사용하고 있었다(<표 1.4>). 현대·기아차의 경우 교류 5핀과 직류 차데모 방식을 채용하고 있었다. 르노삼성은 급속충전 없이 완속 및 중속충전에 교류 7핀을 채용하고 있었다.

국내에서 완속의 경우 국제전기기술위원회(IEC)의 국제표준(IEC 62196-2, 2011.10)인 교류 5핀과 7핀 모두 국가표준(KSRIEC 62196-2, 2012.12)으로 인정받았다. 급속의 경우도 국제표준(IEC62196-3, 2014.6)으로 인정받은 차데모가 2011년 11월 한국스마트그리드협회 단체표준(SGS 03-003-1885, 2011.11)으로 채택되었다(박주승, 2014).

이에 더하여 BMW와 쉐보레는 콤보 방식의 국가표준 인정을 요청했다. 국내 충

표 1.4 자동차업체별 충전 표준 채택 현황

구분	현대/기아	르노삼성	쉐보레	BMW	닛산
차량 모델	레이 쏘울	SM3	스파크	i3	리프
표준	• 교류: 5핀 • 직류: 차데모	교류: 7핀	콤보	콤보	• 교류: 5핀 • 직류: 차데모

출처: 산업통상자원부, 2015.

전설비 제조사나 충전 인프라 관련 협의체인 전기차 충전 인프라 위원회 또한 콤보의 국내 표준화에 찬성하였다(정태영, 2013). 충전설비 제조사 입장에서는 해외 시장 진출 기회가 걸려있고, 충전 인프라 운영 사업자의 입장에서는 해외 자동차업체들이 국내에 진입해야 시장이 활성화되기 때문이었다. 그러나 콤보는 2014년 1월 29일 이전까지 국내표준(국가표준 및 단체표준)으로 인정받지 못했다.[11] 사실상 글로벌 전기차 충전 표준으로 인정받고 있는 콤보를 국내표준으로 인정하지 않는 정책에 대해 업계 일각의 우려도 있었다(서명훈, 2013; 김효준, 2013).

그런데 국내 전기차 충전 표준 이슈는 차데모 방식과 콤보 방식 중 하나에 손을 들어주는 단순한 문제가 아니었다. 이미 차데모 이외에도 AC 3상, 교류 5핀 및 7핀 방식이 복수 표준으로 인정받고 있었다(서명훈, 2013). 그렇다고 차데모 및 콤보와 국제표준화를 두고 경쟁하던 국내 고유의 기술 방식이 있었던 것도 아니었다. 정부부처나 국가표준 제정기관 입장에서 콤보가 향후 글로벌 전기차 시장의 사실상 표준으로 부상할 것이 전망된다면 굳이 이를 막을 이유는 없었다는 의미이다(박광칠, 2013; 박주승, 2014).

문제는 전기차 충전 시스템의 통신 방식에 있었다. 콤보가 사용하는 통신 방식과 국내 스마트그리드의 원격검침(AMI)에 사용되는 통신 방식이 상호 주파수 간섭을 일으켜 완속충전할 경우 데이터 손실로 인해 정상적인 과금이 불가능하였다. 전기차 보급에 있어 국내보다 앞서 있었던 미국 및 유럽에서 발생하지 않았던 문제가 국내에서만 발생한 이유는 국내 스마트그리드 통신 방식의 특수성에 기인한다.

해외의 경우 스마트그리드 원격검침을 위한 통신 방식으로는 무선 셀룰러, ZigBee, 저속 PLC 등이 사용된다. 이 경우 콤보의 HPGP PLC(IEEE P 1901, 2010.12) 통신 방식을 사용해도 아무런 문제가 되지 않는다. 그러나 국내의 경우 한국전력이 2009년에 개발하여 국제표준(ISO/IEC12139-1, 2009.7)으로 인정받은 HS PLC가 스마트그리드 통신에 사용되고 있다.[12] HS PLC의 주파수 대역은 2~24MHz인데 이는 콤보의 통신에 사용되는 HPGP PLC 주파수 대역인 2~28MHz와 대부분 중첩된다(<표 1.5>). 이 때문에 통신 간섭이 일어나고 데이터 손실이 발생하는 것이다(박주승, 2014).

---

11 국내표준은 단체표준과 국가표준이 있으며 콤보는 이후 한국자동차공학회의 단체표준(KSAE SAE 1772-2040, 2014.1) 및 국가표준(KSRIEC 62196-3, 2015.5)으로 승인되었다.

12 스마트그리드사업단은 2013년까지 누적 1.7만개, 2017년 11월까지 누적 13.5만개의 AMI를 보급했다.

표 1.5 전기차 충전 통신 방식

구분	HPGP PLC(HomePlug GP)	HS PLC	G3-PLC
표준화 단체	IEEE P 1901	ISO/IEC 12139-1	ITU-T G.hn
주파수	2~28MHz	2~24MHz	30~490KHz
PLC 칩 제조사	퀄컴	칩 개발 중	TI MAXIM
특징	• 홈 네트워크용을 변형하여 전기차용으로 개발 • BMW 등 자동차업체들이 전기차용으로 적용	• 한국전력이 스마트그리드 통신을 위해 개발, 2009년에 국제표준으로 제정 • 전기차 충전 통신표준화 추진	해외 전력회사들의 AMI 솔루션

출처: 박주승, 2014.

정부는 국내의 스마트그리드 통신표준인 HS PLC(ISO/IEC12139-1, 2009.7)에 전기차용 칩을 추가로 개발하여 전기차 충전 통신의 국제표준(ISO/IEC 15118-3)으로 제정하는 방안을 추진하기도 했다(허훈, 2011). 하지만 설사 한국전력의 HS PLC 방식이 전기차 충전 관련 국제표준(ISO/IEC 15118-3) 중 하나로 인정이 된다고 하여도 시장에서 채용될 기회는 극히 제한적이다. 글로벌 양대 전기차 표준인 콤보는 HPGP PLC(IEEE P 1901, 2010.12) 방식을, 차데모는 CAN(ISO/IEC 61851-24,2012.10) 방식을 이미 채용했기 때문이다. 일부에서는 한국전력에서 개발한 국내 HS PLC 자체가 국제표준으로 인정받기는 했지만 기술적으로 경쟁력이 떨어진다고 평가하기도 했다(박태준, 2014).

그렇다면 콤보 기술의 국내 통신간섭 문제를 해결하기 위한 국가 차원의 노력은 없었던 것인가? 사실 산업통상자원부와 국가기술표준원은 이를 해결하고자 많은 노력을 기울였다. 우선, 산업통상자원부(당시 지식경제부)는 2011년 1월 국내 전기자동차 충전 인프라 구축 및 글로벌협력 강화를 위해 '전기자동차 표준화 추진협의회'를 출범시켰다(김무홍, 2011). 그리고 국가기술표준원은 2011년 4월 국가표준코디네이터 제도[13]를 출범시켰으며, 여기에는 전기차 표준코디네이터도 포함되어 있었다(김무홍, 2011).

13 기술 및 표준 관련 전문지식을 보유한 민간전문가(국가표준코디네이터)를 선발하여, 산업통상자원부 국가기술표준원의 지원 하에 '표준기반 R&D 기획'을 통해 국내 개발기술의 국제시장 진출에 대한 방

이를 통해 국내 전기차 충전 통신간섭 문제를 사전에 발견하고 이를 해결하고자 노력했다. 2012년 1월 국제표준화기구인 ISO와 IEC에 HPGP PLC와 HS PLC의 통신간섭 문제를 제기하는 한편, 2012년 6월 난징회의에서는 국내 AMI 현황에 대해 설명하는 자리를 가졌다. 난징회의에서 일본, 독일, 미국 등 주요 국가들이 HPGP PLC 방식을 지지하고 있었으나, 중국 대표단은 한국이 제기한 HPGP PLC와 HS PLC 방식 간 통신간섭 가능성을 고려하여 HPGP PLC 방식 채택을 보류하는 의견을 개진했다(스마트그리드표준화포럼, 2012). 2013년 4월 니스회의에서는 독일업체들과의 테스트 진행을 결정했으며, 2013년 5월 BMW, 폭스바겐, 벤츠와 공동으로 실험을 실시하였다. 2013년 9월에는 전기차의 전장품 표준을 담당하는 ISO/TC 22/SC 3에 문제 해결 요청 서한을 발송하였고, 2014년 1월에는 콤보의 표준제정절차에 대한 공식입장 표명을 요구하였다(박주승, 2014). 국가기술표준원은 여전히 국내 전기차 충전 통신표준이 HS PLC로 통일되어야 한다는 입장을 고수하고 있다(김철수, 2016).

이처럼 콤보 기술의 통신간섭을 둘러싼 논란은 2012년 초부터 제기되어 2014년 1월 29일 한국자동차공학회 단체표준(KSAE SAE 1772-2040, 2014.1)으로 인정되기까지 오랜 시간 지속되었다. 이후 국내에는 차데모, 북미형 콤보(5핀), AC 3상이라는 세 가지 급속충전 표준이 공존해 왔다. 그러나 2016년 12월 국가기술표준원에서는 북미형 콤보(5핀) 방식으로 통일하기 위해 한국산업규격(KS) 개정을 고시한다고 발표했다. 그 이유로는 급속과 완속 충전을 자동차 충전구 한 곳에서 사용할 수 있고, AC 3상 대비 충전 속도가 빠르며, 차데모 방식 대비 통신에 있어 유리하다는 점이 고려되었다. 한국자동차공학회에 따르면 2017년 현재 국내 전기차 보급물량 중 약 67%가 북미형 콤보(5핀) 방식이다. 국내 전기차 급속 충전 방식이 통일되면서, 자동차업체 및 충전기 제조사는 규모의 경제를 통해 제조원가를 절감할 수 있게 되었다(박태준, 2017).

향 제시 및 개발된 기술의 활용도 향상을 위한 지원 활동을 수행한다.

표 1.6 직류(급속) 충전 표준 통일

구분	현형			통일
전기차 충전구 (Inlet)				
	완속/급속: A.C. 3상	완속: 5핀 급속: 차데모	완속/급속: 콤보 1	완속/급속: 콤보 1
급속 충전기 커넥터 (Outlet)		커넥터(Outlet)		
	멀티형 충전기	A.C. 3상+차데모+콤보 1		콤보 1

출처: 산업통상자원부, 2017.

토론 질문

1. 전기자동차 충전과 관련된 표준에는 어떤 것들이 있는가?
2. 전기자동차 충전의 통신표준에서 문제가 발생한 이유는 무엇인가?
3. 이 통신표준 충돌에 관여된 이해관계자들은 누구인가? 그들 사이에는 어떤 협력과 경쟁의 관계가 있나?
4. 4차 산업혁명 시대 융복합 산업에서 새로운 상품/서비스를 개발하는 데 있어서 표준의 역할은 무엇이고 표준을 어떻게 설정해야 할까?

부록 01 | 관련 표준 번호

부록 1.1 관련 통신표준 번호

기술	기술/주체	표준명	국제표준 제정일시
HPGP PLC	콤보	IEEE P 1901	2010.12
HS PLC	한국전력	KSX4600-1, 2006.5; ISO/IEC 12139-1	2009.7
CAN	차데모	ISO/IEC 61851-24	2012.10

* HPGP PLC 및 HS PLC는 2015년 5월 국제표준 ISO/IEC 15113-3으로 승인되었고 현재 FDIS(Final Draft International Standard) 단계에 있다. 원래 IEEE P 1901과 ISO/IEC 12139-1은 둘 다 스마트그리드 통신 표준으로 제정된 것이다. 새로운 표준 ISO/IEC 15113-3은 전기자동차 통신표준용으로 제정되는 것이다.

부록 1.2 충전 커플러 표준 번호

커플러		한국		미국		EU		일본	
		표준명	제정일시	표준명	제정일시	표준명	제정일시	표준명	제정일시
완속 (AC)	AC 5핀	KSRIEC 62196－2	2012.12	SAE J 1772	2010.1			SAE J 1772	2010.1
	AC 7핀	KSRIEC 62196－2	2012.12			IEC 62196－1, －2	2011.1		
	AC 3상							JEVS G 105－1993	1993
급속 (DC)	차데모	KSRIEC 62196－3	2015.5	SAE J 1772 DC	2012.7				
		SGS 08－003－) 1885 (한국스마트그리드협회 단체표준)	2014.1						
	콤보 (5핀)	KSRIEC 62196－3	2015.5	SAE J 1772 DC	2012.7				
		KSAE SAE 1772－2040 (한국자동차공학회 단체표준)	2011.11						
	콤보 (7핀)	KSRIEC 62196－3				IEC 62196－3	2012.12		

* 차데모 및 콤보(5핀/7핀)는 2014년 6월 국제표준 IEC 62196－3으로 승인되었다. 즉 IEC 62196－3 안에 차데모와 콤포(5핀/7핀)을 포함하고 있다.

참고문헌

국내문헌

김무홍(2011), “전기자동차 표준화 전략”, 「오토저널」 2011년 6월호, pp.71～74.

김성민(2017), “1회 충전에 300～500km… 내년 ‘전기차 빅뱅’ 온다”, 「조선비즈」. http://biz.chosun.com/site/data/html_dir/2017/12/28/2017122800005.html

김언석(2012), “전기차 충전 IEC 국제표준 제개정 동향과 시사점”, 「전기설비」 2012년 12월호, pp.82～87.

김철수(2016), “전기자동차 산업과 국제표준화 동향”, 「KATS 기술보고서」 2016년 2월(제83)호.

김효준(2013), “2014년 전기차 시장, 무엇을 준비해야 하는가?”, 「전기차리더스포럼 발표자료(BMW 코리아)」.

박관규(2017), “현대차 ‘찾아가는 충전 서비스’ 전국으로 확대 운영”, 「한국일보」. http://www.hankookilbo.com/v/ba9d32a8c17e40b08207d66202de8a4a

박광칠(2013), “2014년 환경부 전기차 지원 정책”, 「전기차리더스포럼 발표자료(환경부)」

박주승(2014), “한국의 전기자동차 표준화 현황”, 「국제전기자동차엑스포 발표자료(국가기술표준원)」.

박태준(2014), “한국형 PLC 전기차 전기간섭 공방 점입가경”, 「전자신문」. http://www.etnews.com/20140326000013

박태준(2017), “국표원, 전기차 급속 충전 방식 ‘콤보1’ 통일”, 「전자신문」. http://www.etnews.com/20171221000121

서명훈(2013), “전기차 시대 성큼, 급속충전 표준 전쟁”, 「AUTOM」. http://autom.mt.co.kr/news/news_article.php?no=2013082916064203097

스마트그리드표준화포럼(2012), “ISO/IEC JWG CI 국제회의 참석 상세보고서”.

정태영(2013), “2014년 전기차 보급사업 정책 대토론회”, 「전기차리더스포럼 토론자료」, 전기차 충전 인프라 위원회.

조철(2017), “국내 전기차 보급현황과 과제, 「KAMA Web Journal」. http://www.kama.or.kr/jsp/webzine/201709/pages/issue_03.jsp

진영훈(2015), “전기자동차용 급속 충전기 기술동향”, 「한국과학기술정보연구원 첨단기술정보분석」 2015년 1월호, pp.1~5.
허훈(2011), "8대 국가전략산업 표준화 로드맵 발표회-전기자동차 분야-", 「8대 국가전략산업 표준화 로드맵 발표회 발표자료(전기자동차 국가표준 코디네이터)」.

국외문헌

Bousso, R. (2017). Shell and carmakers aim to go the distance with highway charging. *Reuters.* https://www.reuters.com/article/us-autos-batteries-shell/shell-and-carmakers-aim-to-go-the-distance-with-highway-charging-idUSKBN1DR00G

Chambers, N. (2011). Power Politics: Competing charging standards could threaten adoption of electric vehicles. *Scientific American.* http://www.scientificamerican.com/article/fast-charging-electric-vehicle-standards/

Hardcastle, J. (2013). EU chooses sides in DC Fast-Charging standards fight. *Environment Leader.* http://www.environmentalleader.com/2013/08/14/eu-chooses-sides-in-dc-fast-charge-standards-fight/

IEA. (2017). Global EV Outlook 2017: IEA. https://www.iea.org/publications/freepublications/publication/GlobalEVOutlook2017.pdf

Kane, M. (2013). DC quick charging battle just beginning: ChadeMoVs. SAE Combo Vs. Tesla Supercharger. *Inside EVs.* http://insideevs.com/dc-quick-charging-battle-just-beginning-chademo-vs-sae-combo-vs-tesla-supercharger/

Kane, M. (2016). Nissan LEAF-The Road To 100,000 Sales In U.S.. *Inside EVs.* https://insideevs.com/nissan-leaf-the-road-to-100000-sales-in-u-s/

Lambert, F. (2017). Tesla Supercharger network reaches 1,000 stations worldwide and ~7,000 chargers. *Electrek.* https://electrek.co/2017/10/03/tesla-supercharger-network-1000-stations/-

Ma, J. & Horie, M. (2017). The Leaf Is the World's Best-Selling Electric Car. Now, Nissan Needs to Catch Up With Tesla. *Bloomberg Businessweek.*

https://www.bloomberg.com/news/articles/2017-08-29/the-leaf-is-the-world-s-best-selling-electric-car-now-nissan-needs-to-catch-up-with-tesla

Pyper, J. (2013). Charge standards fight confuses electric vehicle buyers, puts car company investments at risk. *Climate Wire(E&E)*. http://www.eenews.net/stories/1059984950

화웨이의 사물인터넷(Internet of Things: IoT) 표준화 사례

Chapter 02

김동휴(글라스고 대학교/아담스미스 비즈니스 스쿨)

1. 화웨이의 눈부신 성장

화웨이(Huawei, 华为)는 지난 30년간 눈부신 속도로 발전하여, 현재 170개 이상의 국가에 ICT 제품, 서비스, 솔루션을 제공하고, 180만명 이상의 직원을 보유하고 있는 기업으로 성장하였다. 2012년 스웨덴 제조업체인 에릭슨(Ericsson)을 제치고, 통신장비 분야에서 세계 최대 매출 기업이 되었다. 이 당시 영국에서 발행하는 국제경제 주간지인 이코노미스트는 '누가 화웨이를 두려워하는가(Who's afraid of Huawei)'라는 제목의 기사를 싣기도 하였다(The Economist, 2012). 2018년 포춘(Fortune) 잡지가 매출액 순위로 선정한 글로벌 500개 기업의 순위에서 72위를 차지하였고, 영국 브랜드 파이낸스(Brand Finance)가 발표한 글로벌 기술기업 브랜드 순위에서 9위를 차지하였다(Finance, 2018; Fortune, 2018).

화웨이 연차보고서에 따르면, 화웨이는 2017년 전체 매출액 6,036억 위안(현재 환율로 약 884억 달러), 영업이익 564억 위안(약 83억 달러)을 기록하였고, 전년 대비 각각 26%(매출액), 18%(영업이익) 성장하였다(Huawei, 2017a). 화웨이 매출의 원천을 통신서비스기업, 일반기업, 소비자 측면에서 나누어 볼 수 있다. 2017년 기준으로 여전히 통신서비스기업 대상 사업 매출액은 2,978억 위안으로 가장 큰 매출의 원천이지만, 일반기업과 소비자 대상 사업의 매출액이 각각 549억 위안, 2,372억 위안을 차지하면서 중요한 성장 동력으로 작용하고 있다. <그림 2.1>은 화웨이의 매출액과 영업이익의 꾸준한 성장을 보여주고 있다. <그림 2.2>는 화웨이의 사업별, 지역별 매출액의 비중을 표시하고 있다.

그림 2.1 화웨이와 에릭슨 매출액 비교

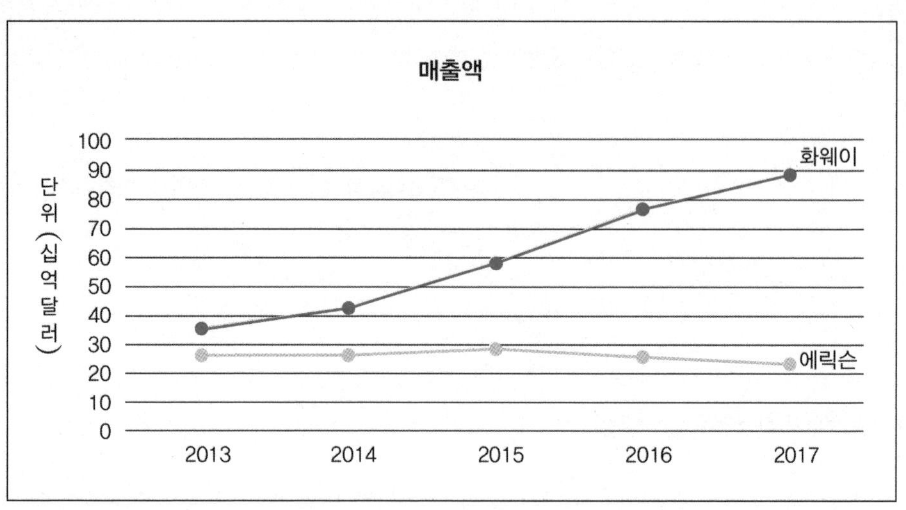

출처: 화웨이 연차보고서 2017 및 에릭슨 연차보고서 2017.

그림 2.2 화웨이의 사업별, 지역별 매출액

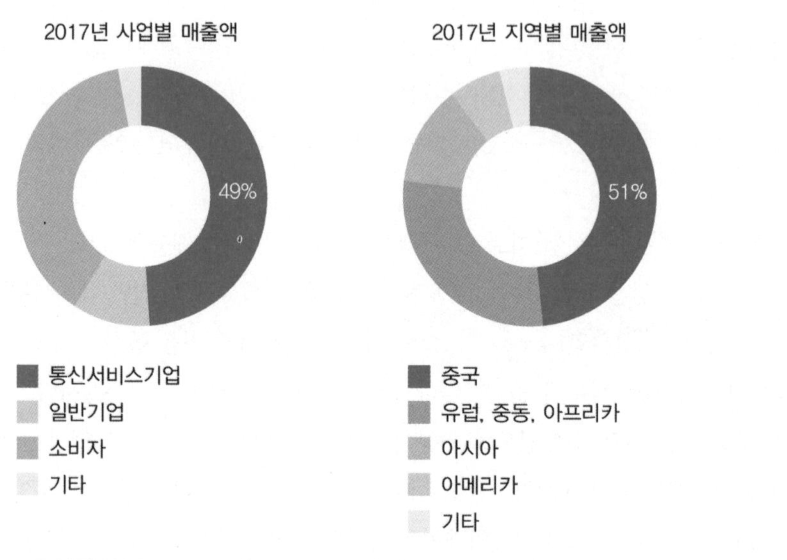

출처: 화웨이 연차보고서 2017.

2. 화웨이 성장의 발자취

화웨이는 1987년 런정페이(Ren Zhengfei, 任正非)가 초기 자본금 21,000위안(약 365만 원)으로 중국 선전(Shenzhen)에 설립한 민영기업으로 출발하였다. 개혁, 개방의 바람이 불던 1980년대 중국 내부의 통신 설비 인프라는 여전히 낙후되어 있었다(Ahrens, 2013). 당시 전자 기계식인 스텝-바이-스텝 교환기(step-by-step switches)와 크로스바 교환기(crossbar switches)가 중국 통신망 설비의 대부분을 차지하고 있었는데, 이는 선진국에 비해 20~30년 정도 기술 발전이 뒤처진 것이었다(Mu & Lee, 2005). 첨단기술 통신 설비 산업의 중요성을 인식한 중국 정부는 외국 선진 통신장비 수입, 합작투자(joint venture) 장려, 자국 기업의 기술개발 지원이라는 3가지 정책을 적극적으로 실행하였다(Ahrens, 2013). 중국 정부의 정책적 지원 하에 1984년 알카텔 상하이벨(Alcatel Shanghai Bell)이라는 합자 기업이 설립되었고, 이는 외국의 선진 통신 기술이 중국 내에서 퍼지는 것에 큰 영향을 미쳤다(Mu & Lee, 2005). 이러한 시대적 맥락에서 런정페이는 화웨이라는 통신 설비 기업을 창립하였다.

초창기 화웨이는 홍콩에서 수입해온 전화교환기를 재판매하다가, 1990년대 들어서 고유의 교환기를 개발하기 시작하였다(Ahrens, 2013). 런정페이는 시장 개방을 통해 외국 최첨단 기술을 전수받는 중국 정책에는 한계가 있을 것이라고 판단하고, 기업 내부 자체적으로 혁신 역량 강화를 강조하였다. 이에 따라 기술 연구 개발에 투자를 아끼지 않았다. 선전시에 위치했던 화웨이는 통신 설비 관련 선진 기술지식을 습득한 엔지니어들을 상대적으로 손쉽게 영입할 수 있었고, 이렇게 축적된 지식과 경험을 바탕으로 C&C08 디지털 전화교환기를 자체적으로 개발하였다(Mu & Lee, 2005).

1993년 화웨이는 C&C08 교환기를 시장에 출시하였고, 이는 중국 내부 시장에서 빠르게 확산되었다. C&C08은 만 개의 회로 교환을 처리할 수 있었는데, 이는 당시 화웨이가 중국 통신 기업 사이에서 높은 수준의 기술력을 보유하고 있었음을 의미한다(Ahrens, 2013). 화웨이는 농촌 시장을 먼저 개척하여 어느 정도 성장을 이룬 후 도시로 진입하는 전략을 구사하였다. 당시 중국 농촌 지역은 유선전화 수요가 폭발적으로 성장하고 있었으나, 외국 글로벌 기업의 시장 장악력이 높지 않은 상황이었다(남유현, 2009). 화웨이는 이러한 기회를 놓치지 않고, 자체적으로 개발한 전화 교환기를 농촌 시장에 저가로 공급함으로써 성장하기 시작하였다(Low, 2007). 농촌을 먼저 접수하고 도시를 포위하여 점령했던 마오쩌둥의 게릴라 전략처럼, 중국 농촌 지역의 규모가 작은 시장을 먼저 장악한 후, 점차 지역 및 주류 도시 시장으로 진입하였다(정구현 & 곽주영, 2013).

중국 시장에서 어느 정도 성과를 이룬 화웨이는 해외 수출을 시도하며 국제화 전략을 실행했다. 해외 시장에서도 신흥 시장을 우선 공략하며 포위 전략을 시도하였다. 화웨이는 해외 시장을 공략할 때 먼저 주변기기 시장에서 경쟁력 있는 가격정책을 펼침으로써 경쟁자들의 시장 점유율을 조금씩 잠식해 나갔다(정구현 & 곽주영, 2013). 1996년 홍콩에 있는 허치슨 기업에 통신 설비 장비 공급을 시작으로, 러시아, 태국, 브라질, 남아프리카 시장을 공략하며 수출 경로를 개척하였다. 러시아에 판매할 때 경쟁사보다 12% 낮은 가격으로 수출에 성공했던 화웨이는 나중에 글로벌 시장에서 30% 가격을 낮춤으로써 경쟁력을 확보하였다(Ahrens, 2013). 당시 화웨이 제품이 가격 경쟁력을 가지고 해외 시장에 성공적으로 침투하는 데 있어서 중국 정부의 보조금 및 면세 혜택 등 적극적 지원이 중요한 역할을 하였다(남유현, 2009).

화웨이는 개발도상국에 수출 경험을 바탕으로 선진국 시장 진출을 도모하였다. 2001년 유럽 시장에 첫 제품을 판매하기 시작하였다. 당시 네덜란드에 판매했던 기지국 설비는 여러 가지 통신표준이 운용 가능하고, 하드웨어 대신 소프트웨어를 통한 업그레이드가 가능하여, 가격 혁신의 모범 사례 제품으로 인식되었다(Ahrens, 2013). 특히 보다폰(Vodafone)과 글로벌 공급 계약을 체결하면서 화웨이의 국제적 위상이 급격히 상승하였다(Ahrens, 2013). 2004년부터는 글로벌 3G 네트워크 구축 사업에 주도적으로 참여하였다. 이후 지속적인 글로벌 성장을 바탕으로 2012년에는 매출액 기준으로 에릭슨(Ericsson)을 제치며 통신 설비 분야 제1의 글로벌 기업으로 거듭나기 시작하였다(The Economist, 2012). 이렇게 저가 설비가 사용되는 주변 지역에서 우선 시장을 확보하고 거기서 발생하는 매출액을 연구개발에 투자하여 기술력을 향상해 새로운 선진 시장에 진입하는 '비용혁신 전략(cost innovation strategy)'이 화웨이의 눈부신 성장 비결이었다(Ming & Williamson, 2007).

3. 성장 과정에서 혁신 및 표준의 중요성 강조

창업 초기부터 화웨이는 혁신을 강조하여 높은 수준의 연구개발(R&D) 관련 투자를 유지하였다. 화웨이의 회사 내규에는 매년 최소 10%의 매출액을 연구개발에 할당할 것을 명시하고 있다(Li, 2007). 2017년 기준으로 매출액의 14.9%를 R&D에 투자하였고, 전체 직원의 45%가 연구개발 관련 업무를 진행하고 있다(Huawei, 2017a). 화웨이는 특허로 측정되는 기술 역량 측면에서도 중국에서 가장 혁신적인 기업 중 하나로 손꼽힌다. 특허의 양적 증가뿐만 아니라, 해외 특허 출원 비중 역시 꾸준히 증가하고 있고, 기업 내부적으로 지식이 축적되는 비율 역시 상승하고 있다(Kang, 2015). 이러한 특허의 양적, 질적 성장과 지식 내부 축적을 통해 화웨이는 통신설비 및 서비스 시장에서의 매출액뿐만 아니라 기술 역량 측면에서도 에릭슨을 따라잡을 수 있었다(Joo, Oh, & Lee, 2016).

화웨이의 R&D에 대한 투자는 특허뿐만 아니라 표준화 활동에 상당 부분 할당되어 있다. 대표적인 표준화 활동으로 통신 관련 표준화 기구인 3GPP에서 사물인터넷 통신(NB-IoT) 표준 및 5G 표준 개발에서 주도적인 역할을 하고 있다. 또한 IETF에 참여하여 인터넷 프로토콜 관련 표준 작성을 하고 있고, IEEE에서는 Wi-Fi 및 이더넷(Ethernet) 표준 개발에 지속적 기여를 하고 있다. 현재까지 총 54,000개 정도의 표준 관련 문서를 작성 및 제출하였고, 2017년에만 5,000개 이상의 문서를 제출하였다. 연차보고서에서 보이는 것처럼 화웨이는 ICT 인프라 및 스마트 기기 개발을 통한 편재적 연결(ubiquitous connectivity)을 성장 전략의 핵심으로 명시하고 있고, 이 중심에 표준화 활동을 두고 있다(Huawei, 2017a).

여러 사물에 통신 모듈이 부착되어 통신 네트워크에 연결되는 사물인터넷 시대에 호환성 표준의 중요성은 더욱 드러나고 있다. 이렇게 요소들이 어떻게 통합되고 연결되는가를 다루는 지식은 아키텍처 지식(architectural knowledge)이라 불리고, 이는 제품뿐만 아니라 기업의 제품생산 및 정보처리 과정에 내재되어 있다(Henderson & Clark, 1990). 따라서 기존 아키텍처 지식의 유용성을 변화시키는 새로운 표준은 기업 간 경쟁에 큰 영향을 미친다.

중국은 표준화를 통한 아키텍처 혁신으로 선진국에 대한 기술 의존도를 줄이는 전략을 활용해 왔다(Wang, Wang, & Hill, 2010). 즉 중국 정부는 표준과 혁신을 결합하는 정책을 적극적으로 추진함으로써, 중국 자체적으로 개발한 기술을 국내 및 국제 표준화하는 활동을 지원하고, 이를 통해 중국 기업들이 지급하는 특허 사용료를 낮추고자 하였다(Ernst, 2011). 화웨이 역시 이러한 정부의 적극적 지원을 받으며 표준화 역량을 키워나갔다. 1990년대 후반 화웨이는 기존 외국 기업의 기술에 기반을 두고 2세대 통신 시장에 진입하였다. 중국 정부는 이와 같은 비대칭적 기술 의존도를 줄이기 위해 중국 자체 기술 기반의 3세대 통신표준 TD-SCDMA 개발을 적극적으로 지원하였고, 이 과정에서 화웨이도 참여하였다(Gao, Yu, & Lyytinen, 2014). 이와 같은 표준화 활동 경험 축적은 화웨이가 4세대 통신표준 TD-LTE 개발을 주도하는 데 중요한 밑거름이 된다. 화웨이는 칩세트에서 핸드폰에 이르는 TD-LTE 표준 기반 터미널의 자체 제작 등을 통해 생태계 구축을 시도하였고, TD-LTE 표준이 다양한 모바일 네트워크와 호환을 할 수 있다는 점을 활용하여 여러 통신 서비스 기업들의 TD-LTE 생태계 참여를 끌어냈다(Wen, 2017).

4. 사물인터넷 시장 및 기술표준

새로운 표준에 기반을 둔 기술 패러다임의 등장은 기존 아키텍처 지식의 유용성을 감소시켜, 중국과 같은 개발도상국 기업에 추격(catch-up)의 기회를 제공하였다(Lee, Lim, & Song, 2005; Perez & Soete, 1988). 화웨이 역시 사물인터넷(Internet of Things: IoT)이라는 새로운 기술 패러다임을 기회의 창으로 적극적으로 활용하여 성장 전략을 펼치고 있다. 영국 스타트업 투자회사인 그로쓰인에이블러(GrowthEnabler)의 보고서에 따르면, 세계 IoT 시장은 매년 28.5%로 성장률을 보이면서 2016년 1,570억 달러에서 2020년 4,570억 달러로 성장할 것으로 전망된다(GrowthEnabler, 2017). 특히 스마트도시, 산업 IoT, 헬스 분야가 사물인터넷 시장 성장의 중심이 되리라 예측하였다(<그림 2.3> 참조). 2018년 모빌리티 보고서에서 에릭슨은 2023년까지 약 35억 개의 기기가 셀룰러 통신 네트워크를 통해 연결될 것이라고 전망하였는데, 이는 전년 예측치보다 약 2배 정도 증가한 것으로 셀룰러 IoT 시장이 빠르게 성장하고 있음을 의미한다(Ericsson, 2018; Morris, 2018). 특히 중국을 포함한 동북아 시장이 급격히 성장할 것으로 예측하였다(<그림 2.4> 참조). 사물인터넷이 가져올 비즈니스 기회를 잡기 위해 현재 화웨이를 포함

그림 2.3 글로벌 IoT 시장 전망

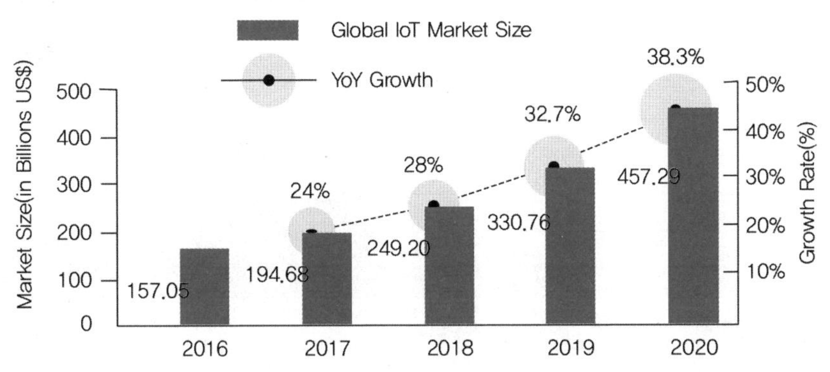

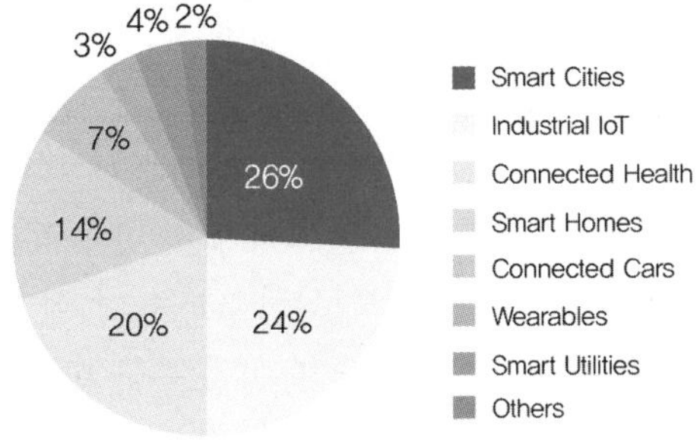

출처: GrowthEnabler, 2017.

한 많은 통신 설비 제조업체와 통신 서비스 사업자들은 사물인터넷 전담 기술개발 및 사업 부서를 창설하는 등 사물인터넷 관련 투자를 적극적으로 확대하고 있다.

사물인터넷은 인터넷의 적용 범위를 사람들이 제어하는 컴퓨터에서 자율적으로 작동하는 스마트 기기로 확장하는 것을 의미한다. 이것이 가능하기 위해서는 기기에 통신 모듈을 설치하여 인터넷 네트워크에 연결해야 한다. 기기가 네트워크에 연결되는 과정에서 호환성을 보장하는 역할을 하는 것이 바로 표준이다. 현재 통신 네트워크는 많은 IoT 적용 사례와 적합하지 않게 구성되어 있다. 그 이유는 커버리지, 배터리 수명, 통신 모듈 가격 때문이다(Huawei, 2015d). 사물인터넷에 연결되는 기기들은 통신 네트워크의 커버리지에 포함되지 않는 외진 곳에 존재할 수 있다. 멀리 떨어진 기

그림 2.4 지역별 셀룰러 IoT 시장 전망

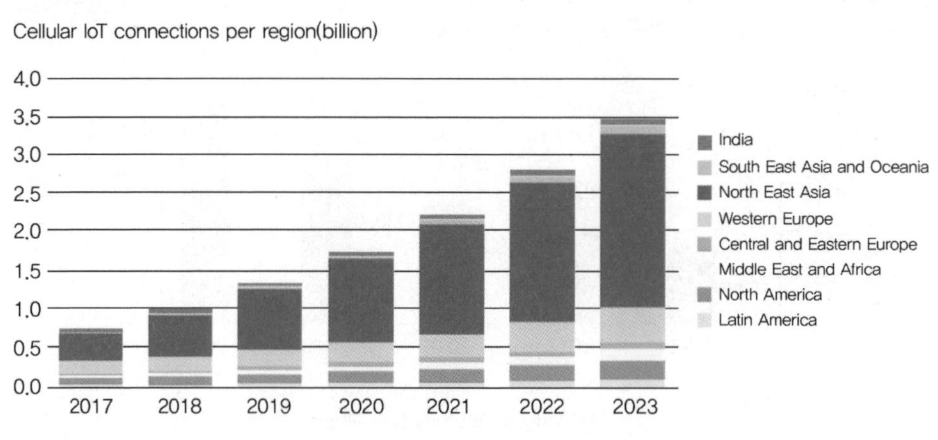

출처: Ericsson, 2018.

기가 현재 통신 네트워크와 연결되기 위해서는 기기 송신기의 전력 사용을 높여야 하는데, 이는 배터리 소모를 촉진한다. 또한 현재 통신 네트워크에서 작동하는 모바일 기기들은 많은 양의 데이터를 빠른 속도로 전송하는 데 적합하게 설계되어 있다. 따라서 고성능의 신호 처리 기술을 포함하는 통신 모듈이 탑재되어 있고, 이는 기기 가격 상승으로 이어진다. 무수한 기기를 사물인터넷 통신 네트워크에 연결해야 하기 때문에 저렴한 통신 모듈 제조는 필수적이다. 이러한 기기들은 대부분 소량의 데이터를 가끔 보낸다. 따라서 데이터 전송 속도를 낮춤으로써 기기의 복잡성을 줄이고, 기기의 가격을 떨어뜨리는 새로운 통신 기술표준 설정이 요구되고 있다.

협대역 사물인터넷(Narrow Band Internet of Things: NB-IoT)은 사물인터넷 실현에 관한 통신 네트워크의 문제점을 해결하기 위해 개발된 3GPP 기술표준이다. 164dB 장거리 커버리지가 가능한데, 이는 경쟁관계에 있는 기존 2G GSM/GPRS의 기술보다 20dB의 개선(약 7배 증가)이 이루어진 것이다. 보다폰의 실험에 의하면 2~3개의 이중 벽돌 벽을 통과하여 지하 주차장의 기기까지 연결을 가능하게 한다(Vodafone, 2017). NB-IoT 표준은 3가지 운용 모드(stand-alone, guard-band, in-band)를 지원하여, GSM 주파수 대역뿐만 아니라 LTE 주파수 밴드에 있는 자원 블록을 이용하는 것이 가능하다(박동현, 윤성준, & 권기범, 2016). 라이선스 주파스 대역을 이용하기 때문에 LTE와 같은 수준의 보안이 가능하다. 모듈의 가격은 기기당 2017년 7달러에서 2020년 2달러까지 낮춰질 전망이다(Vodafone, 2017). 2017년 12월 기준으로 21개 국가 28개 통신 서비스 기업이 NB-IoT 서비스를 상용화하였고, 2018년 2월 기준으로 약 5십만개의 NB-IoT 기지국이 전 세계에 설치되어 있어서 가장 큰 규모의 IoT 통신 네트워크를 형성하고 있다(Jianmin & Cheng, 2018).

NB-IoT가 3GPP 표준으로 개발되고 채택되는 과정에서 화웨이는 매우 중요한 역할을 하였다(Huawei, 2015a). 화웨이는 저전력 장거리 통신 기술(LPWAN)의 중요성을 인식하고, 2014년 5월 3GPP에 NB-M2M이라는 연구 아이템(study item)을 제시하였고, 이는 다른 통신 사업자들의 관심과 지지를 빠르게 얻었다. 2015년 5월 화웨이와 다른 파트너들은 NB-M2M과 퀄컴의 NB-OFDMA를 합쳐서 NB-CIoT를 제안하였다. 2015년 12월 3GPP RAN#70 회의에서 NB-CIoT는 에릭슨, 노키아, 인텔이 지원하던 NB-LTE와 통합되어 NB-IoT 표준으로 제안되었고, 이는 기존 LTE 표준규격에서 정의하는 OFDMA(하향링크)/SC-FDMA(상향링크)를 포함하는 형식의 WI(Work Item)로 승인되어서, RAN#72 회의에서 최종 표준 문서로 승인되었다(박동현 외, 2016).

5. 화웨이의 사물인터넷 전략

화웨이의 NB-IoT 전략의 핵심은 기존 네트워크 장비뿐만 아니라 통신 칩세트, 통합 비즈니스 관리 서버 플랫폼, 기기 운영체계 등을 제공하며 사물인터넷 연결(connectivity)에 사용되는 네트워크층을 장악하는 것이다. 이를 위해 화웨이는 현재 광범위한 IoT 솔루션 포트폴리오를 구축하고 있다(정종길, 2016). 2016년 6월 말 상하이에서 개최된 모바일월드콩그레스(MWC)에서 화웨이는 엔드-투-엔드(end-to-end, E2E) NB-IoT 솔루션에 관한 기술 요소, 활용 시나리오 및 상용화 계획을 공개했다(손요한, 2016). 이는 화웨이 LiteOS와 NB-IoT 칩세트를 탑재한 스마트 기기 솔루션, NB-IoT로 손쉬운 전환이 가능한 eNodeB 기지국, 유연한 코어 및 네트워크 기능 가상화(NFV) 구축을 돕는 IoT 패킷 코어, 빅데이터 역량을 갖춘 클라우드 기반 IoT 연결 관리 플랫폼 등을 제공한다(Reichert, 2016b). 즉, 싱글랜(SingleRAN)과 NFV 기반 클라우드 아키텍처로 NB-IoT 네트워크의 저전력 장거리(LPWA) 커버리지를 보장하는 한편, 화웨이 LiteOS로 산업별로 특화된 NB-IoT 기기와 칩세트 개발을 지원하는 것이다.

엔드-투-엔드 NB-IoT 솔루션은 화웨이가 2015년 밝힌 Industry 4.0를 위한 '1+2+1' IoT 전략 이행과 맞물려서 제공된다(<그림 2.5> 참조). 화웨이 글로벌 전략마케팅 최고책임자인 쉬 웬웨이(Xu Wenwei)에 따르면, 첫 번째 '1'은 화웨이 고유의 운영체계인 LiteOS를 제공한다는 뜻이고, 두 번째 '2'는 NB-IoT 등의 무선 네트워크와 와이파이 및 지그비(Zigbee) 등의 애자일(agile) 게이트웨이를 통한 두 가지 방식의 네트워크 접근 방식을 의미하며, 마지막 '1'은 클라우드 기반으로 하나의 통합된 IoT 플랫폼(OceanConnect)을 의미한다(Apelblat, 2015).

사물인터넷을 위해 개발된 화웨이의 LiteOS는 파일 크기가 약 10KB에 불과한 경량 운영체계로 사용자의 수동적인 작업 없이 스스로 기기를 인터넷에 연결하는 '제로 구성(zero configuration)'을 지원하며, 다양한 분야의 사물인터넷 기기에 적용할 수 있다(안석현 & 이승주, 2015). 쉬 웬웨이는 "다른 스마트폰 제조사들이 계획하고 있는 스마트 공기청정기나 스마트 카 같은 사물인터넷 기기 사업에 직접 뛰어들 계획은 없다"라

그림 2.5 화웨이의 NB-IoT 엔드-투-엔드 솔루션

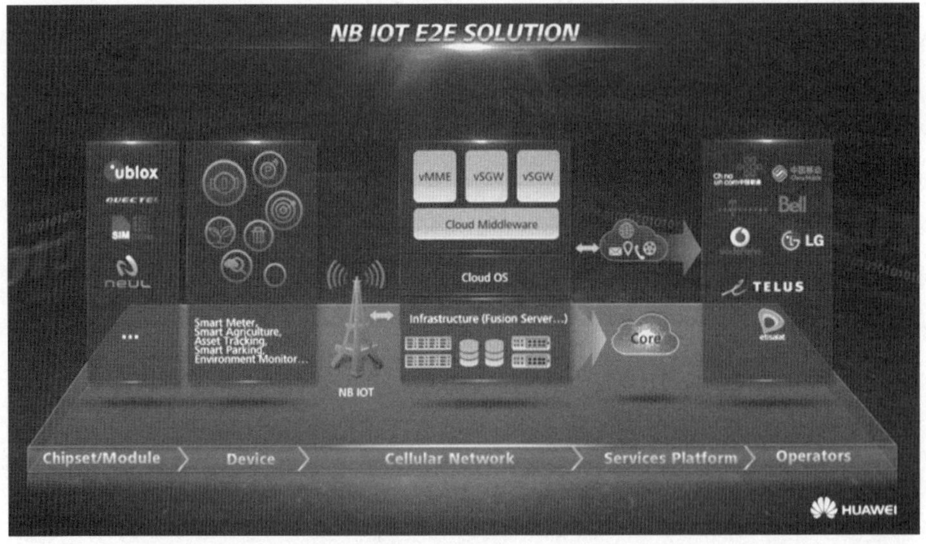

출처: Huawei, 2015c.

고 밝히고, 그 대신 "화웨이는 사물인터넷을 연결해주는 연결망을 공급하길 원한다" 면서 스마트 기기를 인터넷에 연결하는 플랫폼 사업 진출 배경을 설명했다(안석현 & 이승주, 2015).

현재 LiteOS는 NB-IoT Boudica 칩세트에 내장되어 생산되고 있다(Jinfan, 2018). 화웨이는 NB-IoT 칩세트 기술을 획득하기 위해 영국 IoT 스타트업인 뉴울(Neul)을 2015년에 2,500만 달러를 내고 인수했다. 2010년에 설립된 뉴울은 TV 화이트 스페이스(white space)[1] 관련 기술을 M2M에 적용하여 기술을 개발하고, M2M 플랫폼을 만들었다(Thomas, 2014). 뉴울은 2014년 Weightless 표준에 기반한 NeulNET M2M 플랫폼을 선보였는데, 이 안에는 클라우스 서비스를 위한 기기 플랫폼, 기지국, 통신 모듈에 관한 솔루션들이 포함되어 있었다(LightReading, 2014). 2016년 뉴울의 NB-IoT 기술은 Boudica 칩세트라는 이름으로 도입되었고(Maidment, 2016), 2017년 NB-IoT Boudica 120 칩세트, 2018년 NB-IoT Boudica 150 칩세트가 생산되었다(Wieland, 2018). 화웨이가 중요시하는 NB-IoT Boudica 칩세트의 주요 기능 중 하나가 무선으로 펌웨어 업그레이드(Firmware upgrades Over The Air: FOTA)를 가능하게 하는 것이다(Wieland, 2018).

화웨이는 또한 IoT 연결 관리 플랫폼으로 클라우드 기반의 개방형 생태계인 OceanConnect를 구축하였다(Huawei, 2018b). 이는 개방형 API와 소프트웨어를 활용하여, 다양한 네트워크 환경에서도 업스트림과 다운스트림 기기 간을 연결할 수 있게 하는 것을 목표로 한다. 특히 NB-IoT 뿐만 아니라 Z-Wave, ZigBee, BlueTooth, Allseen, Thread 등 여러 가지 네트워크 프로토콜 지원을 통해 다양한 기기가 어떠한 통신 네트워크를 이용해 접속하더라도 애플리케이션 층과의 연결을 보장한다. 또한 IoT 플랫폼 표준인 oneM2M 및 ETSI 표준 등을 지원하고 있다.

화웨이의 IoT 전략은 NB-IoT와 같은 통신 네트워크를 통해 클라우드 기반의 플랫폼과 디바이스의 운영체계를 연계하고 이를 통한 가치 창출을 시도하고 있다는 것을 보여준다(Huawei, 2015d). 즉 디바이스와 애플리케이션(end-to-end) 사이의 모든 사물인터넷 연결고리(통신 네트워크와 플랫폼)에 화웨이 기술 기반의 표준을 적용하고 있다. NB-IoT는 3GPP 개방형 표준으로 누구나 활용할 수 있으며, 화웨이 LiteOS 및

1 TV 화이트 스페이스는 TV 방송용으로 분배된 VHF 및 UHF 주파수 대역에서 방송 사업자가 사용하지 않는 비어 있는 주파수 대역을 의미한다(석용호, 2012).

OceanConnect 관련 솔루션을 개발자들에게 개방하고 있다. 예를 들어 40개 이상의 사용사례 서식을 앱개발자에게 제공하고 있다(Wieland, 2018). 이는 화웨이가 NB-IoT 3GPP 표준설정 과정에서 관련 산업 기업들의 이해관계를 NB-IoT 중심으로 조정하며 참여자의 수를 증가시키고, NB-IoT와 연계된 LiteOS 및 OceanConnect 관련 솔루션을 개발자에게 배포하여 제3의 개발자를 통한 보완재 제공의 가능성을 높음으로써 네트워크 효과를 통한 화웨이의 표준 가치를 상승시키려고 한다는 의미이다. 화웨이가 추진하는 사물인터넷 표준이 시장에서 추진력을 받아 확산될 때, 해당 표준에 기반을 둔 엔드-투-엔드 솔루션을 고객의 니즈에 맞추어 제공하여 수익 창출을 한다는 비즈니스 모델이다.

6. 화웨이 NB-IoT 표준 적용 사례

스마트 미터링은 NB-IoT 네트워크의 대표적 사용사례이다(Huawei, 2015d). 스마트 미터링은 NB-IoT 네트워크를 통해 전기, 수도, 가스 계량기의 정보를 자동으로 수집하는 것을 가능하게 해준다. 이를 통해 계량기 정보 수집과 계량기 배터리 교체에 드는 비용을 감소하게 해준다. 수도의 경우 스마트 미터는 원격으로 계량 정보를 수집할 뿐만 아니라, 누수 제어, 오염 관리 기능 등을 제공하여 효과적인 에너지 전략을 실행하는 도구로 활용될 수 있다(殷春燕 & 杨碧玲, 2016). 가정 내 계량기뿐만 아니라, 공장 계량기, 수도 파이프, 맨홀뚜껑, 압력계, 소화전 등 광범위하게 NB-IoT 응용을 시도하고 있다. 2015년 모바일 월드 콩그레스에서 화웨이와 협력 통신사업자는 엔드-투-엔드 스마트 미터링 프로젝트를 선보였으며, 현재 많은 유럽 통신 서비스 사업자들은 이 사업에 대해 많은 관심을 보인다. <사진 2.1>은 화웨이의 NB-IoT 기술이 적용된 스마트 미터링 기기이다.

스마트 주차 역시 화웨이의 NB-IoT 기술이 적용되는 대표적인 사례이다. 교통체증의 30%가 주차 장소를 찾으려고 돌아다니는 차량 때문에 생기는 도시에서 주차 문제해결은 매우 중요한 이슈이다(Huawei, 2015a). 스마트 주차기기는 센서가 NB-IoT 네트워크를 통해 서버와 연결되어 실시간으로 운전자에게 주차 정보를 제공한다. 이는 싱글 홉(Single Hop) 네트워크라서 손쉬운 구축이 가능하고, 원격 주차 센서 관리를 제공한다. 현재 화웨이는 전 세계 곳곳에서 스마트 주차 시범사업을 벌이고 있다. 예를 들어, 2015년 7월에는 차이나 유니콤과 협력하여 상하이 디즈니 리조트에 스마트 주차 시범사업을 시도하였다(Reichert, 2016b). <사진 2.2>는 화웨이의 스마트 주차 센서와 NB-IoT 기지국이다.

사진 2.1 화웨이의 NB - IoT 기술이 적용된 스마트 미터링 기기

사진 2.2 화웨이의 NB - IoT 기술이 적용된 스마트 주차 센서와 기지국

7. 화웨이의 사물인터넷 협력기업 및 생태계

화웨이는 중국기업 특유의 폐쇄적 구조에서 벗어나 협력적이고 개방적이며 공동의 이익을 추구하는 R&D 협력 전략을 꾸준히 취해 왔다(정구현 & 곽주영, 2013). 통신, 소프트웨어 등 기술 관련 업체와 파트너십을 형성하여 소프트웨어, 통신 플랫폼, 휴대전화 단말기 등 각 방면의 제품을 개발했는데, 협력 파트너로는 주요 고객사뿐만 아니라 업스트림의 공급업체 및 직간접적 경쟁업체까지 포함했다(정구현 & 곽주영, 2013). 또한 화웨이는 다른 기업 및 대학들과 기술 협력 파트너십을 통해 외부 지식을 흡수하고, 이를 추격전략 이행의 발판으로 활용하였다(Zhang & Duysters, 2010). 이러한 협력 R&D 전략의 핵심은 협력 기업과 소통하면서 해당 기업이 직면한 문제에 맞는 맞춤형 솔루션을 모색하고, 파트너십을 통하여 주류 시장 진입을 시도하고, 공공-민간 파트너십을 적극적으로 활용하는 것이다(Hensmans, 2017).

화웨이는 이러한 협력 전략을 바탕으로 특정 표준에 기반을 둔 하드웨어/소프트웨어 생산 및 관련 서비스를 제공하는 표준 기반 생태계를 구축하고 있다. 기업들은 자신들의 표준을 다른 이해관계자들에게 개방하고 관련 제품 생산 및 서비스 제공을 지원함으로써 생태계를 확장한다. 이는 결국 표준에 기반을 둔 비즈니스 모델을 통해 수익 창출 경로로 작동하게 된다.

화웨이는 NB-IoT 표준 중심으로 클라우드 플랫폼과 기기 운영체계를 연결하고, 이를 기반으로 한 사물인터넷 생태계 조성에 집중하고 있다. 이러한 생태계 조성을 위해 가치 사슬의 다양한 층위에 있는 기업들을 끌어들여 그들의 이해관계를 NB-IoT 표준 중심으로 조정하고 있다. NB-IoT 관련해서 화웨이와 강력한 협력관계를 유지하고 있는 기업은 통신 서비스 층위에서는 보다폰(Vodafone)이고, 모듈 층위에서는 유블럭스(u-blox)이다.

화웨이와 보다폰의 협력 관계는 2005년 가격 경쟁력과 빠른 실행력을 바탕으로 화웨이가 보다폰과 통신 기지국 제작 및 설치 관련 계약을 체결하면서 시작되었다. 그후 2006년부터 2012년까지 6개의 공동 혁신 센터들을 설치하고 협력하면서, 서로가 공동으로 직면한 문제들을 해결해왔다(Hensmans, 2017). 2014년부터 보다폰과 협력하여 NB-IoT의 이전 버전인 NB-CIoT(NarrowBand Celluar IoT) 관련 연구를 진행해왔고, 2015년 3GPP에서 NB-CIoT 표준화 과정 역시 서로 협력하여 추진하였다(Huawei,

2015c). 2015년 바르셀로나에서 열린 모바일 월드 콩그레스(MWC)에서는 화웨이와 보다폰이 협력하여 NB-IoT 표준이 적용된 스마트 미터링 기술을 시연하였다. 2016년 4월에는 영국 뉴버리에 개방형 연구소(오픈랩, Open Lab)를 함께 설립하였다. 이는 애플리케이션 개발자, 칩세트, 모듈, 기기 제조업체들에게 NB-IoT 표준 적용 및 시험을 위한 환경을 제공하여 NB-IoT 생태계 조성에 중요한 역할을 할 것으로 판단하고 있다(Reichert, 2016a). 이 연구소에서 하는 주요 업무 중 하나가 다양한 기기들이 화웨이의 사물인터넷 생태계에 통합되어서 제대로 작동하는지를 인증하는 "통합 검증(integration verification)"이다(Wieland, 2018).

유블럭스는 M2M, LTE 통신 모듈 업체로서 3GPP 표준화 과정에 꾸준히 참여했었고, 화웨이 및 보다폰과 협력하여 3GPP NB-CIoT 표준화를 추진하였다. 2015년에는 화웨이, 보다폰과 협력하며 NB-IoT 표준 기술을 성공적으로 시연하였다(Atkinson, 2015). 2016년 뉴울이 NB-IoT 기술을 Boudica 칩세트를 통해 도입한 후, 유블럭스가 이 칩세트를 내장한 통신 모듈을 제작하였다(Maidment, 2016).

다른 기업들과도 긴밀하게 협력하여 NB-IoT 적용 사례를 확대하고 있다. 2015년 6월에는 차이나유니콤(China Unicom)과 상하이에서, 2015년 11월에는 도이치텔레콤(Deutsche Telekom)과 독일에서, 2016년 4월에는 아랍에미리트 통신사업자인 에티살랏(Etisalat)과 스마트 주차 시험을 하였다. 2016년 4월 호주의 사우스이스트워터(South East Water)와 스마트 미터 시험을 하였고, 2016년 5월에는 차이나텔레콤(China Telecom)과 협력하여 선전워터그룹(深圳水务集团)과 스마트 미터 관련 계약을 체결하였다(殷春燕 & 杨碧玲, 2016). 현재는 스마트 미터, 스마트 주차뿐만 아니라, 가로등, 농업, 화재 예방, 스마트 산업, 자산 트랙킹, 물류, 스마트 락(lock), 환경 관리, 자전거, 헬스 등 다양한 분야에서 협력을 확대하고 있다. 2018년 1월 기점으로 120여 개가 넘는 협력사와 NB-IoT 생태계를 구축하고 있다(Huawei, 2018a). <표 2.1>은 화웨이의 NB-IoT 협력 기업의 일부를 정리한 것이다. 이는 사물인터넷 인프라를 바탕으로 각각의 산업 영역을 디지털화하는 디지털 전환(digital transformation)의 일환으로 화웨이의 사물인터넷 전략이 구상 및 이행되고 있음을 보여준다.

표 2.1 화웨이 NB - IoT 협력기업 리스트

사례	협력 기업	국가	사례	협력 기업	국가
스마트 워터	Huizhong	중국	펫 트래킹	hereO	영국
	Kamstrup	덴마크		Oviphone	중국
	NWM	중국	스마트 농업	EDYN	미국
	Prajna IoT Tech	중국		Yunyang	중국
	Sanchuan	중국		Bewhere	캐나다
	VEOLIA	프랑스		MuRata	일본
	Xingyuan	중국		Pessl	오스트리아
가스 미터	GoldCard	중국	가전제품	Haier	중국
	Pietro Fiorentini	이탈리아		Midea	중국
	ViewShine	중국	헬스케어	Life Sense	중국
스마트 그리드	Holley	중국	스마트 모니터링	iRexnet	한국
	Janz	포르투갈	벤딩머신	Lierda	중국
	Tatung	대만	전자 제조 서비스	Lierda	중국
	Terabits	중국		Hanwei	중국
	SilverFern	중국		Hongdia	중국
	Waison	중국	알람 센서	GTI	중국
스마트 주차	Fangle	중국		HOTHINK	중국
	Infocomm	아랍에미리트	스마트 자전거	ofo	중국
	InnoTek	중국	전자 지불	PAX	중국
	Q-Free	노르웨이	스마트 락	DESSMANN	중국
	Smart Parking Systems	이탈리아	NB-IoT 모듈	Gemalto	프랑스
스마트 산업	BOSCH	독일		Quectel	중국
스마트 가로등	AOD	중국		u-blox	스위스
	Telchina	중국		Lierda	중국
	Hefei Fitbright	중국		China Mobile	중국
	DAYUN	중국	NB-IoT 툴	Lierda	중국
	INSIGMA YISHENG	중국		Keysight	미국
	Philips Lightings	네덜란드			
자산 트래킹	Accent Systems	스페인			
	CIMC iTECH	중국			
	Duoxie	중국			
	Coglink	중국			
	Ascent	싱가포르			

출처: Huawei, 2017b.

토론 질문

1. 화웨이가 빠르게 성장할 수 있었던 원동력은 무엇이고, 그중 표준화 활동은 어떠한 역할을 하였는가?
2. 사물인터넷은 무엇이고, 이와 관련해서 왜 NB-IoT 표준이 중요한가?
3. 화웨이의 사물인터넷 전략은 무엇인가?
4. 화웨이의 협력 전략은 무엇이고, 이러한 전략을 바탕으로 어떻게 사물인터넷 생태계를 구축하고 있는가?

참고문헌

국내문헌

남유현(2009), “중국 기업의 미래, 화웨이의 도전”, 「CHINDIA Plus」, 30, pp.50~52.

박동현·윤성준·권기범(2016), “3GPP에서의 NB-IoT 관련 표준화 동향”, 「TTA Journal」, 166, pp.58~65.

석용호(2012), “TV 화이트 스페이스에서 Wi-Fi 표준화 동향”, 「TTA Journal」, 140, pp.90~94.

손요한(2016), “화웨이, 엔드-투-엔드 NB-IoT 솔루션 공개 … 올해 말 대규모 상용화 예정”, 「MWC 상하이 2016」.

안석현·이승주(2015), “中 화웨이, 사물인터넷 전용 운영체제 출시”, ChosunBiz.

정구현·곽주영(2013), “중국의 삼성전자, 화웨이”, In 김용준 외. (Ed.), 「중국 일등 기업의 4가지 비밀」, 삼성경제연구소.

정종길(2016), “화웨이, NB-IoT 애플리케이션 협력 강화”, 「IT DAILY」.

국외문헌

Ahrens, N. (2013). *China's competitiveness: Myth, reality, and lessons for the United States and Japan. Case study: Huawei*. A Report of the CSIS Hills Program in Governance.
Retrieved from http://csis.org/files/publication/130215_competitiveness_Huawei_casestudy Web.pdf

Apelblat, O. (2015). Huawei reaffirms plans for continued focus on European market with faster digitalization via innovation. *The Brussels Times*.
Retrieved from http://www.brusselstimes.com/eu-affairs/3398/huawei-reaffirms-plans-for-continued-focus-on-european-market-for-faster-digitalization-via-innovation

Atkinson, J. (2015). Vodafone, Huawei and u-blox send NB-IoT message over live network. *Wireless*.
Retrieved from http://test.wireless-mag.com/News/39926/vodafone-huawei-and-u-

blox-send-nb-iot-message-over-live-network-.aspx

Ericsson. (2017). *Annual Report.*
Retrieved from https://www.ericsson.com/assets/local/investors/documents/2017/ericsson-annual-report-2017-en.pdf

Ericsson. (2018). *Ericsson Mobility Report.*
Retrieved from https://www.ericsson.com/en/mobility-report/reports/june-2018

Ernst, D. (2011). *Indigenous Innovation and Globalization: The Challenger for China's Standardization Strategy.* San Diego/Honolulu: The UC Institute on Global Conflict and Cooperation and the East-West Center.

Brand Finance. (2018). *Brand Finance Tech 100.*
Retrieved July 31, 2018, from http://brandfinance.com/knowledge-centre/reports/brand-finance-tech-100-2018/

Fortune. (2018). *Global 500.*
Retrieved July 31, 2018, from http://fortune.com/global500/list/

Gao, P., Yu, J., & Lyytinen, K. (2014). Government in standardization in the catching-up context: Case of China's mobile system. *Telecommunications Policy*, 38(2), pp.200~209.
https://doi.org/10.1016/j.telpol.2013.10.002

Gawer, A., & Cusumano, M. A. (2008). How companies become platform leaders. *MIT Sloan Management Review*, 49(2), pp.28~35.
Retrieved from http://sloanreview.mit.edu/the-magazine/articles/2008/winter/49201/how-companies-become-platform-leaders/

GrowthEnabler. (2017). *Market Pulse Report, Internet of Things (IoT).*
Retrieved from https://growthenabler.com/flipbook/pdf/IOT Report.pdf

Henderson, R., & Clark, K. (1990). Architecturai innovation: The reconfiguration of existing product technologies and the failure of established firms, *Administrative Science Quarterly*, 35(1), pp.9~30.

Hensmans, M. (2017). Competing through joint innovation, *MIT Sloan Management Review*, 58(2), pp.26~34.

Huawei. (2015a). Huawei and partners lead NB-IoT standardization.

Huawei. (2015b). NB-IOT, Accelerating Cellular IOT.
Retrieved August 1, 2018, from https://www.huawei.com/minisite/hwmbbf15/en/nb-iot-accelerating-cellular-iot.html

Huawei. (2015c). *NB-IOT, Accelerating Cellular IOT.*

Huawei. (2015d). *NB-IoT: Enabling New Business Opportunities*. Huawei White Paper. https://doi.org/https://doi.org/10.1016/S0022-3913(12)00047-9

Huawei. (2017a). *Annual Report.*
Retrieved from https://www.huawei.com/uk/press-events/annual-report

Huawei. (2017b). *NB-IoT Ecosystem Partner List.*
Retrieved from https://www.gsma.com/iot/huawei-nb-iot-ecosystem-partner-list/

Huawei. (2018a). *IoT Ecosystem Partners.*
Retrieved from http://carrier.huawei.com/~/media/CNBG/Downloads/trends-and-insights/iot-ecosystem-partners-v2.pdf

Huawei. (2018b). *OceanConnect Home*. Retrieved August 1, 2018, from https://developer.huawei.com/ict/en/site-oceanconnect

Jianmin, X., & Cheng, Z. (2018). *NB-IoT is a blue ocean for operators.*
Retrieved from https://www.huawei.com/uk/about-huawei/publications/communicate/84/nb-iot-operators-transformation

Jinfan, S. (2018). *Huawei LiteOS: A heavyweight in IoT connectivity.*
Retrieved August 2, 2018, from https://www.huawei.com/uk/about-huawei/publications/communicate/84/lite-os-smart-iot

Joo, S. H., Oh, C., & Lee, K. (2016). Catch-up strategy of an emerging firm in an emerging country: Analysing the case of Huawei vs. Ericsson with patent data. *International Journal of Technology Management*, 72(1-3), pp.19~42.
https://doi.org/10.1504/IJTM.2016.10001555

Kang, B. (2015). The innovation process of Huawei and ZTE: Patent data analysis. *China Economic Review*, 36, pp.378~393.
https://doi.org/10.1016/j.chieco.2014.12.003

Lee, K., Lim, C., & Song, W. (2005). Emerging digital technology as a window of opportunity and technological leapfrogging: catch-up in digital TV by the Korean firms. *International Journal of Technology Management*, 29(1/2), p.40.
https://doi.org/10.1504/ IJTM.2005.006004

Li, C. (2007). China's telecom industry on the move: Domestic competition, global ambition, and leadership transition. *China Leadership Monitor*, (19), pp.1~23.

LightReading. (2014). Neul Unveils NeulNET M2M Platform. *LightReading*.

Low, B. (2007). Huawei Technologies Corporation: from local dominance to global

challenge? *Journal of Business & Industrial Marketing, 22*(2), 138−144.
https://doi.org/ 10.1108/08858620710730258

Maidment, G. (2016). *NB-IoT: When narrow-minded is best.*
Retrieved from https://www.huawei.com/uk/about-huawei/publications/communicate/79/ftth-for-digital-home-en

Ming, Z., & Williamson, P. J. (2007). *Dragons at Your Door: How Chinese Cost Innovation Is Disrupting Global Competition.* Boston: Harvard Business School Press.

Morris, I. (2018). Ericsson Massively Ups Cellular IoT Forecast. *LightReading.* Retrieved from https://www.lightreading.com/iot/nb-iot/ericsson-massively-ups-cellular-iot-forecast/d/d-id/743839

Mu, Q., & Lee, K. (2005). Knowledge diffusion, market segmentation and technological catch-up: The case of the telecommunication industry in China. *Research Policy,* 34(6), pp.759～783.
https://doi.org/10.1016/j.respol.2005.02.007

Perez, C., & Soete, L. (1988). Catching up in technology: entry barriers and windows of opportunity. In C. Freeman, R. Nelson, G. Silverberg, & L. Soete (Eds.), *Technical Change and Economic Theory,* pp.458～479. London: Pinter.

Reichert, C. (2016a). Vodafone and Huawei complete NB-IoT trials in Australia. *ZDNet.*

Reichert, C. (2016b). Huawei unveils NB-IoT solution at MWC Shanghai. *ZDNet.* Retrieved from http://www.zdnet.com/article/huawei-unveils-nb-iot-solution-at-mwc-shanghai/

The Economist. (2012). Chinese multinationals: Who's afraid of Huawei?
Retrieved from http://www.economist.com/node/21559922

Thomas, S. (2014). Huawei Spends $25M on Neul's IoT Smarts. *LightReading.*

Vodafone. (2017). *Narrowband-IoT: pushing the boundaries of IoT.*
Retrieved from https://www.vodafone.com/business/news-and-insights/white-paper/narrowband-iot-pushing-the-boundaries-of-iot

Wang, P., Wang, Y., & Hill, J. (2010). *Standardization Strategy of China -- Achievements and Challenges.* East-West Center.

Wieland, K. (2018). Huawei: Master Ecosystem-Builder in IoT. *LightReading.*
Retrieved from https://www.lightreading.com/partner-perspectives/huawei-master-ecosystem-builder-in-iot/a/d-id/744217?

Wen, Y. (2017). *The Rise Of Chinese Transnational ICT Corporations: The Case of*

Huawei. Simon Fraser University.

Zhang, Y., & Duysters, G. (2010). Alliance-based network view on Chinese firms' catching-up: Case study of Huawei Technologies. *Journal on Innovation and Sustainability*, 1(2).

Retrieved from http://revistas.pucsp.br/risus

殷春燕, 杨碧玲 (2016). 继标准冻结, 华为在NB-IoT又有大动作！－全文.

표준특허 분쟁: 삼성 대 애플의 사례

Chapter 03

강병우(히토츠바시 대학교 상학과/이노베이션연구센터)

1. 들어가기

우리는 현재 가전제품, 자동차 등 오늘날까지 네트워크에 연결되지 않았던 많은 물건이 연결될 사물인터넷(Internet of Things: IoT)시대, 그리고 네트워크에 연결된 물건들이 만들어 내는 방대한 양의 데이터를 5세대 이동통신으로 교환하는 시대를 맞이하고 있다. 앞으로의 시대에 표준은 특히 중요하다. 왜냐하면, 사물인터넷은 제품 혹은 서비스 간의 상호운용성[1]을 전제로 하는데, 상호운용성은 표준을 통해서만 가능하기 때문이다(Shapiro et al., 1999). 한편, 표준문서의 규격을 구현하는 과정에 반드시 필요한 기술이 있는데, 그런 기술이 담긴 특허를 표준특허라 부른다. 앞으로 사회에서 필요로 하는 표준이 더 많아지고 각 표준에 요구되는 기술 수준이 높아짐에 따라, 표준특허의 수는 더욱더 늘어날 것으로 예상된다. 동시에 표준특허가 이동통신 산업에 한정되지 않고, 다양한 산업으로 확산될 전망이다. 결국, 다른 산업 간 표준특허의 라이선스가 필수적인데, 그 과정에서 발생할 표준특허를 둘러싼 분쟁은 확대될 것이다. 이러한 배경을 바탕으로, 본 사례에서는 표준특허와 관련된 문제에 대해 이해를 심화하고, 그러한 문제를 현명하게 해결하는 방안에 대해서 생각하는 기회를 제공하고자 한다.

1 하나의 시스템이 동일 또는 이기종의 다른 시스템과 아무런 제약이 없이 서로 호환되어 사용할 수 있는 성질.

2. 이동통신 산업과 이동통신표준의 발전사

이동통신 산업은 지난 30여 년간 눈부시게 발전했다. 이동통신 산업을 뒷받침한 것은 이동통신에 사용되는 기술표준의 발전이다(Adachi, 2001; Dahlman et al., 2008). 이동통신 산업은 대체로 10년을 주기로 비약적으로 발전했다(〈표 3.1〉).

1세대 이동통신표준은 1980년대에 도입되었다. 미국에서는 AMPS(Advanced Mobile Phone System), 북유럽에서는 NMT(Nordic Mobile Telephone), 영국에서는 TACS(Total Access Communication System), 일본에서는 NTT(Nippon Telegraph & Telephone System) 등이 있었다. 1세대 이동통신표준은 주로 통화 서비스를 지원하도록 설계되었고, 서비스는 국내에 한정되었다.

1990년대에 들어서 2세대 이동통신표준이 도입되었다. 유럽에서는 GSM(Global System for Mobile Communications), 미국에서는 IS-54(Interim Standard 54)와 CDMA로 알려진 IS-95, 일본에서는 PDC(Personal Digital Cellular)가 도입되었다. 2세대 이동통신표준은 디지털 통화 서비스와 함께 단문메시지서비스(SMS)를 지원하도록 설계되었다.

3세대 이동통신표준은 2000년대에 도입되었다. 세계화의 추세에 맞추어, 3세대 이동통신표준은 표준화 단계부터 전 세계에서의 도입을 목표로 설계되었다. 이동통신 산업에 종사하는 글로벌 기업들이 모여 컨소시엄을 만들어, 각 컨소시엄에서 이동통신기술표준을 설계했다. 예를 들어, 3GPP는 W-CDMA(Wideband-CDMA)를, 3GPP2는 CDMA 2000을 설계했다(참고로 3GPP와 3GPP2는 아무 연관이 없는 독립적인 컨소시엄이다). 더 빠른 통신을 원하는 소비자의 욕구에 맞추어, 3세대의 이동통신표준은 음성과 데이터 전송이 가능하도록 설계되었다.

4세대 이동통신표준은 2010년대에 시작했다. 시대는 더 빠른 대용량 데이터 통신을 원했고, 3세대 표준에 비해 비약적으로 빠른 통신표준이 설계되었다. 국제전기통신연합(ITU)이 제정한 4세대 이동통신표준을 맞추는 것을 목표로, 각 표준화 컨소시엄은 3세대와 4세대의 가교로서 먼저 3.5세대 표준을 만든 후, 4세대로 표준을 더 발전시켰다.

5세대 이동통신표준은 2015년 9월에 본격적으로 표준화에 대한 일정과 개념에 대해 논의되었고, 2020년 상용화를 목표로 현재 표준화가 진행되고 있다. 4세대 이동통신표준이 사람과 사람의 커뮤니케이션 중심인 반면에, 5세대 이동통신표준은 사

표 3.1 이동통신표준의 발전사

구분	1980s	1990s	2000s	Late 2000s	2010s
세대	1G	2G	3G	3.5G	4G
표준	AMPS, NMT, TACS	GSM, IS54, IS95, PDC	WCDMA(UMTS), CDMA2000 EVDO	LTE, WiMax	LTE-Advanced, WiMAX-Advanced
통신 속도	~2.4kbps	~64kbps	~2Mbps	~300Mbps	~1Gbps
제공된 서비스	Voice call	Data: Text	Data: file upload/download	Data: big file upload/download	Data: big file upload/download

출처: 저자 작성.

람과 사물, 그리고 사물과 사물 간의 통신이 가능하도록 설계된다. 서비스는 고속화, 대용량화 외에도, 다량 기기의 동시 접속이 가능하면서, 실시간 통신이 가능하도록 설계되고 있다.

3. 표준특허를 둘러싼 갈등

오늘날에는 특허 분쟁에 대한 기사를 흔하게 볼 정도로 특허 분쟁이 많이 일어난다. 모든 분야에서 경쟁이 전례 없는 정도로 치열해지고 있어, 기업들은 다양한 방법으로 경쟁력 우위를 확보하려고 한다. ICT 산업의 기업들에게는 특허가 경쟁력 우위의 한 수단으로 활용되고 있다. 스마트폰의 등장 이후, 글로벌 기업 간에 벌어지고 있는 특허 소송은 어마어마하다(<그림 3.1>). 표면에 드러나지 않은 특허 분쟁을 포함하면, 거의 매일 어느 국가에서는 새로운 특허 분쟁이 일어난다 해도 과언이 아닐 듯하다. 그런 특허 분쟁의 핵심에는 표준특허가 있다.

그림 3.1 스마트폰 경쟁사 간의 특허 분쟁

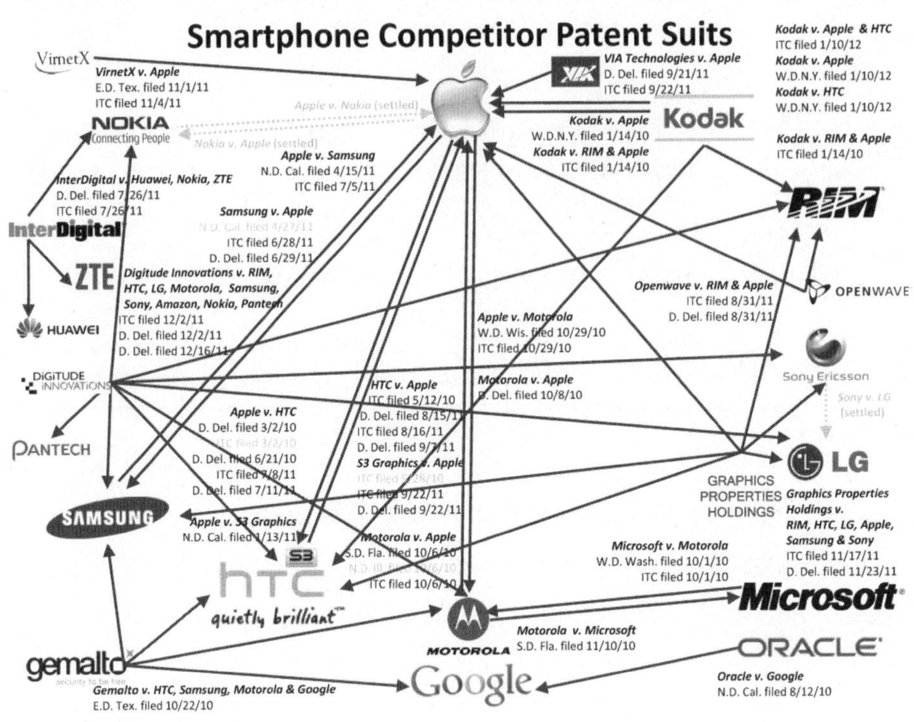

출처: http://www.pcmag.com.

표준특허 분쟁이 2000년대에 들어서 발생한 문제인 것 같으나, 사실은 이전부터 있었다. 이동통신 산업의 경우, 2세대 이동통신표준인 GSM이 처음으로 시장에 도입되려는 시점에 일어났다(Iversen, 1999; Bekkets et al., 2002). GSM은 유럽 시장 단일화를 목표로 유럽의 지역 표준으로 설계되었다. GSM표준화가 완성되고 시장에 도입되기 직전에, 표준화에 참가한 기업들이 특허 이슈의 심각성을 인식하기 시작했다. GSM 시장을 형성하기 위해서, 특허 이슈를 반드시 해결해야만 했다. 그래서, 유럽내 이동통신 기업이 나서서, 네트워크 장비를 납품하는 제조사에게 GSM특허권을 포기하고, 라이선스를 제공할 것을 요구했다. 하지만, 그런 이동통신사업자의 노력은 제조사의 반발로 실패한다.

한편, 유럽 전기통신 표준기구(European Telecommunications Standards Institute: ETSI)는 특허 분쟁의 리스크를 조사하기 위해 기업별로 가진 GSM의 표준특허 수 및 분포상태를 조사했다. 조사 결과, GSM 특허를 가장 많이 가진 기업은 미국 기업인 모토롤라인 것으로 알려졌다. 모토롤라가 숫자만 많은 것이 아니었다. 유럽의 회사들보다도 더 일찍 무선통신에 관한 원천 기술을 특허화한 덕분에, 모토롤라는 GSM의 원천 기술의 소유권을 가지고 있었다. 모토롤라는 이미 미국에서는 특허를 전략적으로 활용하고 있었다. 모토롤라는 미국 시장의 경험에서 특허를 전략적 수단으로 활용할 수 있다는 것을 잘 알고 있었다. 마침 유럽의 GSM 시장 진입에 어려움을 겪고 있던 모토롤라는 자사가 가진 GSM 표준특허를 전략적으로 활용한다. 모토롤라는 1990년부터 1993년까지 GSM의 기본 기능을 운영하기 위해 필요한 최소한의 특허를 가진 회사(노키아, 지멘스, 알카텔, 에릭슨 4개 회사)하고만 라이선스를 맺고, GSM 시장에서 수익을 창출한다. 모토롤라와 라이선스 계약을 맺은 4개 회사는 GSM 시장을 선점할 수 있었고, 큰 성공을 거둔다. 모토롤라는 GSM 시장이 어느 정도 성장한 후에, 일본 기업을 포함한 나머지 기업과도 라이선스 계약을 맺었다. 하지만, 이미 시장은 모토롤라, 노키아, 지멘스, 알카텔, 그리고 에릭슨이 선점한 상태여서, 일본 기업을 포함한 후발 라이센시(licensee) 기업은 시장의 점유율을 늘리지 못했다.

이외에도, 표준특허를 전략적으로 활용한 퀄컴의 비즈니스 모델 구축, 그리고 표준특허를 남용한 특허괴물의 등장 등 표준특허를 둘러싼 많은 일이 벌어졌다.

기존의 표준특허 분쟁은 두 개의 문제점으로 요약된다. 하나는, 표준특허를 이용한 홀드업(hold-up)의 문제이다. 표준화의 참가자는 표준을 위한 연구개발과 관련 사업 전개를 위한 설비투자에 많은 비용을 투입한다. 그래서, 표준이 한 번 정해지면, 그 표준의 사용자에게 다른 표준을 바탕으로 사업을 새로이 전개하는 것은 큰 부담이 된다. 결국 한 번 표준이 완성되면, 사용자는 그 표준에 고착(lock-in)된다. 이러한 상황을 이용해서, 기술표준화가 완료되어 해당 표준이 상용화된 후에 표준특허 보유 특허권자가 과도하게 높은 기술료를 요구하거나 경쟁자의 시장진입 자체를 차단할 수도 있는 막강한 협상력을 얻게 되는 현상이 발생하는데, 그러한 현상을 홀드업이라 부른다. 또 다른 하나는, 로열티 스태킹(royalty stacking) 문제다. 비록 표준특허 하나하나의 로열티는 아주 적은 금액으로 산정했다 할지라도, 표준특허의 양이 아주 방대할 경우, 로열티의 총합이 불합리할 정도로 과도한 액수가 되는 현상을 일컫는다. 과거보다 더 나은 표준을 만드는 과정에 다양한 기술이 표준에 반영된다. 기술 수준이 높은 표준이 구현될수록 해당 표준에 들어있는 표준특허의 수도 늘어난다.

위에서 언급한 과거의 표준특허 분쟁은 표준특허의 강력한 영향력을 재확인시켰다. 하지만, 삼성 대 애플은 표준특허에 대한 기존의 인식을 뒤엎는 분쟁으로, 우리에게 새로운 시사점을 제공한다.

4. 표준특허 대 디자인특허 분쟁: 삼성 대 애플의 사례

2011년에 시작한 삼성 대 애플의 분쟁은 7년간에 걸친 분쟁 끝에, 2018년 6월에 양자가 화해하는 것으로 끝났다. 본 사례는 표준특허 대 디자인특허 분쟁으로 진행된 대표적인 사례이다. 본 사례분석을 통해, 표준특허에 대한 시사점을 알아본다.

4.1 삼성과 애플의 1차 소송[2]

삼성과 애플의 분쟁은 2011년 4월 15일에 애플의 제소로 시작됐다. 애플은 상용특허 3건(United States Patent No. 7,469,381, 7,844,915와 7,864,163) 및 디자인특허 4건(United States Patent No. D504,889, D593,087, D618,677와 D604,305), 총 7건의 특허에 대한 삼성의 침해를 주장했다. 그중에서도 주목받은 것은 iPhone에 사용된 3건의 디자인특허다(<그림 3.2>). 첫째, D618,677특허다. D618,677특허는 iPhone 표면의 외관 전체의 디자인에 관한 특허로, 애플은 4각형 외곽에 둘러싸인 검은 표면, 스피커 단자, 표면의 투명함을 디자인특허로 등록했다. 둘째, D593,087특허다. D593,087특허는 iPhone의 외곽변(베젤) 부분의 디자인특허다. 셋째, D604,305특허다. D604,305특허는 GUI(Graphic User Interface)에 관한 디자인특허다. 삼성의 스마트폰과 태블릿이 애플의 특허를 침해했다고 제소했다. 이에 대해, 삼성도 자사의 표준특허 2건(United States Patent No. 7,706,348와 7,486,644) 및 상용특허 2건(United States Patent No. 6,771,980와 7,450,114)에

2 삼성과 애플은 1차 소송을 하면서, 또 다른 소송(2차 소송)을 동시에 진행하였다. 삼성과 애플의 2차 분쟁은 2017년 11월에 삼성이 애플에 1억 1,960만 달러를 손해배상액으로 지급하는 것으로 끝났다. 이 소송은 표준특허와는 관계가 없어 생략한다.

그림 3.2 애플이 삼성의 침해를 주장한 디자인특허

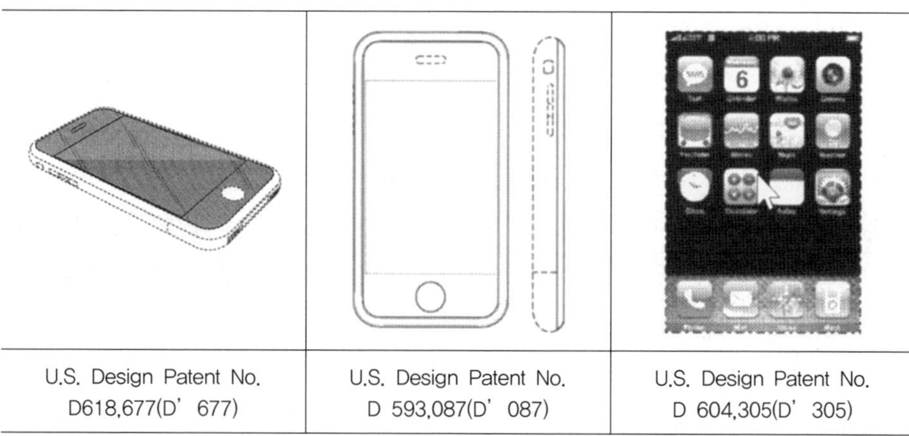

U.S. Design Patent No. D618,677(D' 677)	U.S. Design Patent No. D 593,087(D' 087)	U.S. Design Patent No. D 604,305(D' 305)

대한 애플의 침해를 주장했다.

2012년 8월 24일, 캘리포니아 지방법원은 애플의 주장을 거의 받아들이는 판결을 내렸다. 삼성의 제품이 애플의 상용특허 3건(United States Patent No. 7,469,381, 7,844,915와 7,864,163) 및 디자인특허 3건(United States Patent No. D593,087, D618,677과 D604,305)을 침해하여, 애플에게 10억 5,000만 달러의 피해가 발생했다고 결론지었다. 그리고 판결로부터 1달 뒤인 9월 25일, 애플은 10억 5,000만 달러의 피해 외에, 새 제품군에 대해서 7억 600만 달러의 손해배상금을 추가적으로 주장했다.

2013년 3월 1일, 캘리포니아 지방법원의 루시 고(Lucy Koh) 판사는 배상액 계산에 실수가 있다는 이유로 손해배상액의 재산정을 명령했다. 구체적으로 10억 5,000만 달러는 28개의 제품에서 발생한 손해배상액을 산정한 것인데, 14개의 제품에서 발생한 5억 9,890만 달러의 배상금은 문제가 없었으나, 나머지 제품군에서 발생한 손해배상액 4억 5,000만 달러의 배상금에 배상액 계산에 실수가 있었다는 것이다. 이러한 결정에 애플은 이의제기했고, 그 결과 13개의 제품에 대한 손해배상금 4억 1,000만 달러를 재산정하게 되었다. 최종적으로, 15개 제품의 손해배상금으로 6억 4,000만 달러에 추가적으로 2억 9,000만 달러가 더해져, 삼성은 애플에 총 9억 3,000만 달러를 배상금으로 지불할 것으로 평결났다. 9억 3,000만 달러의 내역은 디자인특허 침해 3억 9,900만 달러, 상용특허 침해 1억 5,000만 달러와 트레이드 드레스[3] 침해 3억 8,000만 달러다.

2014년 3월 6일, 삼성은 연방항소법원에 항소하였다. 2014년 7월 31일, 삼성과 애플은 미국에서 진행 중인 1차 소송과 2차 소송을 제외하고, 다른 국가에서 진행 중인 특허소송을 모두 취하하기로 합의했다.

2015년 8월 25일, 연방항소법원은 캘리포니아 지방법원 1심의 9억 3,000만 달러의 손해배상액 중, 트레이드 드레스 침해액 3억 8,000만 달러를 파기하고, 1심 법원으로 사건을 환송하였다. 그 결과, 2015년 9월 18일, 1심 법원에서 나머지 부분 5억 4,800만 달러를 확정하였다.

2015년 12월 14일, 삼성은 디자인특허 침해 부분에 대해서 대법원에 상고허가를 신청했다. 미국 대법원은 매년 7천여 건의 상고허가 신청을 접수하여, 이 가운데 약 99%가 기각된다. 하지만, 2016년 12월 6일 미국 대법원은 대법관 8명 전원일치로 삼성의 주장을 수용했다. 그로부터 약 10개월이 지난 2017년 10월 22일, 디자인특허의 손해배상액을 다시 재판하기로 결정하였다.

2018년 5월 24일, 캘리포니아 지방법원은 5억 3,900만 달러를 배상해야 한다는 평결을 내렸다. 5억 3,900만 달러의 내역은 디자인특허 침해에 관해 5억 3,300만 달러, 상용특허 침해에 관해 530만 달러다.[4] 그로부터 1달이 지난 2018년 6월 28일, 삼성과 애플은 특허 분쟁을 종결키로 합의했다. 두 회사가 합의한 조건에 대해서는 공개되지 않았다.

위에 언급한 삼성과 애플 분쟁의 개요를 정리한 것이 <표 3.2>이다.

3 트레이드 드레스(Trade Dress)는 다른 제품과 구별되는 외향, 장식 등 제품 고유의 이미지를 뜻한다.

4 디자인특허 침해 손해배상액과 일반 상용특허 침해 손해배상액에 큰 차이를 이해하려면, 디자인특허의 특이성을 이해할 필요가 있다. 디자인특허는 일반적인 특허와 다르다. 흔히 특허라고 하면, 상용특허를 의미하지, 디자인특허를 지칭하지 않는다. 디자인특허는 외관을 다루는 특허다. 디자인특허는 보호대상이 애매모호하여 종종 논란의 대상이 되곤 한다. 예를 들면, 기능적 이점이 있는 디자인은 디자인특허의 대상이 아니다(기능적 이점이 있는 특허는 일반적으로 상용특허로 다룬다). 로열티 계산법에도 차이가 있다. 미국의 특허법에 따르면, 상용특허의 침해에 대해서는 합리적인(reasonable) 로열티 금액을 계산하도록 정해져 있는데(35 United States Code §284. Damages), 디자인특허의 침해에 대해서는 그러한 내용이 언급되어 있지 않다(35 United States Code §289. Additional remedy for infringement of design patent). 대신, 디자인을 모방해서 이익을 획득한 경우, 디자인특허의 침해자는 디자인 소유자에게 자신이 얻은 총 이익만큼 배상해야 한다고 규정하고 있다. 이러한 특허법의 차이가 디자인특허 침해 손해배상금과 상용특허 침해 손해배상금의 차이로 이어졌다.

표 3.2 삼성과 애플의 1차 소송 개요

연도	경위
2011년 4월 15일	애플이 캘리포니아 지방법원에 삼성을 제소: 상용특허 3건 및 디자인특허 4건
2011년 6월 30일	삼성이 캘리포니아 지방법원 및 기타 9개국에서 애플을 제소: 표준특허 2건 및 상용특허 3건
2012년 8월 24일	캘리포니아 지방법원은 삼성이 애플에 낼 배상금을 10억 5,000만 달러로 결정
2013년 3월 1일	손해배상액 계산에 오류 지적 및 재산정 명령
2013년 11월 21일	손해배상액 재산정 재판의 결과로, 삼성이 애플에 낼 배상금을 9억 3,000만 달러로 평결
2014년 3월 5일	캘리포니아 지방법원, 1심 최종 판결: 삼성이 애플에 9억 3,000만 달러 배상
2014년 3월 6일	삼성이 연방항소법원에 항소
2014년 7월 31일	미국 외 국가에서 진행중인 소송을 취하하기로 합의
2015년 5월 18일	연방항소법원 항소심 판결: 트레이드 드레스 침해 부분 파기
2015년 8월 25일	1심 법원으로 사건 환송
2015년 9월 18일	1심 법원에서 디자인특허, 상용특허 관련 부분 판결(5억 4,800만 달러) 선고
2015년 10월 13일	항소법원, 부분 판결 유지(Summary affirmance) 판결
2015년 12월 14일	삼성, 디자인특허 부분을 대법원에 상고허가 신청
2016년 3월 21일	미국 대법원, 삼성의 상고 신청 인용
2016년 12월 6일	미국 대법원, 삼성 주장 수용
2017년 10월 22일	디자인 손해배상액 재재판 결정
2018년 5월 24일	디자인 및 트레이드 드레스 관련 환송심 1심 재재판 배심원 평결: 삼성이 애플에 5억 3,900만 달러 배상
2018년 6월 28일	삼성과 애플은 특허 분쟁을 종결키로 합의

4.2 표준특허와 관련된 판정

위에서 언급한 삼성과 애플의 분쟁에서, 삼성이 가진 표준특허는 큰 영향력을 발휘하지 못하였다. 이렇게 된 데는 삼성의 표준특허 활용에 대한 사법부의 판단이 핵심적인 역할을 했다.

삼성과 애플의 1차 소송을 진행하면서, 2011년 7월, 애플은 미국 국제무역위원회(ITC)에 삼성제품의 미국 내 수입금지를 요구하는 소송을 제기했다. 2012년 10월, 국제무역위원회는 특허 침해를 인정하는 임시 결정을 내렸다. 2013년 8월 9일, 국제무역위원회는 삼성이 애플의 특허를 침해했다며 삼성 제품의 미국 내 수입과 판매를 금지하는 명령을 내렸다. 이 명령에 대해 오바마 행정부는 거부권을 행사하지 않았다. 삼성은 국제무역위원회의 명령에 불복하여 상소했으나, 2014년 6월 삼성의 상소는 취하되었다. 결국 삼성의 제품에 대한 수입금지조치가 확정되었다.

삼성도 국제무역위원회에 4건의 삼성 특허에 대한 애플의 침해를 이유로 애플제품의 미국내 수입금지를 요구하는 소송을 제기했다. 2012년 9월 14일, 국제무역위원회는 애플의 침해는 없다는 임시결론을 내렸으나, 2013년 6월 5일 삼성이 가진 표준특허 1건에 대한 애플의 침해를 일부 인정하였다. 따라서, 애플제품의 미국내 수입과 판매를 금지하는 권고를 내렸으나, 2013년 6월 5일 오바마 대통령은 국제무역위원회의 권고에 대해 거부권을 행사하였다.

한편, 미국 법무부(Department of Justice)는 제3세대 통신표준의 표준특허를 남용한 삼성의 반독점법 위반 여부에 대해서 조사하고 있었다. 오바마 대통령의 거부권 행사로 효력은 없어졌으나, 법무부의 조사 활동은 삼성의 표준특허 활용 방법이 반독점법을 위반하는 리스크를 암시하였다.

미국 외에서도 제3세대 통신표준의 표준특허를 남용한 삼성의 반독점법 위반 여부에 대한 조사활동이 진행되었다. 2012년 12월 19일, 삼성은 영국, 프랑스, 독일, 이탈리아, 네덜란드의 5개국에서 진행한 특허소송에서, 표준특허에 기반한 판매금지 요구를 취하한다고 밝혔다. 당시에 삼성은 "자사의 기술을 공정하고, 합리적이고, 비차별적인(Fair, Reasonable and Non-Discriminatory: FRAND) 원칙에 따라 라이선스할 것"이라는 코멘트를 발표했다. 삼성의 발표가 있은 직후 2012년 12월 21일, 유럽위원회는 삼성이 표준특허로 판매금지를 요청한 것은 반독점법을 위반하는 것이라고 공식 입장을 삼성에 알렸다. 2014년 4월 29일, 삼성은 자사가 가진 표준특허에 대해서 "향후 5년간 유럽경제권 내에서, 특정 라이선스 규정에 합의한 모든 기업에 대해 침해소송을 일으키지 않겠다"고 약속함으로써, 반독점법 위반에 대한 제재금을 부과받지 않았다.

4.3 삼성 대 애플의 분쟁이 드러낸 표준특허의 함정

표준특허는 표준문서의 규격을 구현하는 과정에 반드시 필요한 기술의 특허이다.[5] 삼성과 애플의 분쟁이 발생하기 이전에, 표준특허는 강력한 전략적 가치를 가지고 있는 것으로 간주되었다. 하지만, 삼성과 애플의 분쟁 과정에서 표준특허는 사실상 큰 영향력을 발휘하지 못했다. 여기서는 삼성의 표준특허가 큰 힘을 발휘하지 못한 경위에 대해서 알아본다.

2000년대 들어 시작한 이동통신 산업의 표준화를 통해 글로벌 기업은 혁신적인 기술표준을 만들면서, 동시에 표준특허를 확보하기 위한 경쟁을 하기 시작한다(Kang & Bekkers, 2015; Kang & Motohashi, 2015). 그 이유는 표준특허를 소유함으로써 얻는 이득 때문이다. 표준특허로 얻는 이득은 크게 네 가지가 있다. 첫째, 표준을 사용하기 위해서 표준특허의 사용권이 반드시 필요하다. 스스로 모든 표준특허를 소유하거나, 그렇게 할 수 없다면, 표준특허를 가진 모든 기업에게서 라이선스를 받아야 한다. 표준특허를 하나도 가지지 않은 기업은 해당 표준이 가진 모든 표준특허에 대한 라이선스를 받아야만 해서, 사업을 전개하는 데 불리한 상황에 놓이게 된다. 둘째, 표준특허를 가진 기업은 표준특허에 대한 라이선스 수익을 창출할 수 있다. 표준특허를 가지지 않은 기업은 해당 표준이 가진 모든 표준특허에 대한 사용료를 지불하며, 반대로 표준특허를 가진 기업은 표준특허에 대한 사용료 수익을 얻는다. 수익을 얻는 대신에, 상대 기업이 가진 특허와 크로스 라이선싱을 맺는 것도 가능하다. 셋째, 표준특허는 특허침해 주장이 용이하다. 일반특허(비표준특허)는 특허침해 주장을 할 때, 특

5 표준특허에는 기술적으로 필수적인(technically essential) 표준특허와 상업적으로 필수적인(commercially essential) 표준특허가 있다. 전자는 기술이 표준에 반영되어서 회피가 불가능한 표준특허, 후자는 기술적으로 회피 가능하지만, 기술적으로 회피하기 위해 발생하는 비용이 너무 커서, 현실적으로 회피 불가능한 표준특허를 의미한다. 본 사례에서는 전자에 초점을 맞춘다.

허침해 사실 입증이 어려워, 침해 사실 입증 과정에 많은 시간과 비용을 소모한다. 침해 사실을 입증하기 위한 자료(설계도, 조립 공정도, 생산공정 확인 등)의 수집 자체가 거의 불가능하다. 하지만, 표준특허의 경우, 표준을 사용하는 사실 자체가 표준특허 침해를 입증하기 때문에, 특허침해 주장이 매우 용이하다. 넷째, 위에서 본 바와 같이 수익을 창출하기 때문에, 자산 가치로 판매가 가능하다. 구글은 125억 달러로 모토롤라를 산 뒤, 2년 뒤에 모토롤라의 특허 자산을 제외한 나머지의 모든 모토롤라 사업체를 29억 달러로 되팔았다. 즉, 모토롤라의 특허 자산 매입을 위해 100억 달러에 가까운 비용을 지불했는데, 그 매입은 모토롤라가 가진 표준특허를 노린 것으로 받아들여지고 있다. 이외에도, 애플, 에릭슨, 마이크로소프트, 그리고 소니가 이끄는 컨소시엄이 캐나다 노텔의 표준특허를 45억 달러로 샀다. 이러한 사례는 표준특허가 자산으로서 가진 경제적 가치를 가늠케 하였다.

표준특허를 가진 기업은 공공재의 성격을 지닌 표준에서 표준특허를 통해 큰 영향력을 발휘한다. 그 이유는 표준특허를 가진 기업은 표준특허를 통해 표준을 사유화할 수 있기 때문이다. 이러한 문제점은 일찍부터 인식되었다. 예를 들어, 미국 국가표준협회(American National Standards Institute)는 표준에 특허가 포함될 경우 발생할 리스크에 대해서 1932년에 이미 인식하고 있었다.[6] 2000년대 들어 표준특허를 이용한 소송이 많아지자, 학자들 사이에서 논의도 많아졌다(Shapiro, 2001; Lemley & Shapiro, 2007; Contreras, 2015).

일부 기업이 가진 표준특허 때문에, 표준이 시장에 도입이 안된다는 것은 표준화 단체에게 좋은 일이 아니다. 그래서 표준화 단체도 상기의 문제를 회피하여, 해당 표준이 성공적으로 시장에 도입될 수 있도록 표준특허 문제 해결을 위한 독자적인 지적재산권 정책을 가지고 있다. 지적재산권 정책은 일반적으로 두 가지의 내용으로 구성된다. 첫째는 표준특허의 보고에 관한 내용이다. 표준화 과정에서 표준특허의 존

6 ANSI Minutes of Meeting of Standards Council (Nov. 30, 1932). Item 2564: Relation of patented Designs or Methods to Standards:
"[A]s a general proposition patented designs or methods should not be incorporated in standards. However each case should be considered on its merits, and if a patentee be willing to grant such rights as will avoid monopolistic tendencies, favorable consideration to the inclusion of such patented designs in a standard might be given"

재를 인식한 기업은 그 존재를 보고하도록 하고 있다. 보고할 내용을 등록된 특허에 한정하지 않고, 출원 중인 특허도 포함한다. 또 보고하는 기업은 자신이 보유한 특허 이외에 다른 기업이 가진 특허문서도 보고할 수 있다. 표준특허의 보고를 통해 표준이 어느 특허에 의해서 사유화될 리스크가 있는지 확인할 수 있다. 둘째는 라이선스 정책이다. 존재만 확인된다고 표준의 사유화 리스크가 없어지지 않는다. 모든 표준특허가 표준의 사용자에게 라이선스 되어야만, 표준의 사유화 리스크가 사라진다. 표준특허를 보고하는 문서를 보면, 표준특허를 라이선스할 의사와 함께 라이선스 조건을 선언하는 부분이 포함되어 있다. 예를 들면, ETSI에 표준특허를 보고할 경우, 반드시 FRAND로 표준특허를 라이선스하도록 명시하고 있다. FRAND의 해석에 대해서 법학자들의 의견이 통일되어 있는 것은 아니지만, 적어도 표준특허의 라이선스 의사를 밝히고 있는 것은 분명하다. 만약 어떤 기업이 자사의 표준특허를 라이선스할 의사가 없을 경우, 표준화 단체에서는 해당 기술을 제외하거나, 우회하는 새로운 표준을 제정하여, 표준의 사유화 리스크를 줄인다.

삼성 대 애플의 분쟁에서는 표준특허의 FRAND원칙이 재조명됐다. 국제무역위원회와 유럽위원회가 표준특허는 일정 사용료를 내면 모든 기업에게 라이선스 해야 한다는 원칙을 명확하게 밝혔다. 또, 애플과 같이 표준특허 사용료를 내지 않고 일단 무단 사용하더라도 나중에 줘도 된다는 논리까지 가능하다는 것을 알렸다.

5. 표준특허에 대한 최근 동향

표준특허에 대한 분쟁이 빈번하게 발생하자, Wi-Fi표준을 제정하는 IEEE는 2015년 2월에 지적재산권 정책을 개정하였다. 본래 IEEE의 지적재산권 정책은 FRAND 라이선스 정책을 취하는데, 새로운 지적재산권 정책에서는 FRAND의 정의를 구체화하여 두 내용을 추가했다: ① 로열티를 계산할 때, (최종 완제품의 가격이 아닌) 판매가능한 가장 작은 부품의 가격을 바탕으로 계산할 것과 ② 크로스 라이선스를 맺을 경우, 동일한 표준 내의 표준특허 간의 크로스 라이선스만 체결할 것 두 가지이다. 이렇게 되면, 표준특허로 벌어들이는 로열티의 가격이 매우 적어질 뿐 아니라, 표준특허-일반특허의 크로스 라이선스가 불가능해져서, 표준특허를 가진 이득이 매우 작아진다. 이러한 지적재산권 정책의 개정 이후, 표준특허를 선언하는 문서(Letter of Assurance: LOA)의 제출이 급격히 떨어졌다(<그림 3.3>). LOA를 제출하더라도, 표준특허만 선언하고, IEEE의 지적재산권 정책을 따르지 않겠다는 선언(Negative LOA)이 많아졌다. 본 지적재산권 정책 개정의 취지는 표준특허를 가진 기업과 가지지 못한 기업 간 힘의 균형을 맞추자는 것이었는데, 현재는 표준특허 자체가 어디에 얼마나 분포하고 있는지, 또 라이선스를 어떻게 해야 하는지 파악이 안 되고 있다. 앞으로 표준특허로 어떤 분쟁이 생길지 귀추가 주목된다.

그림 3.3 IEEE의 LOA제출 상황

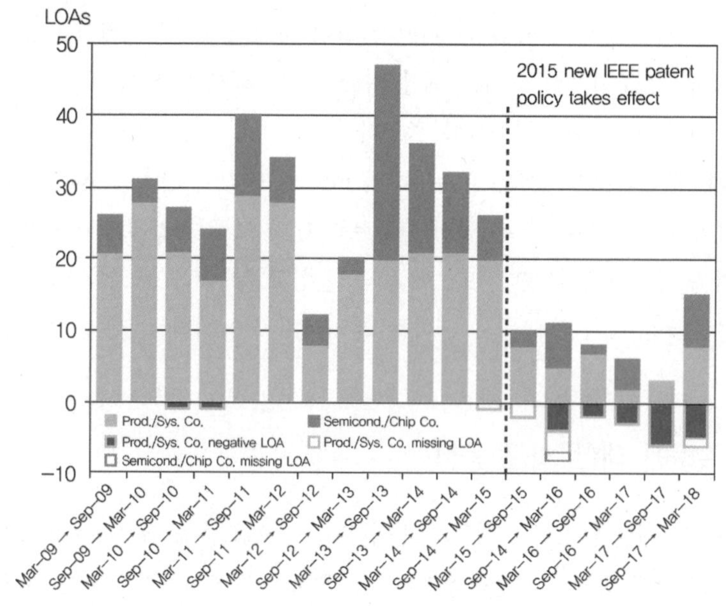

출처: LOA lists, IEEE-SA Patom; Missing LOAs in: 802.15 minutes, 17-Sep-2015; 802.11 LOA Requests Register, March 5, 2018.
© 2015-2018 Ron Katznelson. Full Presentation available at http://bit.ly/IEEE-LOAs

6. 마무리

본 사례에서는 삼성 대 애플의 표준특허 분쟁에 대해 학습하였다. 앞으로 정보통신기술혁명의 파급효과가 더 많은 산업에 빠른 속도로 전개될 전망이다. 그것은 기술표준이 더욱더 많이 생길 것이며, 동시에 기술표준에 들어가는 표준특허의 양도 증가하고 분야도 다양해질 것을 의미한다. 비록 삼성 대 애플의 분쟁이 표준특허의 영향력을 낮추는 결과를 가져왔다 하더라도, 표준특허와 관련된 분쟁은 계속되리라 예상된다. 많은 표준화 기관이 존재하고, 각 표준화 단체의 지적재산권 정책이 다양하기 때문에, 본 사례에서 지적하지 못한 새로운 문제가 발생할 여지도 있다.

본 사례가 표준특허와 관련된 문제에 대한 이해를 심화하고, 그러한 문제에 대해 전략적으로 대처하는 방안에 대해서 생각하는 기회가 되었으면 하는 바람이다.

토론 질문

1. 표준특허가 분쟁의 대상이 되는 이유는 무엇인가?
2. 표준특허, 일반(상용)특허, 디자인특허의 차이는 무엇인가? 분쟁 대상이 된 특허문서를 검색해서, 특허 문서를 찾아 확인해 보자
   - 애플 상용특허: United States Patent No. 7,469,381, 7,844,915와 7,864,163
   - 애플 디자인특허: United States Patent No. D504,889, D593,087, D618,677과 D604,305
   - 삼성 상용특허: United States Patent No. 6,771,980와 7,450,114
   - 삼성 표준특허: United States Patent No. 7,706,348와 7,486,644
3. 만약 자사가 어떤 표준에 기반한 사업을 전개하려 할 때, 표준특허와 관련하여 예상되는 리스크는 무엇이며, 어떻게 대응해야 할 것인가? 자사에 표준특허가 있는 경우와 없는 경우로 나누어서 생각해 보자

참고문헌

국내문헌

김태만·이선우(2016), 「표준특허 길라잡이」, 특허청.

류태규·강진우(2008), 「주요국의 표준특허 정책 및 글로벌 기업의 표준특허 확보전략 연구」, 특허청.

손승원·김형준·강신각·이승윤·이병남·김용운·신명기(2013), 「훤히 보이는 ICT 표준 기술」, 전자신문사.

특허청, 특허심판의 종류. http://www.kipo.go.kr/ipt/simpan/simpan0203.html#02

국외문헌

Adachi, F. (2001). Wireless Past and Future-Evolving Mobile Communications Systems, *IEICE Transactions on Fundamentals* E84-A(1), pp.55~60.

Bekkers, R., Verspagen, B., & Smits, J. (2002). Intellectual property rights and standardization: the case of GSM. *Telecommunications Policy* 26, pp.171~188.

Contreras, J.L. (2015). A brief history of FRAND: Analyzing current debates in standard setting and antritrust through a historical lens. *Antitrust Law Journal* 80, pp.39~120.

Dahlman, E., Parkvall, S., Skold, J., & Beming, P. (2008). *3G Evolution: HSPA and LTE for Mobile Broadband*(2nd edition). Oxford: Academic Press.

Iversen, E.J. (1999). Standardization and intellectual property rights: conflicts between innovation and diffusion in new telecommunication systems. In: Jakobs, K. (Eds.), *Information technology standards and standardization: a global perspective*, pp.80~101. Hershey: IGI Global.

Kang, B., & Bekkers, R. (2015). Just-in-time patents and the development of standards. *Research Policy* 44(10), pp.1948~1961.

Kang, B., & Motohashi, K. (2015). Essential intellectual property rights and inventors' involvement in standardization. *Research Policy* 44(2), pp.483~492.

Lemley, M.A., & Shapiro, C. (2007). Patent holdup and royalty stacking. *Texas Law*

Review 85, pp.1991～2049.

Shapiro, C., & Varian, H.R. (1999). Information Rules: a strategic guide to the network economy, *Cambridge*, MA: Harvard University Press.

Shapiro, C. (2001). Navigating the patent ticket: cross licenses, patent pools, and standard setting. In Jaffe, A., Lerner, J., & Stern, S. (Eds.), *Innovation Policy and the Economy* Vol.I, Cambridge. MA: MIT Press.

Willingmyre, G. T. (2012). Cooperation between Patent Offices and Standards Developing Organizations. Washington, DC: National Academies of Science.
Retrieved from http://sites.nationalacademies.org/xpedio/groups/pgasite/documents/webpage/pga_ 072350.pdf

住田正臣, 薮崎正実, 丸山康夫 (2006). 国際標準化活動の基礎知識と実践的手法 第1部 標準化の基礎知識 第1回 標準化の意義·概念と通信プロトコルの仕組み, NTT DoCoMo テクニカル·ジャーナル13(4), pp.72～80.

住田正臣, 薮崎正実, 丸山康夫, 東明洋 (2006). 国際標準化活動の基礎知識と実践的手法 第1部 標準化の基礎知識 第2回 標準仕様の構成′ 作成プロセスと知的財産権, NTT DoCoMo テクニカル·ジャーナル 14(1), pp.76～84.

住田正臣, 薮崎正実, 丸山康夫 (2006). 国際標準化活動の基礎知識と実践的手法 第2部 標準化実践編 第1回 標準化会議の流れと参画の心得, NTT DoCoMo テクニカル·ジャーナル 14(2), pp.61～68.

住田正臣, 薮崎正実, 丸山康夫 (2006). 国際標準化活動の基礎知識と実践的手法 第2部 標準化実践編 第2回 標準化会議の議事運営と会議ホストの実際, NTT DoCoMo テクニカル·ジャーナル 14(3), pp.70～76.

鶴原稔也 (2014). 技術標準をめぐる特許問題の概観—移動通信方式標準化に係わる特許紛争·パテントプール·ホールドアップ問題を題材として—, tokugikon 272, pp.90～104.

Blu-ray vs. HD-DVD: How to Win a Battle between Competing Standards?

Chapter 04

Henk J. de Vries(Rotterdam School of Management)

Assume one company or group of companies supports standard A, whereas another company or consortium supports a competing specification B. One solution would be best for customers because of interoperability and/or long-term availability of complementary goods and support for the solution. Maybe one of the standards will become dominant - as in the case of USB(connecting peripheral computer devices to a PC), WiFi(wireless data communication), MPEG-2(audio compression format)(Van de Kaa & De Vries, 2014), and ISO 9001(quality management)(Berliner & Prakash, 2014). Perhaps two or more standards can continue to co-exist, as in the case of game consoles(Srinivasan & Venkatraman, 2010) and internet browsers(De Vries, De Vries & Oshri, 2008). Such battles between competing standards are called standards battles. Sometimes other terms are used, such as standards wars(Arthur, 1998; Shapiro & Varian, 1999), format battles(Van de Kaa & De Vries, 2014), platform battles(Cusumano & Gawer, 2002; Van de Kaa, De Vries & Rezaei, 2014), battles for dominant designs(De Vries, De Ruijter & Argam, 2011; Suarez, 2004; Utterback & Abernethy, 1975), and technology battles(Cohen, Hsu & Dahlin, 2016; Van de Kaa, De Vries & Van den Ende, 2015). Classic examples are competing distances for railway track gauges(Puffert, 2002), attempts to replace QWERTY by another typewriter keyboard such as Dvorak(David, 1985), and the video system battle between VHS and Betamax(Cusumano et al., 1992). More recent examples include MP3(audio compression format)(Den Uijl, De Vries & Bayramoglu 2013), smartphone operating systems(Wang & Wang, 2017) and the FSC PEFC competition in sustainable forestry(Cadman, 2015).

Suarez(2004) developed a framework for understanding the process by which one design achieves dominance in the battle against another design. He posits that technology dominance can be described in terms of a sequence of key milestones. Each milestone marks the start of the next phase in the dominance battle. The subsequent phases are: R&D build-up, technical feasibility, creating the market, decisive battle, and post-dominance. These phases will be used to describe a standards battle in the area of high-definition optical discs that attracted a lot of attention among researchers, business people and citizens: HD-DVD versus Blu-ray. We use this case to show how such a battle may unfold.[1]

While the Digital Versatile Disc(DVD) was the dominant technology for playing video content, several companies initiated the development of the next generation optical discs. The most serious candidates were Blu-ray and HD-DVD. In 2006, HD-DVD was first to enter the market with a high definition optical disc player, which was significantly cheaper than a Blu-ray player. However, in the end, Blu-ray would become the winner of this standards battle. In describing the battle, we apply the phases distinguished by Suarez(2004).

1 The case description is based on the paper *Pushing technological progress by strategic manouevring: The triumph of Blu-ray over HD-DVD*(Simon den Uijl & Henk J. de Vries (2013). Business History, 55, 8, 1361-1384, http://dx.doi.org/10.1080/00076791.2013.771332).

1. R&D build-up: 1986-2000

The R&D build-up phase starts when a pioneer firm or research group conducts applied R&D aimed at technological innovation and ends with the release of the first working prototype. The companies initiating Blu-ray and HD-DVD built on previous achievements. In the late 1970s, Philips and Sony had combined their respective technologies to develop the first optical disc for data storage: the audio Compact Disc. In the early 1990s, Sony and Philips began collaborating on an inexpensive new video version, a high-density disc called the MultiMedia Compact Disc(MMCD). At the same time, a group led by Toshiba including Pioneer, JVC, and Warner introduced the SuperDensity Disc(SD). The two formats tried to find interest among movie studios and PC manufacturers for 18 months. In 1995, the two factions cut a deal on a new standard: DVD. In terms of technology, it was closer to SD than to MMCD, so Toshiba held most of the patents. The companies formed the DVD Consortium(later called DVD Forum) to stimulate market adoption. The DVD was a real market success, replacing analog video and becoming the main storage medium for computer software.

In 1986, the Japanese company Toyoda Gosei started developing blue laser diodes. This was the first step in creating a high definition optical disc. Several companies started R&D in this field, in parallel. In 1997, Sony and Philips started to develop a high definition optical disc, able to record high definition television(HDTV). HDTV sets were introduced in the market in 1998. In 2000, Sony and Philips presented the first disc prototype.

During its development, major choices had to be made. Compared to its predecessor, it needed to be technically superior, fit for use, and relatively cheap - otherwise future customers would not be willing to buy it. Another consideration was whether it should be backwards compatible to the DVD, allowing DVDs to be played in the new players. Sony and Philips decided to enable the use of DVDs and CDs in the new players, creating fewer barriers and lower switching costs for consumers wishing to use the new technology. The downside of this backwards compatibility was that it restricted the manufacturers' freedom of design.

2. Technical feasibility: 2000 – 2006

The technical feasibility phase prepares for market entry. The release of the first working prototype of the new product is a signal to all potential producers that production is feasible and market entry is nearby(Suarez, 2004). Such entry is prepared in this phase. In our case, several companies developed next generation optical discs. In October 2000, Sony and Philips presented their first prototype. Matsushita(Panasonic) released their prototype six months later. Sony and Philips invited Panasonic to join forces. Panasonic contributed elements of their own technology to prepare a common new version. This added to the technological qualities of the design and to the know-how and reputation of the consortium.

To prevent a standard war and to increase support behind their technology, the three parties invited eight other large consumer electronics manufacturers. Toshiba and Mitsubishi Electric declined this invitation. Toshiba held most of the DVD patents and wanted to use these in their own format. Because of this, a standards battle became inevitable. A former Japanese government official stated that "Toshiba's decision to develop their own format was also motivated by their grudge towards Sony from previous format wars". In February 2002, Sony, Philips, Hitachi, LG, Panasonic, Pioneer, Samsung, Sharp, and Thomson officially launched the Blu-ray Disc Founders(BDF). Blu-ray licensing started one year later.

In August 2002, Toshiba and NEC publicly announced their competing format: Advanced Optical Disc(AOD), which was later renamed to HD-DVD. AOD was built on the intellectual property of the DVD format, with new intellectual property for the HD application. In October 2002, Toshiba gave the first public demonstration of an AOD prototype. AOD discs were cheaper to manufacture because they used the same manufacturing equipment as DVDs. Adapting a DVD disc factory for AOD production cost $150,000 versus $3,000,000 for Blu-ray. Blu-ray had the advantage of a higher data capacity (25GB vs. 15GB for AOD).

Shortly after founding the BDF, the focus of the Blu-ray development changed. Several companies in the new network had learned from the history of DVD that consumers would not benefit much from a new format in recording, but that they would adopt it for playing pre-recorded discs. The companies started to work on a read - only disc for motion pictures, which would benefit the film studios and the IT industry. For the film studios, due to their existing use of DVD and thus their cooperation with DVD producers, AOD was the default preference. In order to tempt them to move towards the Blu-ray side, Sony, Philips, and Panasonic arranged a series of meetings between their engineers and the major film studios in 2002–2003. According to an executive at a consumer electronics company, "20th Century Fox and the Walt Disney Company have fewer, but very strong titles in comparison to other major film studios, and due to their size, it is more difficult to launch movies world-wide on the same date. Therefore, content protection and region coding are especially important to these two studios". 20th Century Fox participated in content protection development. Region coding allows studios to differentiate aspects of a release per region, such as date and price. To enable advanced interactivity and web connectivity, the BDF agreed to proceed with the development of a Java-based programmable platform in September 2003. In 2004, Walt Disney and 20th Century Fox decided to support Blu-ray after the BDF had agreed to include a three-layer content protection, region coding, and a new video application format.

The nine BDF founding members had maintained membership of the DVD Forum(initially known as DVD Consortium), chaired by Toshiba. To avoid a costly shift to blue-laser technology, the DVD Forum approved a proposal to compress HD content onto dual layer DVD-9 discs, just a week after the creation of the BDF. This allowed more content on a disc. This was endorsed by Warner Bros. and other major film studios. However, six of the 17 companies in the Steering Committee, including Panasonic, Sony and Philips, abstained. In spite of this decision, in June 2002 the DVD Forum's Steering Committee decided to form two subgroups to study the best technical approach based on blue-laser optical disc applications to adopt a successor for the DVD format. Blu-ray was never formally proposed to the DVD Forum, although some of the parties in the BDF lobbied for its acceptance in the Steering Committee. Toshiba and NEC proposed their AOD format to the DVD Forum. The proposal was rejected twice because Blu-ray members of the Steering Committee either declined to vote or voted against it. Toshiba argued that Blu-ray was immature and that the retooling costs for disc manufacturers were too high. The biggest issue was future revenue from licensing and royalties. Blu-ray was based on new intellectual property, whereas AOD was based on the intellectual property base of DVD. By accepting AOD, the intellectual property base of DVD would still generate revenues. Toshiba managed to get the Steering Committee to accept a proposal to change the voting rules; absentee votes would no longer count in the final tally. They also accepted the addition of three new members to the Steering Committee. This resulted in AOD winning final approval in November 2003. The AOD format was renamed to HD-DVD.

DVD Forum's choice for HD-DVD triggered additional support from disc replicators and smaller companies as they relied on the DVD Forum to indicate which direction the industry would go. As Blu-ray was based on new intellectual property, the BDF could continue the development of Blu-ray without requiring licenses from the DVD Forum.

In April 2003, Sony introduced the first commercially available high definition disc recorder in Japan, targeting the niche market of recording the HD image of digital satellite broadcasting. By doing so, they wanted to signal to the market that they were the main party behind the(further) development of Blu-ray. However, sales figures were low, and the same applied to a similar Panasonic product. The recorder was considered to be expensive($3,815) and the products had some technical problems.

To gain commitment from the IT industry, in 2003 the BDF decided to replace Sony's logical format(the description of how to encode data) with a non-pro-prietary logical format and to seek an alternative solution for the cartridge in which the disc had to be stored. As a result, in January 2004 the world's two largest PC manufacturers, Hewlett Packard and Dell, joined the BDF. Two months later, the BDF announced the addition of TDK, a leading optical disc manufacturer. TDK had developed a new hard-coat polymer which enabled the cost efficient production of robust, bare Blu-ray discs. By eliminating the cartridge, disc costs were reduced. Better possibilities for data storage became available as well, which was beneficial for Blu-ray use in IT environments. By 2004, the DVD market began to get saturated and the major film studios saw the need for a successor.

So there was an increase in the variety of stakeholders: film studios, video game studios, optical disc manufacturers, disc replicator and authoring companies, providers of disc production, replication and authoring equipment, consumer electronics manufacturers, computer manufacturers, game console manufacturers, and retailers. Most stakeholders preferred one standard, but did not necessarily support the same one. Therefore, supporters of both formats tried to get them on their side. Sony acquired an American film producer and in 2004 announced that its game console PlayStation 3 would use Blu-ray. The increasing amount of data needed for games could be stored on the discs. This signalled Sony's commitment and added a large new user market. Sony realized that the PS3 could function as a killer application, as the PS2 had done with the DVD format, and it wanted to show the industry and primarily the major film studios that Sony was fully committed to making Blu-ray a success.

In May 2004, the 13 members of the BDF(ten consumer electronics companies, two IT companies, and a supplier of disc material) announced they would be re-incorporated into the Blu-ray Disc Association(BDA), open to any company wishing to participate in the future development of Blu-ray and to support it. Three months later, more than 70 consumer electronics, IT, media, and software companies had joined.

A consortium was formed in 2004 to develop a copy protection standard and included companies from both camps such as Toshiba, Microsoft, Sony and Panasonic. Its process faced delays.

In December 2004, Toshiba, Sanyo, NEC, and Memory-Tech established the HD-DVD Promotion Group, as an addition to the DVD Forum. This separate entity also served to stimulate content providers to join the HD-DVD camp so that more content would be developed, and to stimulate more hardware producers to join to increase the development of compliant hardware.

Reaching consensus in the Blu-ray alliance was not always easy. Back in 2002, Microsoft had announced plans to deliver HD - enhanced new DVD content using an interactive menu system called HDi. In order to run HDi, new players would need to incorporate a small computer. Intel supported Microsoft's plans because such a small computer would include their microprocessors. Microsoft hoped to persuade both Blu-ray and HD-DVD to adopt HDi. Hewlett Packard in turn invited Microsoft to support Blu-ray for playback under Windows, which HP would need for its Blu-ray-equipped PCs. Microsoft demanded that the Blu-ray group adopt HDi for its support of the format. In 2005, the BDA evaluated HDi and an alternative based on Java, the BD-J interactivity layer. They chose BD-J. As a result, in September 2005 Microsoft and Intel announced their exclusive support for HD-DVD, which had already included HDi as a mandatory part of the specification. HP made a last attempt to broker a deal between the BDA and Microsoft. It demanded that the BDA adopt Microsoft's HDi and a mandatory managed copy feature, otherwise it would support HD-DVD. Eventually, the BDA did not comply with HP's demands, and in December 2005 HP announced it would also support HD-DVD.

The Japanese Ministry of Economy, Trade and Industry(METI) was unhappy that prominent Japanese companies were in opposing camps. In April 2005, METI asked Toshiba, Sony, and Panasonic to unify their standards. Panasonic and Sony proposed the Blu-ray disc physical format in combination with the HD-DVD application(video) format. But Toshiba insisted on the cheaper HD-DVD physical format. It was important for the companies to reach consensus about the optical disc substrates to avoid losing face. However, they were unable to find a compromise and the negotiations failed.

At the end of 2004, each format had the exclusive support of three of the big six film studios. But in October 2005, Warner Bros. and Paramount decided to support Blu-ray. Especially Warner's decision to stop their exclusive support for HD-DVD was an important milestone. It was the first time that Warner diverged from its commitment to Toshiba and it put a strain on their long relationship. One of the reasons for Warner Bros.' decision was that they realized that they wanted to sell their products regardless of the format. Another reason was that Panasonic had developed a pilot production line of Blu-ray discs earlier that year with new(inexpensive) manufacturing technology that would reduce the price of the Blu-ray discs.

In November 2005, Sony and NEC merged their optical disc storage groups, which was later fully acquired by Sony. This weakened NEC's support to the HD-DVD format.

Figure 4.1. Number of companies in the alliances of Blu-ray and HD-DVD

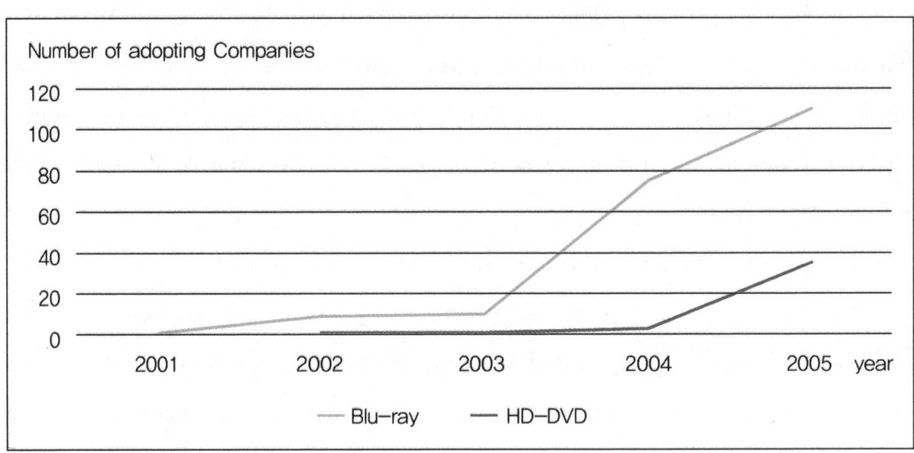

Sources: Den Uijl & De Vries, 2013.

As <Figure 4.1> shows, by the end of 2005 the Blu-ray format had gathered a larger number of supporting companies. It also had a better market share among the major film studios and producers of consumer electronics, personal computer, and game consoles. For the movie studios, copy protection to avoid illegal copying was important. A consortium was formed in 2004 to develop a copy protection standard, including companies from both camps such as Toshiba, Microsoft, Sony, and Panasonic. Its process faced delays. On request of consumer electronics manufacturers, an incomplete interim standard for copy protection was published early 2006. Meanwhile, DVD sales started to diminish and the time had come for its successor.

3. Creating the market: 2006 – 2007

An important aspect in a standards battle is being first to launch a product on the market. The third phase starts with the launching of the first commercial product. In this case, we see the failed first launch of an immature disc in the Japanese market as part of the previous phase rather than as start of this phase. Toshiba was the first to launch an HD-DVD player targeting the mass market in March 2006. They started in Japan and sold their product for $934. The US market followed one month later, with players costing $499 and $799. Warner and Universal released the first pre-recorded disks. Samsung launched the first Blu-ray player for $999 three months later than Toshiba. Initially just a few titles were available, and the technology suffered from bugs. The installed base of HDTV sets -48,000,000 at the end of 2006- was a natural benchmark to sales. This changed when Sony launched its PlayStation 3 game console with integrated Blu-ray disc player in November 2006. A few weeks later, Microsoft introduced an optional HD-DVD player designed for its Xbox360 game console for $200. This external HD-DVD drive was restricted to playback functionality to prevent fragmentation of the installed base for Xbox games publishers and to ensure that all Xbox games were playable in all machines. Fewer than 2% of Xbox users chose to buy this optional HD-DVD drive. They would subsequently also purchase HD-DVD discs. At the end of 2006, both standards competed for consumer acceptance via stand-alone high definition players and video game consoles. <Figure 4.2> shows that the majority of players were sold via inclusion in PlayStation 3. Only a small percentage of the consumers purchasing a PS3 actually purchased Blu-ray movies.

Figure 4.2. Worldwide Blu-ray and HD-DVD hardware sold to consumers, 4th quarter 2006 —3rd quarter 2007

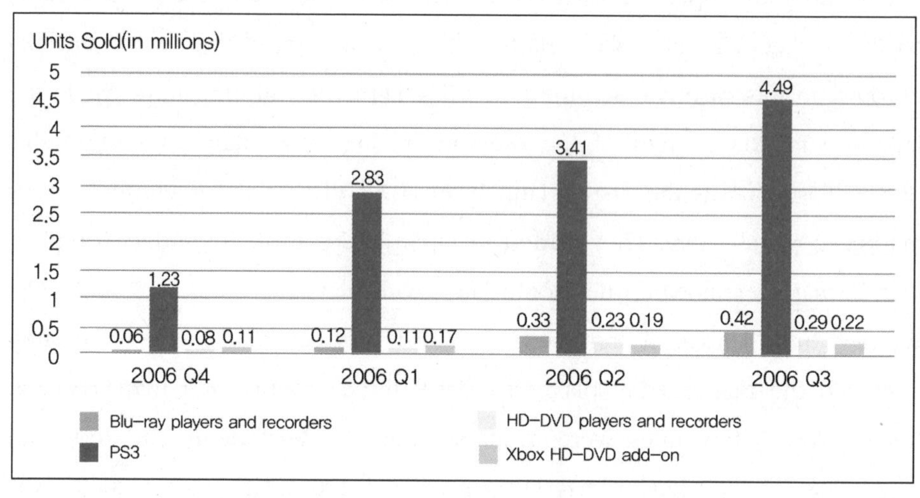

Sources: Den Uijl & De Vries, 2013.

Both competitor groups adopted the marketing strategy of managing expectations(Shapiro and Varian, 1999). For example, in February 2007, the BDA launched a marketing campaign declaring Blu-ray as the winner: "The War is over". They emphasized that many more consumers had a Blu-ray player than an HD-DVD player. This was meant to increase consumer trust in Blu-ray, resulting in higher Blu-ray player sales. The HD-DVD Promotion Group also emphasized their lead in selling dedicated players. Their slogan was "The Look and Sound of Perfect".

Both camps used penetration pricing to quickly develop an installed base of early adopters. Sony accepted a deficit of more than $200 per PlayStation 3, so that it would be cheaper than an Xbox 360 plus(optional) HD-DVD player ($499 vs. $599). Toshiba sold its HD-DVD players for around $500. They accepted losses as well. A parts breakdown revealed that the set of components cost around $674, not including other expenses such as manufacturing, packaging, and distribution costs. Sony earned a license fee per game title sold for its PS3, but Toshiba lacked such an opportunity to compensate for initial losses.

In March 2006, Blu-ray supporter LG Electronics announced that they were developing a dual HD-DVD/Blu-ray player. It was released in January 2007. However, it was more expensive than two separate players. At the same time, Warner Bros. showed a prototype disc with both an HD-DVD and Blu-ray disc layer, compatible with players for both formats, which would become available later that year. However, in November 2007, they delayed the introduction. Efforts to gain support from other movie studios had failed. They had already chosen either HD-DVD or Blu-ray. So these 'gateway technologies' did not resolve the standards war.

Although much time and effort had been spent on creating adequate copy protection for both formats, in December 2006 a hacker managed to violate the copy protection. In the following months, more hacks occurred through the Internet, cracking additional parts of this AACS copy protection. With AACS being the only copy protection on HD-DVD, whereas Blu-ray had additional protection in place, these hacks could impact content providers' appreciation of the HD-DVD format. Fortunately for the HD-DVD camp, solutions were found.

In June 2007, Blockbuster, the largest U.S. movie rental company, adopted Blu-ray in 1,450 stores after a test in 250 stores had shown that more than 70% of high definition rentals were Blu-ray discs. A month later, Target Corporation began carrying only Blu-ray stand-alone players in its stores.

To conclude, several movements took place at the level of the alliances, at the level of individual supporters, and at market level(early adopters). Both standards were vying for dominance, but the decisive battle was still to come.

4. Decisive battle: 2007 – 2008

Our research focuses on a market for which network effects apply: the more users of a certain standard, the more functionality of that standard for individual users. Once one of the competitors is in the lead, more stakeholders will join the bandwagon, and eventually one format will be the winner. Most researchers, including Suarez(2004), argue that this is what happens and then the question is: 'who will be that winner?' However, it might be better to add: 'if any'. In our case, better acceptance of HD-DVD would lead to more player producers, disc producers, and content producers(film studios) supporting HD-DVD, and the better availability of disc players, empty discs, and pre-recorded discs would result in more consumers buying them and more retailers selling them. But the same self-reinforcing effect applied to Blu-ray. Who would win the battle or could the two continue to co-exist?

In July 2007, the two standards had been competing for consumer adoption for a year. Blu-ray had an advantage in terms of installed base and company support. However, there was no clear winner yet, and the market was reluctant to buy players and discs. Blu-ray was technologically superior in terms of storage capacity, quality, and protection measures, and more players had been installed due to the inclusion in PlayStation 3. HD-DVD was cheaper and had sold more players on the high definition player market. The cumulative market share of the motion picture movie studios supporting Blu-ray was approximately 78% compared to 47% for HD-DVD(some companies supporting both formats), so in this sense Blu-ray had obtained a better position. Meanwhile the market was heading towards an alternative: direct downloads from the Internet.

To counteract the momentum behind Blu-ray, the HD-DVD alliance increased their efforts to gain exclusive support from motion picture movie studios. They were successful. In August 2007, after having supported both HD-DVD and Blu-ray for over a year, Paramount announced it would release all high-definition content(except titles directed by Steven Spielberg) exclusively on HD-DVD. DreamWorks Animation SKG, which had not released any high-definition discs yet, also announced it would release exclusively on HD-DVD. The companies mentioned perceived advantages of HD-DVD's technology and lower manufacturing costs. However, rumors suggest the companies together received about $150 million in cash and promotional guarantees. Financial reports of Viacom, owner of Paramount, provide evidence that Toshiba had given $29 million in cash for their exclusive support to HD-DVD. By the end of 2007, as the season's shopping began, HD-DVD supporters started a price war including $100 Toshiba HD-DVD players, discounted movies, and increased player features. Microsoft cut the price of its HD-DVD player for the Xbox360 from $199 to $179 and started offering five free movies. HD-DVD seemed to be in a winning mood.

The Blu-ray camp had to take a counteraction. With just two of the big six film studios exclusively supporting HD-DVD, the Blu-ray camp needed to convince Warner, the movie studio with the largest market share of DVDs and the only major studio still releasing movies in both HD-DVD and Blu-ray. This is what they did. One day before the Consumer Electronics Show(CES) 2008 in Las Vegas, on January 4, Warner Brothers announced it would release only in Blu-ray after May 2008.

This announcement could deal a deathblow to HD-DVD. The HD-DVD camp immediately decided to cancel some HD-DVD - related events and private meetings with analysts and retailers at the CES 2008. Toshiba management expressed 'disappointment' about Warner's decision but said that Toshiba would continue promoting its format. The following Monday, Toshiba further reduced the price of its HD-DVD players by 40%—50%, resulting in a retail price of $150.

Looking back, not only the Blu-ray alliance but also Warner had realized that action was needed. DVD sales would no longer increase, a successor was needed, and retailers preferred to have only one format on their shelves, shelf space being expensive. Wal-Mart was the most important retailer for Warner; it had 40% of the optical disc sales in the USA. Warner also had a vendor-managed inventory relationship with other retailers. They wanted to speed up the emergence of a dominant high definition optical disc format, which implied choosing one of the formats. Warner closely monitored the consumer disc sales of both formats. By the end of 2007, Blu-ray discs were outselling HD-DVD discs by about 3:1, and Blu-ray had a larger installed base of disc players due to the PS3. Warner concluded that consumer adoption of Blu-ray discs was more successful and decided to exclusively support Blu-ray. To improve its business case, they arranged a discount on fees for patent rights, reproduction rights, etc. with Sony. Rumors are that \$400-\$500 million was involved in this arrangement, but no evidence could be found.

Warner's choice was the tipping point. Wal-Mart and other major US retailers decided to stop HD-DVD sales. Woolworths, a major Australian retailer, dropped HD-DVD from its inventory. Netflix, the major online DVD rental site at the time, stopped stocking new HD-DVDs. Best Buy decided to recommend Blu-ray over HD-DVD in its retail locations and removed all HD-DVD players.

Toshiba decided to take their loss and stopped developing, marketing, and manufacturing HD-DVD players and recorders. They announced this on February 19, 2008, mentioning "recent major changes in the market". On the same day, Universal Studios announced it would release its titles in Blu-ray, following two years of exclusive HD-DVD support. On February 20, 2008, Paramount Pictures announced it would back Blu-ray, becoming the last of the big six motion picture studios to do so. Paramount sister DreamWorks Animation followed suit by cancelling its only remaining HD-DVD release.

The HD-DVD Promotion Group was dissolved on March 28, 2008.

For Blu-ray companies, it was not only victory. On the contrary, in particular Sony faced enormous losses. Until Toshiba's decision, Sony had sold 10.5 million PS3s at a loss. The producers together had sold about 800,000 standalone Blu-ray players below actual cost. Sony's losses were estimated to be more than $3 billion. To compare: 400,000 add-on players for Microsoft's Xbox 360 console and 500,000 standalone HD-DVD players had been sold at a loss. The battle had delayed market acceptance of the technology, while its successor, direct downloads, was already getting more and more acceptance. In hindsight, teaming-up would have been much better.

5. Post-dominance: 2008-?

Once one standard has emerged as the winner, its installed base helps to prevent that another one takes over because of the network effects and the costs related to switching to another solution. Of course, companies can continue to improve, and emphasis may shift towards more competition between them, but they continue using the same standard(Gallagher and Park, 2002). This phase of within-standard competition can last for a long time, until a discontinuous technology starts a new dominance cycle.

Blu-ray had won the battle but had not yet dethroned DVD as the dominant format for optical discs. The BDA continued to support Blu-ray. New companies became members. The prices of Blu-ray players and discs were cut back further. Meanwhile, Toshiba tried to extend the lifetime of the DVD format and introduced a device that upscaled the output of a DVD player to more closely match the resolution of an HDTV screen in August 2008. Despite this last effort, market adoption of Blu-ray continued to grow at the cost of DVD, and in August 2009 Toshiba decided to apply for BDA membership.

In 2014, 80% of US households had a Blu-ray player. However, in terms of the total number of movies available, DVD kept the lead: 179,728 on DVD versus 13,166 for Blu-ray(Videon, 201?).[2] In terms of sales revenue, it was predicted in 2015 that Blu-ray would surpass DVD in 2018.[3] The sum of both is expected to decrease but not disappear. Both are now competing with video on demand and direct downloads of digital content from the Internet, and with a successor: Ultra HD Blu-ray.

토론 질문

1. Which factors were important during the subsequent phases of the battle? Describe each factor and put it in a matrix(one row per factor, a column per phase). Per box, indicate which factor was of major importance (○), minor importance (△), or not important at all(leave the box empty).
2. Use the same matrix but add which standard performed better for this factor; HD-DVD (H), Blu-ray (B) or equal (=).
3. Which of the factors was/were decisive for the victory of Blu-ray? Why?
4. Use the matrices to systematically discuss whether HD-DVD could have been the winner? Could Toshiba and its partners have influenced certain factors in their favor? If so, which ones and at which stage?
5. The case description suggests that striving for a common format from the outset would have been better for all. Discuss the feasibility of this alternative.

2 Published in the period 2016–2018.

3 Nielsen(2015) Home Entertainment Consumer Trends. Quoted in Videon(201?).

참고문헌

국외문헌

Arthur, B. (1998). Increasing returns and the new world of business. *Harvard Business Review*, 74(4), pp.100~110.

Berliner, D., & Prakash, A. (2014). Authority and Private Rules: How Domestic Regulatory Institutions Shape the Adoption of Global Private Regimes. *International Studies Quarterly*, 58(4), pp.793~803. https://doi.org/10.1111/isqu.12166.

Cadman, T. (2015). Combatting deforestation I-FSC and PEFC. In: Cadman, T., Eastwood, L., Michaelis, F.L.C., Maraseni, T.N., Pittock, J., & Sarker, T. (Eds.) *Political Economy of Sustainable Development*, pp.68~106. Cheltenham, UK: Edward Elgar.

Cohen, S. K., Hsu, S. T., Dahlin, K. B. (2016). With Whom Do Technology Sponsors Partner During Technology Battles? Social Networking Strategies for Unproven (and Proven) Technologies. *Organization Science*, 27(4), pp.846~872.

Cusumano, M., & Gawer, A. (2002). The elements of platform leadership. *MIT Sloan Management Review*, 43(3), pp.51~58.

Cusumano, M., Mylonadis, Y., & Rosenbloom, R. S. (1992). Strategic manoeuvring and Mass-market Dynamic: The Triumph of VHS over Beta. *Business History Review*, 66(1), pp.51~95.

David, P. A. (1985). Clio and the economics of QWERTY. *American Economic Review*, 75(2), pp.332~337.

De Vries, H. J., De Ruijter, J. P. M., & Argam, N. (2011). Dominant design or multiple designs: The flash memory card case. *Technology Analysis & Strategic Management*, 23(3) pp.249~262.
https://doi.org/10.1080/09537325.2011.550393.

De Vries, H., De Vries, H., & Oshri, I. (2008). *Standards battles in Open Source Software: The Case of Firefox*. Basinstoke, UK: Palgrave.

Den Uijl, S., & H. J. de Vries. (2013). Pushing technological progress by strategic manouevring: The triumph of Blu-ray over HD-DVD. *Business History*, 55(8), pp.1361~1384.

http://dx.doi.org/10.1080/00076791.2013.771332

Den Uijl, S., De Vries, H. J., & Bayramoglu, D. (2013). The Rise of MP3 as the Market Standard: How Compressed Audio Files Became the Dominant Music Format. *International Journal of IT Standards & Standardization Research*, 11(1), pp.1～26.

Farrel, J., & G. Saloner. (1986). Installed base and compatibility: innovation, product preannouncements, and predation. *The American Economic Review*, 76(5), pp.940～954.

Puffert, D. J. (2002). Path dependence in spatial networks: The standardization of railway track gauge. *Explorations in Economic History*, 39(3), pp.282～314.

Shaprio, C., Varian, H. R. (1999). The Art of Standard Wars. *California Management Review*, 41(2), pp.8～32.

Srinivasan, A., & Venkatraman, N. (2010). Indirect Network Effects and Platform Dominance in the Video Game Industry: A Network Perspective. *IEEE Transactions on Engineering Management*, 57(4), pp.661～673.

Suarez, F. F. (2004). Battles for technological dominance: an integrative framework. *Research Policy*, 33(2), pp.271～286.

Utterback, J., & Aberathy, W. (1975). A dynamic model of product and process innovation. *Omega*, 3(6), pp.639～656.

Van de Kaa, G., & De Vries, H. J. (2014). Factors for winning format battles: A comparative case study. *Technological Forecasting and Social Change*, 91, pp.222～235. http://dx.doi.org/10.1016/j.techfore.2014.02.019.

Van de Kaa, G., De Vries, H. J., & Van den Ende, J. (2015). Strategies in network industries: the importance of inter-organizational networks, complementary goods, and commitment. *Technology Analysis & Strategic Management*, 27(1), pp.73～86. http://dx.dor.org/10.1080/09537325.2014.951320.

Van de Kaa, G., Janssen, M, & Rezaei, J. (2018). Standards battles for business-to-government data exchange: Identifying success factors for standard dominance using the Best Worst Method. *Technological Forecasting & Social Change* (*forthcoming*). https://doi.org/10.1016/j.techfore.2018.07.041.

Van de Kaa, G., De Vries, H. J., & Rezaei, J. (2014). Platform Selection for Complex Systems: Building Automation Systems. *Journal of Systems Science and Systems Engineering*, 23(4), pp.415～438. https://link.springer.com/article/10.1007/s11518-014-5258-5.

Videon, (201?). *Blu-ray Market Outlook-An Industry Insight Paper.* State College, PA: Simply Moving Media.

Wang, H. T., & Wang, T. C. (2017). The diffusion process, competitive relationship, and equilibrium analysis of smartphone operating systems. *Technology Analysis & Strategic Management*, 29(4), pp.414~424. https://doi.org/10.1080/09537325.2016.1215420.

Standardization in Large Technological Systems: The Case of ETSI LSA

Vladislav V. Fomin(Vytautas Masnus University & Vilnius University Kaunas, Lithuania)

In 2017 ETSI published one of its many standards - the specification for the support of Licensed Shared Access(LSA). The 40 page standard containing a technical specification for communications protocol for interfacing key elements of the LSA system came out seven years after ETSI published a high-level System Reference Document describing what these key elements should be.

This case examines why it has taken such a long time to publish such a short and unsophisticated standard. The case adopts the perspective of large technological systems development in order to demonstrate how technological and historical inter-dependencies (also referred to as compatibility and path dependence, accordingly) affect the overall development trajectory, and the role of standards therein.

1. Introduction

Telecommunications technologies and services have been among the fastest growing global markets for the last three decades(<Figure 5.1>). 2018 is believed to be the year setting foundation for even a stronger growth due to forthcoming developments in the domains of Internet of Things(IoT), autonomous vehicles, and mobile media, among other, all "powered" by the anticipated 5G mobile technology platform(Deloitte, 2018).

Figure 5.1. World subscriptions by type of service(millions)

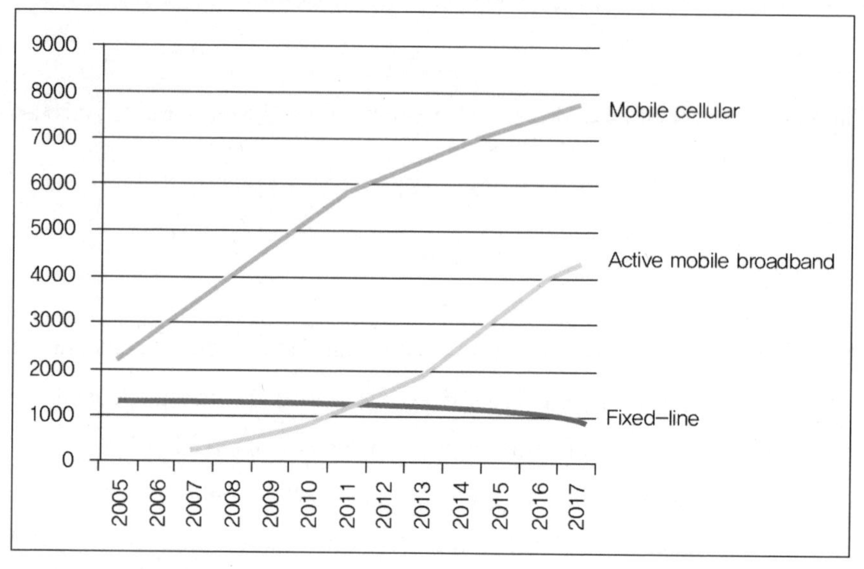

Source: ITU World Telecommunication/ICT Indicators database, 2017.

As the amount of mobile data usage is growing rapidly(<Figure 5.2>), Mobile Network Operators(MNOs) are looking for more spectrum to ensure quality of service in the provision of cellular mobile services(Sangam, 2012). While we saw a tenfold increase in cellular traffic between 2009 and 2012, the amount of available radio spectrum did not increase at the same rate. According to the example provided by Clarke(2014) on the US market, in the period from 1994 until 2012 allocated spectrum has increased 8.6 times(from 64MHz to 548MHz), while total traffic has increased by 256 times(from 900TB/month to 226,916TB/month). This development pattern, where the usage of the spectrum grew almost 30 times faster than its availability, is common for the rest of the world.

Figure 5.2. Global statistics on mobile communications-uses of data for carrying voice and data communications

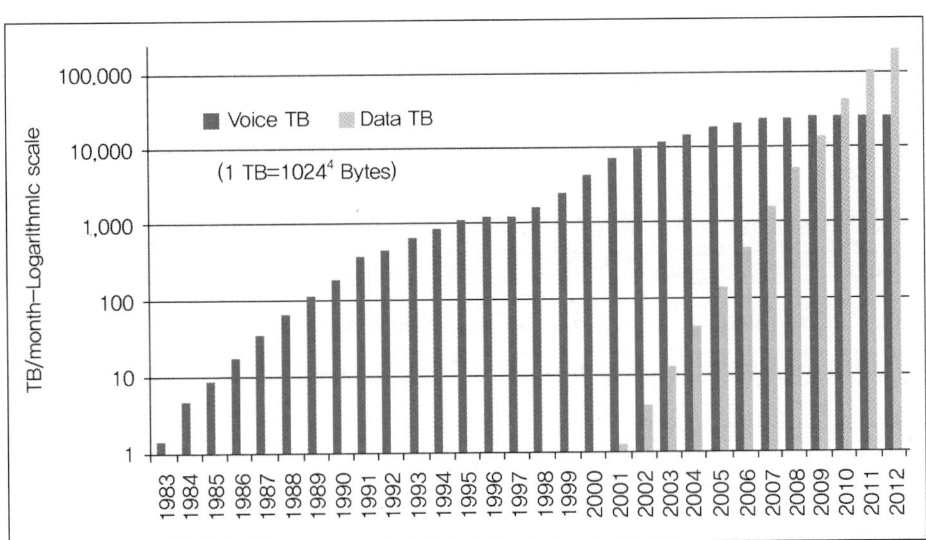

Sources: Clarke, 2014.

The traditional expansion methods, such as deployment of smaller cell size(also referred to as cell splitting) and introduction of more advanced voice and data codecs[1] and transmission techniques, cannot help in situations when capacity requirements increase manifold, especially when this increase happens at once, such as in emergency situations. All factors combined, the major stakeholders of the telecommunications world during the last decade have been on the lookout for more flexible and more intelligent handling of the limited resource – the radio spectrum.

In the following, we present a case study on the development of LSA[2]

1 Codec is a device or software code for encoding or decoding a digital data stream or signal. It is used in transmission of voice and data over telecommunication channels.

2 In the early days of the elaboration of the concept of shared spectrum access, a competing title of Authorized Shared Access(ASA) was also used, but eventually was replaced by LSA.

(Licensed Shared Access) protocol - a communications/signaling scheme, which is believed to become a key enabling element for the next generation services of the wireless communications infrastructure, as the current generation of the infrastructure is being gradually rendered inadequate due to the growing demand for wireless services and the resulting growing deficit of the radio spectrum. In the case study on the development of the "standard" protocol for LSA we will find reflections on many of the important roles of standards in the development of large scale technological systems, and on key processes supporting this development, such as institutional(regulatory) intervention in creating the space for technical innovation and searching for a "best technical solution" materialized in several competing development trajectories.

2. Wireless communications market as a large technological system

Traditionally, services akin to mobile communications have been developing as large scale infrastructural systems(Edwards, 2003; Hughes, 1993). Theories on the evolution of technology characterize the development of infrastructural technology as a punctuated equilibrium(Levinthal, 1998), in which technological advancement is seen as a linear process of change, where technologies gradually improve through competition and innovation to reach maturation to serve the general market needs(or when the changes render the old technology inadequate) (Schot & Geels, 2007).

Gradual infrastructural development establishes what Nelson(1994) calls a technological regime - a cumulative technological improvement "proceeding along particular lines of advance that reflect both what technologists understand they can likely achieve, and what entrepreneurs believe customers will buy"(Nelson, 1994, p.50). In other words, the change from the "old" to the "new" generation of technological services is a gradual process, constituted by technological innovation(the technological element) and competition(the entrepreneurial element).

Development and establishment of technology regimes in regional and global telecommunications markets has always been seen as being crucially dependent on ① institutional regulatory intervention(Schmidt & Werle, 1998) and ② availability of interoperability standards(Haug, 2002).

The institutional intervention has traditionally been necessary to mobilize resources, to create economies of scale, or to subsidize innovation(King et al., 1994). Wireless services always depend on the availability of a scarce and regulated resource - radio frequency spectrum. Governments also regulate service licensing, and terms of market competition.

Interoperability standards are crucially needed in the infrastructural build-out due to the specifics of its formation. The concept of infrastructural, large scale technology implies a massive evolutionary pattern of technology development, where there are different, often independently developed technologies being meshed into the common "super structure"(<Figure 5.3>). To develop the First Generation(1G) cellular mobile telephony, such independent technologies as telephone switching(signaling), microprocessors, batteries, and radio communications had to be "meshed together".

Standardization(either *de jure* or *de facto*) becomes a crucial element in this integration process, because of its ability to coordinate activities between and within diverse social groups to reconcile their varying interests while still working towards a single outcome(Fomin & Lyytinen, 2000). Without standards, infrastructure will remain merely a collection of separate independent(non-interoperable) technologies and could not function as an integrated whole (Ciborra & Hanseth, 1998).

Figure 5.3. Formation of the First Generation Wireless System

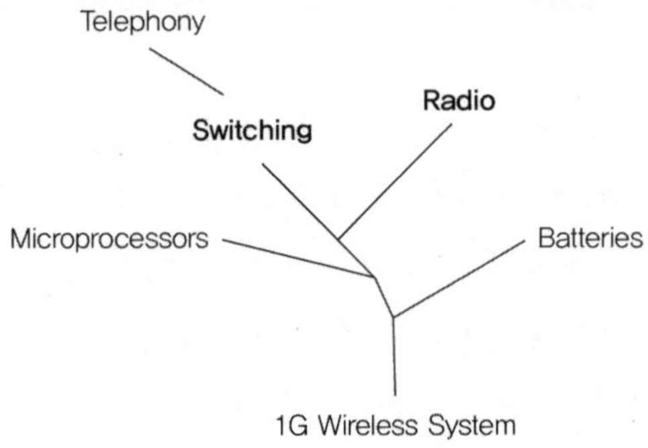

Sources: Lyytinen & Fomin, 2002, p.153.

3. The role of standards in the development of large scale technological systems

One can define several important roles that standards play in the process of building technology infrastructures(<Table 5.1>). On the technical level, information infrastructures demand standards that enable interconnectivity of multiple technologies, or "gateways"(Hanseth & Monteiro, 1997). Creating "gateways" is a highly complex socio-technological task which includes designing communication and technical interface standards, testing and adapting these to a wide range of different use situations, and ensuring that the standards are developed according to the procedures of recognized standardization bodies(Hanseth & Monteiro, 1997).

From the organizational perspective, standards are tools for promoting and negotiating interests of different "system builders": technology companies, entrepreneurs and regulators. Standards help different parties understand how the new technology could be made to meet their diverse interests, and thereby negotiate technical and economic properties of the emerging technological system(Fomin & Lyytinen, 2000).

Table 5.1. Different roles of standards in the development of large scale infrastructural systems

Roles of standards		
Technological	Organizational	Economic
Interconnectivity and interoperability of different technologies; standards are interfaces and gateways.	Accommodating and reconciling interests of different stakeholder groups; standards are sense-making devices to help understand the benefits and potentials of technology for each group of stakeholders.	Access to market; standards limit design space to allow technology to gain a momentum.

Sources: Fomin, 2003; Lyytinen & Fomin, 2002.

From the economic viewpoint, competition between system standards can lead to a situation where "a winner takes all" due to strong positive network externalities and resulting increased returns. A body or a firm, which successfully establishes technical standards in a new technological regime, can receive large returns, whereas its competitors may be effectively locked out or provided only with residual market niches(Schilling, 1998). For this reason, even fierce competitors may choose to collaborate in the development of technology standards, thus creating alliances for securing access to the future market and barring the non-collaborating competitors from it(Keil, 2002).

Technology innovation, research and development(R&D) normally spawn a number of competing trajectories in a search for the correct "technical solution" (von Hippel, Thomke, & Sonnack, 1999). Here, standards are both necessary and helpful in that they early on limit the technical design space and help obtain a sufficiently fast implementation of a working design with a large enough user base. This is critical for emerging markets, where chaotic competition needs to be organized relatively quickly around a relatively stable set of system concepts.

Otherwise the technology may lose its momentum due to high fragmentation of users among the competing technological solutions. Standards thus help reduce the risk of entrepreneurs as well as consumers thereby increasing the momentum behind the dominant system solution(Edwards, 2003).

4. Institutional intervention in the development of large technological systems

Since the 1984 European Council's(EC) Recommendation 84/549/EC to "stop the fragmentation of the European market, to help users to have cheap prices, and to help the European industry to have a wide market" and 1987 and 1990 EC's Green Paper outlining a common approach in the field of tele-and satellite communications, a European ICT market has been oriented towards common standards and user services(Paetsch, 1993).

The case of Global System for Mobile communication(GSM)[3] is likely to be the most often quoted success story of the European standards development. The market regulation may confidently be called one of the success factors for GSM, as the then developed policy forced EU countries to allow GSM handsets to freely roam across the entire European region. Developed during the 1980s by European Telecommunications Standardization Institute(ETSI), GSM brought world-wide recognition for European standards makers, too.

Almost three decades after the first commercial launch of GSM in 1991, today the world of mobile communications is at the threshold of the introduction of 5G(5th generation) systems(<Figure 5.4>).

3 The 2nd generation cellular mobile telecommunications system(2G), GSM was the first digital cellular mobile communications system developed in Europe as a mandatory de jure standard to be adopted by all European countries. The standard grew to receive global acceptance.

Figure 5.4. Evolution of generations of mobile communications systems

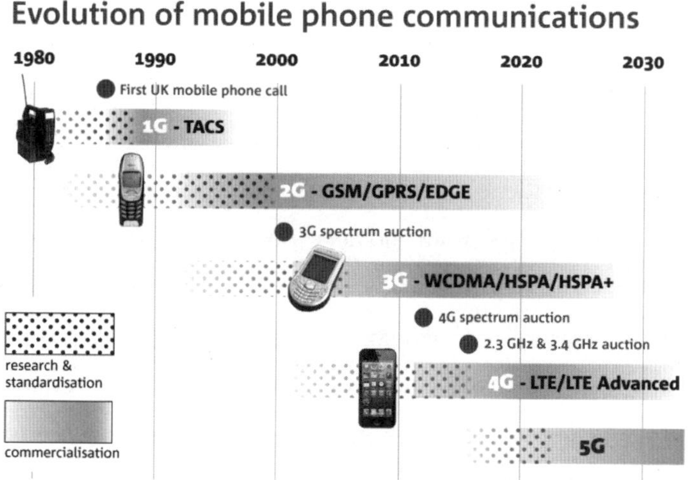

Sources: https://ytd2525.wordpress.com/2015/01/23/laying-the-foundations-for-5g-mobile/

As said before, while we could see a tenfold increase in cellular traffic between 2009 and 2012, the amount of available radio spectrum has not been increasing at the same rate. The usage of the spectrum grew almost 30 times faster than its availability(Clarke, 2014). In developed countries cellular mobile telephony coverage exceeds 90% of the country's geographic area. This means that the expansions necessary to accommodate demand growth require deepening network capacities, which technically and economically presents a different set of challenges as compared to a geographical expansion of the network coverage, as was in the early years of the mobile(Clarke, 2014). One way forward in solving the problem of spectrum shortage is related to elimination of inefficiencies with respect to the use of the same or adjacent spectrum bands by different service providers(or providers of different services). Under the current regulatory regime, however, spectrum licence holders cannot lease spectrum to or from another entity in case of spectrum excess or deficit. A "technological fix" can help overcome this regulatory rigidity. This required fix came to be known as Licensed Shared Access or simply LSA.

Radio Spectrum Policy Group(RSPG) and the European Conference of Postal and Telecommunications Administrations(CEPT) have been supporting the idea of developing new spectrum management policies and mechanisms to overcome the rigidities of the current regime. Licensed Shared Access would give the mobile telephony service providers a possibility to lease spectrum in the 2.3–2.4GHz band from incumbent spectrum holders on a temporary basis. Given the increasing dynamics of spectrum use, LSA concepts emerge not only as key tools to overcome the limitations of rigid spectrum allocation, but also as door openers to additional streams of revenue for spectrum holders and governments.

In Europe, LSA is under study both in regulation and standardization. The regulatory domain is traditionally overlooked by CEPT(see <Box 5.1>). Standards and standardization aspects in Europe are traditionally considered by European Telecommunications Standards Institute(ETSI)(see <Box 5.2>).

Box 5.1. The European Conference of Postal and Telecommunications Administrations(CEPT)

The European Conference of Postal and Telecommunications Administrations(CEPT) was established in 1959 by 19 countries, which expanded to 26 during its first ten years. Original members were the monopoly–holding postal and telecommunications administrations. CEPT's activities included cooperation on commercial, operational, regulatory and technical standardization issues. Today 48 countries are members of CEPT.

CEPT conducts its work through three autonomous business committees. One of those committees –Electronic Communications Committee(ECC)– considers and develops policies on electronic communications activities in the European context, taking account of European and international legislations and regulations. Today the issues addressed by CEPT range from frequency usage by drones to spectrum for global 5G mobile telephony communications. In July 2018 CEPT administrations have agreed on the use of the 3.4–3.8GHz and 26GHz bands for 5G in Europe.

Sources: https://www.cept.org/cept/, https://cept.org/ecc/tools-and-services/cept-workshop-on-spectrum-for-drones-uas, https://www.cept.org/ecc/news/ecc-agreed-on-technical-conditions-for-5g-implementation/

Box 5.2. The European Telecommunications Standards Institute(ETSI)

The European Telecommunications Standards Institute(ETSI) is an independent, not-for-profit standards developing organization(SDO) for Information and Communication Technologies(ICT) which was founded in 1988 by CEPT(European Conference of Postal and Telecommunications Administrations).

Initially, ETSI was intended to be officially responsible for standardization of Information and Communication Technologies(ICT) within Europe and still has a special role as a recognized European Standards Organization(ESO). Over the years, ETSI was acknowledged to be a competent producer of standards suitable for worldwide use across all sectors of industry and society. ETSI counts today over 800 members from 68 countries, all EU Members States being represented.

ETSI has been in the front line of the development of mobile communication technologies. This includes the development of the Global System for Mobile communication(GSM) specifications during the 1980s.

Sources: https://www.etsi.org/about, http://www.efesme.org/etsi-an-overview-on-the-information-and-communications-technologies-standards

Licensed Shared Access(LSA) is a regulatory framework that allows for licensed sharing of spectrum, which is partially used by an incumbent and a limited number of rights holders("LSA licensees") through an individual authorization scheme. Among many different definitions of what LSA is, a concise and generic one is offered by Mustonen et al(2014).:

"The LSA concept is an extension of an industry driven Authorised Shared Access(ASA) *concept which was proposed as a solution to ensure harmonised spectrum for mobile broadband in the bands identified for IMT*(International Mobile Telecommunications)."

Under LSA, a national authority can grant rights to a few LSA licensees to utilize, in spatial, frequency or time domain, those portions of an incumbent's spectrum that are unused by the incumbent, at a given location and time, without creating harmful interference to it, subject to conditions defined by the authority and/or upon an agreement with the incumbent(Khun-Jush, Paul, Benoist, & Michael, 2012).

5. Standardization of LSA

The LSA concept gained a lot of attention in European standardization and regulation with a special focus on 2.3－2.4GHz band, which was allocated to the mobile service world-wide in 2007 at WRC-07.[4]

In 2010, taking into account situation in other world regions and ongoing standardization work, ETSI issued System Reference Document TR 102 837 "Broadband Wireless Systems in the band 2300－2400MHz", calling for compatibility studies that can be used by CEPT administrations wishing to implement Broadband Wireless Services in the newly allocated frequency band. One reason why Pan-European standardization effort was required is due to the fact that different telecommunications systems and services are used under this frequency band(<Box 5.3>).

Box 5.3. An example of different uses of the same spectrum in Europe.

The country of the first author, Lithuania, has land borders with four countries, two of which are not members of the EU. The use of the 2.3－2.4GHz frequency band in Lithuania and its surrounding countries varies as follows:

- Lithuania allocated the band for temporary terrestrial audio and video Services Ancillary to Programme making and Services Ancillary to Broadcasting(SAP/SAB, including Electronic News gathering and Outside broadcasting(ENG/OB) links and radio amateurs.

4 World Radiocommunication Conference(WRC) is organized by International Telecommunications Union(ITU) to review and as necessary, revise the Radio Regulations, the international treaty governing the use of the radio-frequency spectrum and the geostationary-satellite and non-geostationary-satellite orbits. https://www.itu.int/en/ITU-R/conferences/wrc/Pages/default.aspx

- Latvia identified 2.3–2.37GHz for IMT(Multipoint Time Division Duplex(TDD) systems for fixed and/or mobile services) and 2.37–2.4GHz for SAB/SAP.
- Belarus designed 2.3–2.4GHz band for governmental purposes with no civil Broadband Wireless Systems(BWS) applications.
- Poland divided the frequency band into two parts: 2.3–2.35GHz band for military purposes, and 2.35–2.4GHz band for civil purposes. Generally, according to the National Allocation Table, the band 2.3–2.4GHz is allocated as follows: FIXED(civil–military), MOBILE(civil–military), Radiolocation(military), and Amateur(civil).
- Russia(the Kaliningrad region) is currently using 2.3–2.4GHz frequency band for fixed service(approx. 100 radio relay stations), Mobile service(Trial LTE TDD, WiMax networks), Radiolocation service, Space operation service in the space–to–Earth direction(2.341–2.381GHz) and Amateur service on secondary basis(2.32000–2.32015GHz).

Sources: ECC document FM(12)017rev1, 2012.

In 2014, ETSI has developed *a system reference document* describing mobile broadband services in 2.3–2.4GHz band using LSA(ETSI, 2014). The 2014 document was not a standard yet–its purpose was to conceptually define the key stakeholders in the development of LSA and their roles(<Figure 5.5>): the regulator–National Regulatory Authority(NRA), the incumbent spectrum user(s)(non–MNOs, current holder of spectrum rights of use), and the prospective LSA licensee(s)(MNOs). Under the new technological regime enabled by LSA, these key stakeholders would have to collaborate according to the rules of spectrum sharing established in this 2014 document, and enabled by the LSA protocol, which was still to be developed:

"The Sharing Framework is the central piece for the implementation of LSA at national level. It will define for a given frequency band the spectrum, with corresponding technical and operational conditions, that can be made available for LSA."(ETSI, 2014)

Figure 5.5. Conceptual depiction of interdependencies of the key stakeholders under the LSA

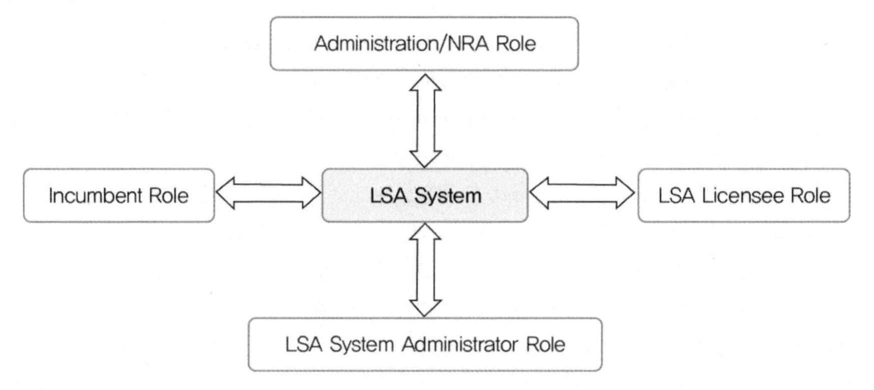

Sources: ETSI, 2014, p.9.

In other words, the 2014 ETSI reference model defined high level rules for sharing, referring to such items as protection criteria for the incumbent, procedure for reclaiming a spectrum band and the required evacuation time, possible compensation for spectrum usage, etc.(Mustonen et al., 2014). The *functional requirements*, i.e., requirements for the general system operation, incumbent protection, resource grant and security requirements, had yet to be specified, and these functional requirements would be referred to as a "standard"–the technical protocol,[5] which can be used in developing the LSA-enabled

5 Protocol is a set of rules governing the exchange or transmission of data between devices.

wireless services infrastructure.

In April 2017, ten years after the milestone WRC-07 spectrum allocation decision, and seven years after ETSI's System Reference Document TR 102 837 "Broadband Wireless Systems in the band 2300–2400MHz" was published, ETSI Technical Committee for Reconfigurable Radio Systems(TC RRS) announced the completion of the specification for the support of Licensed Shared Access(LSA)(ETSI, 2017a, 2017b)(<Table 5.2>).

Table 5.2. LSA development timeline

2007	2010	2014	2017
WRC allocates 2.3–2.4GHz band to the mobile service world-wide	ETSI issues System Reference Document TR 102 837 "Broadband Wireless Systems in the band 2300–2400MHz", calling for compatibility studies that can be used by CEPT administrations wishing to implement Broadband Wireless Services in the newly allocated frequency band.	ETSI publishes a system reference document describing mobile broadband services in 2.3–2.4GHz band using LSA. In this document, the roles of different stakeholders and the functional and technical requirements towards LSA are described on a conceptual level.	ETSI Technical Committee for Reconfigurable Radio Systems(TC RRS) announces the completion of the specification for the support of Licensed Shared Access(LSA). That is, the standard has been completed and published.

The release of the completed specification of the ETSI TS 103 379 enables spectrum sharing coordination between LSA licensees(MNOs) and existing spectrum licensees(incumbents)(<Figure 5.6>).

Figure 5.6. ETSI TS 103 379 enabling spectrum sharing coordination

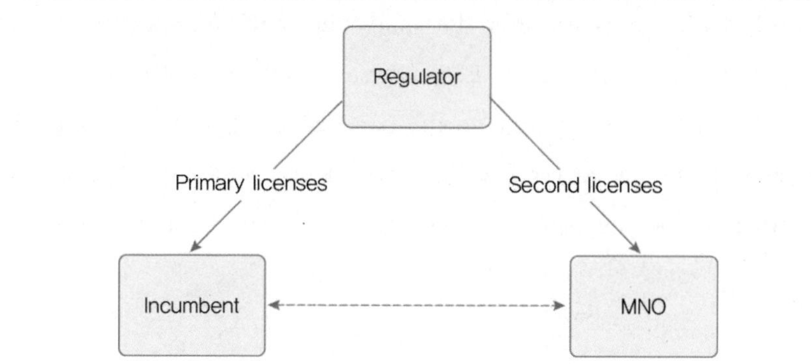

The document defines the application protocol, also known as LSA1 protocol, on the interface between the LSA Controller and the LSA Repository(<Figure 5.7>) – two new elements of the mobile network, as compared to the traditional cellular architecture– and the content of the information conveyed by this protocol, as well as the content of the LSA Spectrum Resource Availability Information(LSRAI) conveyed by this protocol(ETSI, 2017b). That is, the 2017 ETSI specification(ETSI, 2017b) caters for the functional requirements of the system by defining a protocol for enabling communication between LSA entities, such as LSA Controller and LSA Repository.

Main entities and their roles as shown in <Figure 5.7> are:

- Incumbent: the primary licensee of the spectrum(i.e., the business entity holding right to specific spectrum range usage in specific geographic area),
- LSA Repository: a database holding data on spectrum usage rights and spectrum current spectrum usage, as well as up-to-date information on the available LSA bands. The LSA Repository may serve and coordinate between multiple LSA controllers and it ensures that the LSA band information is available only to the relevant LSA controller,

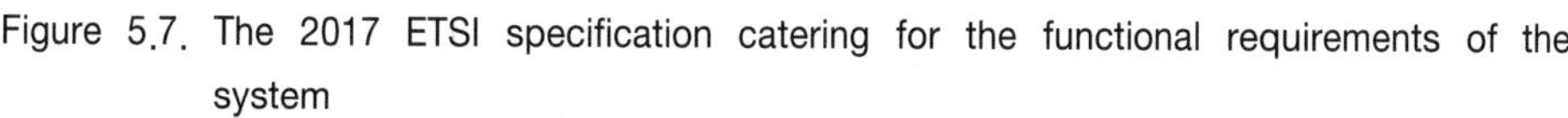

Figure 5.7. The 2017 ETSI specification catering for the functional requirements of the system

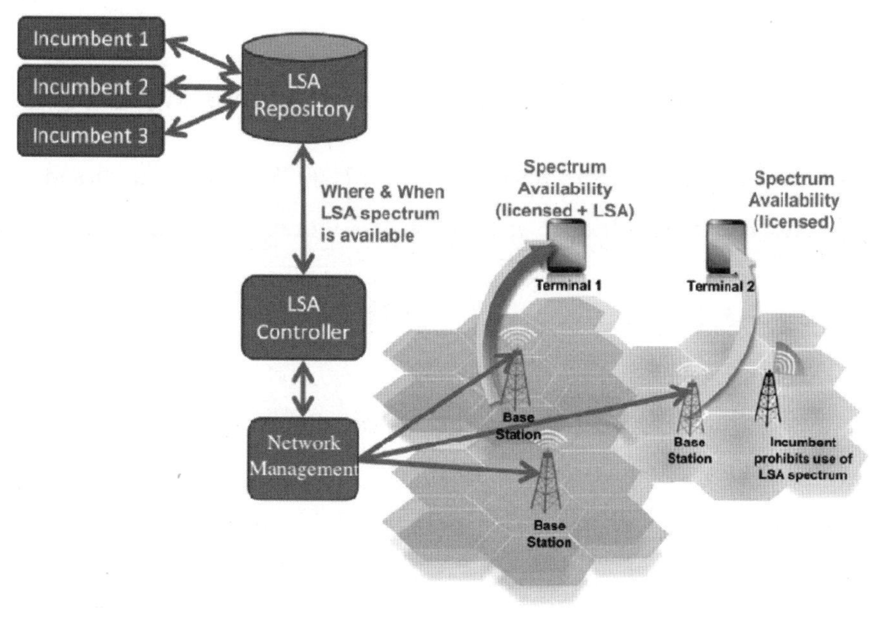

- LSA Controller and Network Management: a system for handling LSA requests. It consists of Operations, Administration and Maintenance(OAM) and Network Management(NM) systems. LSA Controller controls the access to the LSA spectrum and configures the network accordingly, and
- BS: base station(the intelligent antennae device for connecting wireless users to the service provider's network for the provision of services).

From a technical point of view, the LSA protocol is a small and unsophisticated add-on to the existing wireless infrastructure. While this fact alone may seem to be counterintuitive - why did it take a decade to develop a simple communication protocol?, this case in its totality supports the theoretical knowledge on the pattern of development of large technological systems and the role of standards in this development. The substantial coordination efforts required to "mesh together" technological-, organizational-, business-, and regulatory interests of system builders require substantial time.

6. Timing of standards development and competing designs

Slow development of a technology standard always contributes to market uncertainty. The slow advance of ETSI on the protocol development created a venue for independent developments of alternative protocols. In part, the efforts of independent market players have been driven by the need to better understand how the standard-under-development could be made to meet their diverse and specific interests, given the differences in what wireless services must be made to co-exist in each particular region(as described in <Box 5.3>).

Different stakeholders in Europe and the US were developing LSA/ASA implementations ahead of pan-European standardization under the ETSI umbrella. By the time the LSA standard was released in 2017, LSA system field trials had been conducted in Finland, Italy and France. Architecture, implementation and field trial results were subsequently published(ECC, 2016; Matinmikko et al., 2013; Palola et al., 2014; REDTechnologies.fr, 2016).

Competition in promoting own designs for the standard-under-development involves not only private and public R&D centres and consortia, but also national standardization organizations(Kwak, Lee, & Fomin, 2011). In the case of LSA, a competing solution has been promoted in the US under the title of Citizens Broadband Radio Service(CBRS)(Yrjola & Kokkinen, 2017).

The US President's Council of Advisors on Science and Technology(PCAST) report suggested a dynamic spectrum sharing model as a new tool to the US wireless industry to meet the growing crisis in spectrum allocation, utilization and management in 2012(The White House, 2012). With ETSI's release of the LSA standard protocol in 2017, it remains to be seen whether other world regions would accept that standard or continue to pursue the path of competing standard development – both scenarios have been played before in the world of wireless telecommunications.

토론 질문

1. What are large technological systems and what is a technology regime? How those two concepts are related to the(five different-1G to 5G) generations of wireless mobile telephony services?
2. What is a standard? What different roles of standards are known to be important in the development of large technological systems and accompanying services?
3. What are the reasons why technology firms depend on government and recognized standardization organizations in developing technology standard for wireless mobile services?
4. What is the LSA protocol, and why did it take a decade to develop it?

참고문헌

국외문헌

Ciborra, C. U., & Hanseth, O. (1998). From tool to Gestell. Agendas for managing the information infrastructure. *Information Technology & People*, 11, pp.305~327.

Clarke, R. N. (2014). Expanding mobile wireless capacity: The challenges presented by technology and economics. *Telecommunications Policy*, 38(8), pp.693~708. https://doi.org/10.1016/j.telpol.2013.11.006

Deloitte. (2018). *2018 Telecommunications Industry Outlook. A new era of connectivity is on the horizon* (Industry outlook), p.5. Deloitte Center for technology, Media and Telecommunications.
Retrieved from https://www2.deloitte.com/content/dam/Deloitte/us/Documents/technology-media-telecommunications/us-tmt-2018-telecom-industry-outlook.pdf

ECC. (2012). *Results of the WG FM questionnaire to CEPTadministrations on the current and future usage of frequency band 2300-2400MHz* (No. FM52(12)INFO2; FM (12)017rev1), p.12. Electronic Communications Committee(ECC).
Retrieved from https://www.cept.org/Documents/fm-52/7841/FM52(12)INFO2_Results-of-the-WG-FM-QUESTIONNAIRE-to-CEPT-ADMINISTRATIONS-on-the-current-and-fu-ture-usage-of-frequency-band-2300-2400-MHz.

ECC. (2016). *World's first LSA pilot in the 2.3-2.4GHz band. Input contribution to ECC PT1 #51*(No. ECC PT1(16)028). Helsinki: Electronic Communications Committee (ECC).

Edwards, P. N. (2003). Infrastructure and Modernity: Force, Time, and Social Organization in the History of Sociotechnical Systems. In *Modernity and Technology*, pp.185~226. Cambridge, MA: MIT Press.

ETSI. (2014). Reconfigurable Radio Systems(RRS); System requirements for operation of Mobile Broadband Systems in the 2300MHz-2400MHz band under Licensed Shared Access(LSA). ETSI.
Retrieved from https://www.etsi.org/deliver/etsi_ts/103100_103199/103154/01.01.01_60/ts_103154v010101p.pdf

ETSI. (2017a). *ETSI releases specifications for Licensed Shared Access*. Sophia Antipolis. Retrieved from http://www.etsi.org/news-events/news/1181-2017-04-news-etsi-releases-specifications-for-licensed-shared-access

ETSI. (2017b). ETSI TS 103 235 V1.1.1(2015−10). Technical specification. Reconfigurable Radio Systems(RRS); System architecture and high level procedures for operation of Licensed Shared Access) in the 2300MHz-2400MHz band. ETSI.
Retrieved from http://www.etsi.org/deliver/etsi_ts/103200_103299/103235/01.01.01_60/ts_103235v010101p.pdf

Fomin, V. V. (2003). The role of standards in the information infrastructure development, revisited, pp.302∼313. Seattle, Wash.
Retrieved from http://www.si.umich.edu/misq-stds/proceedings/147_302−313.PDF

Fomin, V. V., & Lyytinen, K. (2000). How to distribute a cake before cutting it into pieces: Alice in Wonderland or radio engineers' gang in the Nordic Countries? In *Information Technology Standards and Standardization: A Global Perspective*, pp.222∼239. Hershey: Idea Group Publishing.

Hanseth, O., & Monteiro, E. (1997). Inscribing behavior in information infrastructure standards. *Accounting, Management and Information Technologies*, 7, pp.183∼211.

Haug, T. (2002). A commentary on standardization practices: lessons from the NMT and GSM mobile telephone standards histories, *Telecommunications Policy*, 26, pp.101∼107.

Hughes, T. P. (1993). The Evolution of Large Technological Systems, In The *social construction of technological systems: New directions in the sociology and history of technology*, pp.51∼82. Cambridge: MIT Press.

ITU. (2017). Global and Regional ICT Data. 2005−2017.
Retrieved from https://www.itu.int/en/ITU-D/Statistics/Pages/stat/default.aspx

Keil, T. (2002). De-facto standardization through alliances-lessons from Bluetooth. *Telecommunications Policy*, 26, pp.205∼220.

Khun-Jush, J., Paul, B., Benoist, D., & Michael, G. (2012). Licensed shared access as complementary approach to meet spectrum demands: Benefits for next generation cellular systems. Presented at the ETSI Workshop on Reconfigurable Radio Systems, Cannes, France: ETSI.
Retrieved from https://docbox.etsi.org/workshop/2012/201212_ RRS/PAPERS/ABSTRACT_KHUNJUSH_Final.doc.pdf

King, J. L., Gurbaxani, V., Kraemer, K. L., McFarlan, F. W., Raman, K. S., & Yap, C. S. (1994). Institutional Factors in Information Technology Innovation. *Information Systems Research*, 5, pp.139∼169.

Kwak, J., Lee, H., & Fomin, V. V. (2011). The governmental coordination of conflicting interests in standardisation: Case studies of indigenous ICT standards in China and South Korea. *Technology Analysis & Strategic Management*, 23(7), pp.789∼806. https://doi.org/10.1080/09537325.2011.592285

Levinthal, D. A. (1998). The Slow Pace of Rapid Technological Change: Gradualism and Punctuation in Technological Change. *Industrial and Corporate Change*, 7, pp.217∼247.

Lyytinen, K., & Fomin, V. V. (2002). Achieving high momentum in the evolution of wireless infrastructures: the battle over the 1G solutions. *Telecommunications Policy*, 26, pp.149∼170. https://doi.org/10.1016/S0308-5961(02)00006-X

Matinmikko, M., Palola, M., Saarnisaari, H., Heikkilä, M., Prokkola, J., Kippola, T., … Yrjölä, S. (2013). Cognitive Radio Trial Environment. First Live Authorized Shared Access-Based Spectrum-Sharing Demonstration. *IEEE Vehicular Technology Magazine*, 8(3), pp.30∼37. https://doi.org/10.1109/MVT.2013.2269033

Mustonen, M., Matinmikko, M., Palola, M., Yrjola, S., Paavola, J., Kivinen, A., & Engelberg, J. (2014). Considerations on the licensed shared access(LSA) architecture from the incumbent perspective. In *Cognitive Radio Oriented Wireless Networks and Communications(CROWNCOM), 2014 9th International Conference on* pp.150∼155. IEEE.

Nelson, R. R. (1994). The Co-evolution of Technology, Industrial Structure, and Supporting Institutions. *Industrial and Corporate Change*, 3, pp.47∼63.

Paetsch, M. (1993). T*he evolution of Mobile Communications in the U.S. and Europe: Regulation, Technology, and Markets*. London: Artech House.

Palola, M., Matinmikko, M., Prokkola, J., Mustonen, M., Heikkilä, M., Kaippola, T., … Heiska, K. (2014). Live field trial of Licensed Shared Access (LSA) concept using LTE network in 2.3GHz band. IEEE.

REDTechnologies.fr. (2016). *Ericsson, RED Technologies and Qualcomm Inc. conduct the first Licensed Shared Access (LSA) pilot in France*. RED Technologies. Retrieved from http://www.redtechnologies.fr/news/ericsson-red-technologies-and-qualcomm-inc-conduct-first-licensed-shared-access-lsa-pilot-france

Sangam, P. (2012). Heard of the 1000x challenge? Hint: It's about mobile data growth. Retrieved from https://www.qualcomm.com/news/onq/2012/08/09/heard-1000x-challenge-hint-its-about-mobile-data-growth

Schilling, M. A. (1998). Technological lockout: An integrative model of the economic and strategic factors driving technological success and failure. *Academy of Management Review*, 23, pp.267～284.

Schmidt, S. K., & Werle, R. (1998). *Coordinating Technology. Studies in the International Standardization of Telecommunications*. Cambridge, Massachusetts: The MIT Press.

Schot, J., & Geels, F. (2007). Niches in evolutionary theories of technical change. *Journal of Evolutionary Economics*, 17, pp.605～622.

The White House. (2012). *Report to the President: Realizing the Full Potential of Government-Held Spectrum to Spur Economic Growth*(President's Council of Advisors on Science and Technology). The White House Executive Office of the President. Retrieved from http://www.dtic.mil/dtic/tr/fulltext/u2/a565091.pdf

von Hippel, E., Thomke, S., & Sonnack, M. (1999). Creating breakthroughs at 3M. *Harv Bus Rev*, 77, pp.47～57.

Yrjola, S., & Kokkinen, H. (2017). Licensed Shared Access evolution enables early access to 5G spectrum and novel use cases. *EAI Endorsed Transactionson Wireless Spectrum*, 3(10), pp.1～11. https://doi.org/10.4108/eai.12－12－2017.153463

무역, 사회변동과 표준화

한·미 정보통신 기술표준 통상 갈등과 FTA 통신 챕터: WIPI 사례와 한미 FTA를 중심으로[1]

Chapter 06

곽동철(서울대학교 국제통상전략센터)

1. 상품 분야를 넘어 정보통신 분야로 이어진 한·미 통상 갈등

제조업 제품과 농수산물 등 상품 분야에서 주로 불거졌던 한국과 미국 간 통상 갈등은 2000년대 들어 전혀 다른 방면에서 새롭게 전개되었다. 미국은 관세보다는 우리나라의 비관세장벽[2]에 주목하기 시작했으며 상대적으로 경쟁력을 보유한 정보통신 분야에서 자국 기업의 이익을 지키기 위해 통상차원에서 적극적으로 우리 정부를 압박하였다.

미국이 비관세장벽이라고 제기하는 우리 정부의 정책 중 대표적인 것이 바로 정보통신표준 또는 기술표준 조치이다.[3] 1995년 세계무역기구(WTO) 무역기술장벽(TBT) 협정 제정으로 WTO 회원국은 국제표준이 존재하는 경우 동 국제표준을 기술규정(technical regulation)[4]의 기초로 삼아야 한다.[5] TBT협정이 표준에 관한 새로운 국제통상 규범을 수립하면서 자국 핵심기술을 국제표준화하고자 하는 각국의 유인이 더욱 강

1 본 사례연구는 곽동철·박정준(2018), "FTA 체제 하 정보통신 기술표준화의 주요 쟁점과 정책적 시사점: 기술선택의 유연성 조항을 중심으로", 「국제통상연구」, 제23권 제1호를 주로 참고했음을 밝힌다.

2 비관세조치란 정부보조금, 지식재산권 침해, 위생 및 검역기준, 기술규정 등 관세 이외의 무역에 영향을 미치는 모든 조치를 포함한다.

3 세계무역기구(WTO)의 무역기술장벽(TBT)협정과 서비스무역협정(GATS)은 각각 표준과 기술표준이라는 용어를 사용하지만 두 개념 사이에 실질적인 의미 차이는 없으므로 이하에서는 이를 혼용하기로 한다.

4 WTO TBT협정에 따르면 준수가 강제적인 문서는 기술규정으로, 준수가 강제적이지 않은 문서는 표준으로 분류된다.

5 WTO TBT협정 제2.4조.

해졌다. 따라서 정보통신 기술혁신을 선도하는 선진국들은 세계 시장에서 경쟁 우위를 유지하고자 자국 기업이 개발한 기술을 국제표준화하기 위한 노력을 경주하는 동시에 후발 경쟁국의 기술표준정책을 비관세장벽으로 간주하고 통상 쟁점화하여 이들 정부의 시장개입을 제한하려는 모습을 보여 왔다. 반면 우리나라를 비롯한 정보통신 분야 후발국들은 중복투자 방지, 소비자후생 제고, 통신망과 단말기 간 상호호환성(compatibility), 상호운용성(interoperability), 상호접속성(interconnectivity) 확보를 위해 정부 주도형 표준화의 중요성을 강조하며 선진국과 대립하는 상황이다.

상품무역과 달리 서비스무역의 기술표준 조치를 규율하는 국제통상규범이 미비하다는 점에서 정보통신 기술표준을 둘러싼 양 진영의 갈등이 쉽사리 해소될 것 같지 않다. 특히 정보통신 산업은 어떤 기술을 사용한 표준이 시장에서 채택되느냐에 따라 기업의 운명이 뒤바뀐다. 모바일 무선인터넷 서비스가 태동하던 2000년대 초반, 한미 양국이 한국형 모바일 무선인터넷 표준 플랫폼 규격인 WIPI(Wireless Internet Platform for Interoperability) 단일표준화를 둘러싸고 벌인 통상 갈등은 기술선진국과 후발 추격국 간의 전형적인 대립양상을 보여준다. WIPI 사례 이후 미국은 정보통신 기술표준을 규율할 국제통상규범의 필요성을 인지하고 자유무역협정(FTA) 통신 챕터(chapter)에 자국 기업의 이해관계를 반영한 조항을 지속적으로 삽입하게 된다.

2. 정보통신 분야에서 기술표준의 중요성

전통적인 농업 및 제조업과 달리 정보통신 산업은 네트워크형 산업이라는 특징을 띠고 있다. 산업 내 주요 경제주체들은 배타적인 이익을 추구하기 위해 경쟁하기보다 서로 긴밀히 공조하면서 복잡하게 얽힌 산업 네트워크에 영향력을 행사하고자 한다. 정보통신 제품을 사용하는 소비자들도 제품의 가격이나 성능만을 비교해 구매결정을 내리지 않으며 기기 상호 간, 통신망 상호 간, 기기와 통신망 상호 간에 정보교환이 원활히 이루어지는지 또는 상호소통에 문제가 없는지 등을 고려한다. 따라서 서로 다른 통신망을 연결하는 데 있어 필수적인 통신 주체 간의 합의된 규약(프로토콜) 및 이의 기준이 되는 표준 설정은 '상호운용성'이 핵심인 정보통신 분야에서 매우 중요하다. 자신들이 보유한 기술을 바탕으로 정보통신 표준 시장을 선점한 기업은 산업 전반에 막강한 영향력을 행사할 수 있기 때문에 '표준전쟁(standards war)'이 벌어지기도 한다(Shapiro and Varian, 1998, p.216).

정보통신 산업이 네트워크형 산업으로서 갖는 경제적 특성 중 가장 대표적인 것이 '네트워크 외부효과(network externality)'이다. 네트워크 외부효과가 존재하는 경우 소비자가 재화나 서비스를 구매하여 얻는 효용은 동일한 재화나 서비스를 사용하는 소비자집단의 규모(네트워크의 규모)에 따라 달라진다. 네트워크가 커지면 커질수록 동일 네트워크 내 기기 간에 상호호환이 쉽게 이루어지고 정보교환도 원활히 이루어져 네트워크 증식이 자연스럽게 이루어진다. 아이폰, 갤럭시 등 소수 제품이 지배하는 스마트폰 시장과 카카오톡, 페이스북, 인스타그램 등 소수의 인기 서비스만이 유행하는 사회관계망서비스(SNS)가 대표적이다.

'잠김현상(lock-in effect)'도 네트워크형 산업의 특징이다. 어떠한 이유로든 한 기술이나 표준이 시장에서 채택되면 이보다 더 효율적이고 성능이 좋은 기술이 개발된다고 해도 새로운 기술로 쉽게 전환되기 어렵다. 발전된 기술로 얻을 수 있는 이익보다 신기술을 학습하고 관련 장비를 교체해야 하는 비용부담이 훨씬 크기 때문이다. DVORAK이라는 더 효율적인 컴퓨터 자판 배열 방식이 있음에도 불구하고 현재 사용자들은 QWERTY 방식에 이미 너무 익숙해져 새로운 자판을 시도하지 않는다.

정보통신 산업은 '경도현상(tipping effect)'이 자주 발생하는 분야이기도 하다. 초기에는 팽팽하던 기업 간 경쟁이 일정한 수준(tipping point)에 다다르면 어느 순간 한쪽으로 급격히 기울어져 경쟁 우위를 차지한 기업이 시장 전체를 독점하게 된다(Gladwell, 2006, p.11). IBM의 개인용 컴퓨터(PC)가 애플의 매킨토시를 누르고 어느 순간 PC시장을 지배하게 된 것도 경도현상이 작용하였기 때문이다.

이러한 경제적 특성으로 인해 정보통신 산업에서는 표준을 선도하는 기업이 시장을 지배하는 승자독식(winner-takes-all)이 발생한다. 표준시장을 선점하기 위해 기업 간 경쟁뿐만 아니라 국가 간 경쟁도 치열하게 벌어지고 일국의 표준화 정책이 통상 갈등으로 비화되기도 한다. WIPI을 둘러싼 한국과 미국 간 통상 분쟁이 대표적이다.

3. 무선인터넷 플랫폼 분야의 시장실패와 WIPI의 등장

2000년대 초반 음성 통신이 보편화된 이후 이동통신업계에서는 새로운 수익원으로서 무선인터넷을 활용한 데이터 서비스(data service)에 대한 관심이 급부상하였다(Lee and Oh, 2008, p.666). 이에 이동통신업체들은 모바일 응용프로그램(mobile application)이 운용되는 기반인 플랫폼(platform) 개발에 앞다투어 뛰어들었다. 이용자에게 고품질의 모바일 응용프로그램을 제공하는 한편 타사와의 모바일 데이터서비스 경쟁에 있어 플랫폼을 중요한 경쟁수단으로 삼았기 때문이다(Lee and Oh, 2008, p.666). 그런데 문제는 무선인터넷을 사용하는 데 있어 필수적인 플랫폼 기술에 따라 사용할 수 있는 콘텐츠와 프로그램이 제한되어 있다는 점이었다. 단말기 제조사와 소비자 입장에서도 중복 투자와 상호호환성 부족으로 인해 불만이 고조되어 무선인터넷 플랫폼을 표준화해야 한다는 목소리가 점차 힘을 얻어갔다.

모바일 무선인터넷 접속기술이 처음 개발된 1990년대 후반 전 세계적으로는 WAP(Wireless Application Protocol)가 유일한 표준 플랫폼이었다. 그러나 이후 이동통신 기술의 발전으로 성능이 뛰어난 응용프로그램을 구동시킬 무선인터넷 플랫폼이 필요해졌다. 이에 썬 마이크로시스템즈(Sun Microsystems)가 자바(Java) 기술로 개발한 J2ME(Java 2 Micro Edition)와 퀄컴(Qualcomm)의 BREW(Binary Runtime Environment for Wireless)가 새로운 플랫폼으로 떠올랐다. J2ME와 BREW로 인해 휴대단말기에서 무선인터넷 접속이 가능해져 휴대단말기 사용자들은 웹으로부터 응용프로그램이나 데이터를 기기에 다운받아 오프라인 상태에서 실행할 수 있게 되었다(Gupta, 2002). 두 플랫폼 기술 모두 보다 효율적인 모바일 무선인터넷 접속서비스 제공을 목표로 하였으며 성능 면에서도 우열을 가리기 힘들었다. 세부적인 기능과 주로 사용되는 휴대기기의 종류에서 차이점을 보이며 두 기술은 세계 무선인터넷 플랫폼 시장을 양분하며 사실상 국제표준으로 인정받았다.[6]

모바일 무선인터넷 초창기 우리나라의 이동통신업체들은 각기 다른 플랫폼을 사

6 J2ME는 자바 기술을 사용하며 특히 소규모 소비자와 저성능 휴대기기에 적합하게 개발되었다. BREW는 펌웨어(CDMA 칩셋) 차원에서 구동되며 특히 웹에서 내려받아 휴대단말기기에서 실행가능한 무선응용프로그램에 적합하였다. 통신과 멀티미디어 능력 면에서는 BREW가 J2ME보다 앞서 있다고 평가받는다. BREW와 J2ME의 기술적 차이점에 대한 보다 상세한 내용은 Gupta(2002) 참조.

용하여 소비자에게 모바일 인터넷 서비스를 제공하고 있었다(〈그림 6.1〉 참조). SK텔레콤은 C/C++ 언어를 기반으로 하는 GVM과 자바(Java)를 기반으로 하는 SK-VM의 두 가지 무선인터넷 플랫폼을 사용하고 있었으며, KTF도 C 언어를 기반으로 하는 MAP와 퀄컴의 BREW를 동시에 사용하고 있었다. LG텔레콤도 자바를 기반으로 독자적인 플랫폼(KVM)을 개발하여 사용하고 있었다.

당시 이동통신업체들은 성장 잠재력이 무궁무진한 무선인터넷 시장을 선점하고자 플랫폼 개발에 매진하였지만 과도한 경쟁이 오히려 정보통신 산업 전반의 시장실패로 이어진다는 우려가 잇따랐다. 이동통신업체마다 플랫폼이 다르고 상호호환성도 부족하여 콘텐츠 개발자와 단말기 제작사는 동일한 콘텐츠와 동일한 단말기를 각 플랫폼별로 중복해서 제작해야 하는 등 비용부담이 상당하였다. 플랫폼마다 이용 가능한 콘텐츠와 프로그램이 제한되다 보니 혁신적인 서비스도 탄생하기 힘들었다. 무선인터넷 사용자들은 타 이동통신업체 이용자와 콘텐츠를 공유할 수 없어 불편이 가중되었다. 또한 BREW를 이용하는 대가로 미국 기업인 퀄컴에 지불하는 특허 사용료도 큰 부담이었다.

정부는 정보통신 분야의 시장실패를 해결하고자 <그림 6.2>처럼 이동통신업체마다 상이한 무선인터넷 플랫폼을 WIPI 하나로 통합시키는 플랫폼 단일표준화를 시도하였다. 정부는 단일 플랫폼 기술표준을 채택하여 중복 투자를 방지하고 콘텐츠 제공자와 단말기 제조사들의 비용부담을 완화하여 경제적 효율성을 제고하고자

그림 6.1 WIPI 이전 국내 이동통신업체의 무선인터넷 플랫폼 현황

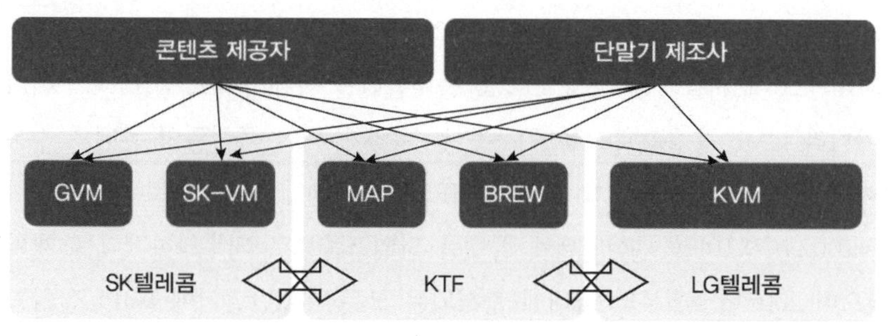

출처: 저자 작성.

그림 6.2 WIPI 채택 이후 기대되는 국내 이동통신업체의 무선인터넷 플랫폼 구조

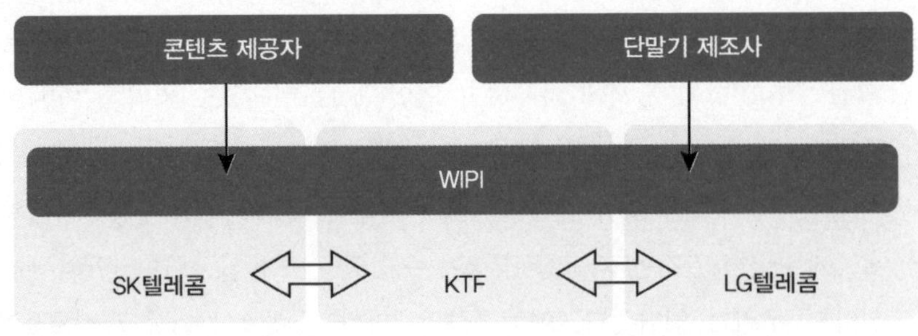

출처: 저자 작성.

했다. 또한 이동통신업체 간 콘텐츠 공유가 활발히 이루어져 이동통신 사용자의 만족도가 높아지는 한편, 표준 플랫폼에 기반한 신규 사업자의 모바일 인터넷 시장 진출이 촉진되고 외국 업체에 지불하는 막대한 특허 사용료 부담이 완화될 것으로 예상했다. 국내기술을 활용하여 독자적으로 개발한 새 플랫폼이 국제표준으로 채택된다면 해외시장 진출도 가능할 것이란 점도 염두에 두었던 것으로 보인다(Lee and Oh, 2008, p.667).

이러한 목적 하에 2001년 5월 국내 이동통신업체 3사, 단말기 제조업체 2개사, 전파연구소, 한국정보통신기술협회(TTA), 한국전자통신연구원(ETRI)이 참여한 한국무선인터넷표준화포럼(KWISF)에서 공식적으로 모바일 플랫폼 표준화 논의가 시작되었다. 약 1년간의 연구 끝에 WIPI 1.0이 개발되었으며 2002년 5월 WIPI는 TTA 단체표준인 TTAS-KO-06.0036(모바일 표준 플랫폼 규격)으로 채택되었다. 이후 기술개발이 꾸준히 진행되면서 WIPI 1.1(2003년 2월 발표), WIPI 1.1.1(2003년 3월 발표), WIPI 1.2(2003년 4월 발표)가 연달아 확정되었다. 2004년에는 J2ME(CLDC1.1/MIDP2.0)를 필수로 지원하도록 하는 WIPI 2.0이 개발되었다. WIPI 2.0 플랫폼만을 탑재하여도 WIPI-C, WIPI-Java 뿐만 아니라 J2ME 응용프로그램도 구동할 수 있게 되어 플랫폼의 콘텐츠 수용 범위가 넓어졌다(이상윤 외, 2004, pp.144~145). WIPI 기술개발이 지속적으로 이루어지자 우리 정부는 2002년 WIPI를 무선인터넷 플랫폼 단일표준으로 의무화하겠다는 계획을 발표하였으며 2005년 4월부터 국내에 출시되는 모든 휴대단말기에 WIPI 설치를 의무화하는 정책을 실행에 옮겼다.

4. WIPI 표준화를 둘러싼 한·미 통상 갈등의 전개

국내에서 복수 플랫폼 간 상호호환성 부족과 시장실패로 무선인터넷 플랫폼 단일 표준에 관한 논의가 제기될 당시 세계적으로는 퀄컴의 BREW와 썬 마이크로시스템즈의 J2ME가 치열한 경쟁을 벌이고 있었다. 우리 정부가 WIPI를 단일표준으로 채택하고 WIPI 의무화 정책을 발표하자 미국 정부는 WIPI 단일표준이 외국 기업에 차별적인 무역기술장벽으로 작용하기 때문에 WTO협정에 위반된다며 통상압력을 가해 왔다. 이에 양국 정부는 2002년 6월부터 2004년 4월까지 13차례의 양자협상을 개최하였다(이한영, 2007, p.234).

초기 미국 정부는 WIPI 의무화가 합법적인 목적수행에 필요한 수준 이상으로 무역을 제한하는 조치이므로 WTO TBT협정 위반이라는 입장이었다. 또한 TBT협정이 허용하는 정당한 정책목표에도 합치하지 않는다고 주장했다. 미국 정부는 기술표준의 채택은 전적으로 민간 기업의 자유로운 선택에 맡겨야 한다는 시장방임 원칙을 강하게 내세웠다. WIPI가 이동통신 '서비스'와 관련된 기술표준정책이기 때문에 미국 정부는 WTO 서비스무역협정(GATS)을 내세워 우리 정부를 압박할 수도 있었다. 그러나 GATS 내에는 정보통신 분야에서 우리 정부가 취한 기술표준화 조치를 협정 위반으로 단정할만한 구체적 규범이 존재하지 않기 때문에 표준과 관련되어 구체적인 의무사항이 명시된 WTO TBT협정을 원용한 것으로 보인다(이한영·권병규, 2005, p.14).

WTO TBT협정 위반이라는 미국 정부의 문제제기에 대해 우리 정부는 WIPI가 이동통신 '서비스'에 관련된 조치인 만큼 '상품'을 대상으로 한 무역기술장벽을 다루는 WTO TBT협정이 아닌 GATS의 관할이라고 반박했다. 또한 WIPI 의무화 조치는 상호호환성 달성 및 시장실패 해결이라는 정당한 공공정책 목적을 추구하기 위한 정부의 고유한 규제권한으로서 GATS 및 통신부속서(Annex on Telecommunications)가 인정하는 정당한 조치라고 강조했다.[7]

7 GATS 통신부속서 제5항은 공중통신망 및 공중통신서비스에 대한 접근 및 이용에 대해 특별한 경우에 한하여 한정적으로 조건을 부과할 수 있다고 규정한다. 동 부속서 제5(f)항은 그러한 조건의 예시로서 ▷ 공중통신망 및 공중통신서비스의 상호접속을 위한 상호연결장치 통신방식규약(interface protocols)을 포함해 명시된 기술적 상호연결장치(technical interfaces)를 이용하게 하는 요건 ▷ 필요한 경우 공중통신서비스의 상호호환성을 보장하기 위한 요건을 포함한다.

표 6.1 WIPI 표준화를 바라보는 한·미 양국의 시각

미국	쟁점	한국
기술무역장벽협정(TBT협정)	관할 WTO협정	서비스무역협정(GATS)
TBT협정이 허용하는 정당한 정책목표가 아님	정책목표의 정당성	GATS 및 통신부속서가 허용하는 정당한 정책목표임
외국 기술을 배제한 한국산 무선인터넷 플랫폼 개발	표준화 추진 동기	플랫폼 간 상호호환성 결여로 인한 시장실패 해결
민간 기업의 자율적 선택에 따른 표준화가 바람직	과도한 무역 제한조치 여부	시장실패를 해결하기 위해서는 정부 주도의 단일표준화가 필수
기존 기술인 J2ME, BREW로 단일화 가능		WIPI이외에는 사업자의 요구사항을 모두 충족하는 표준이 없음
단일표준 이외에 기존 플랫폼 간 상호호환성 모색 가능		기존 플랫폼 간 상호호환성 확보는 불가능하고, J2ME나 BREW만 수용 시 국내 기업 역차별
소스코드(source code) 이전 조건으로 인해 미국 업체의 표준화 과정 참여가 봉쇄	표준화 과정의 투명성 및 비차별성	국내외 업체 모두에 공개적이고 비차별적인 절차에 따라 표준화 추진
성능보다 디자인 및 외형적 특성에 의존해 WIPI 개발	WIPI 표준 선정 기준	사업자의 요구사항을 반영하여 성능에 기초한 WIPI 개발

출처: 이한영(2007)을 토대로 저자 작성.

표준화 정책을 바라보는 양측의 근본적인 시각 차이로 인해 양자협상은 평행선을 달릴 뿐 좀처럼 해결의 기미가 보이지 않았다. 미국 무역대표부는 2003년부터 2005년까지 '국별 무역장벽 보고서(National Trade Estimate Report)'에서 우리 정부의 WIPI 의무화 정책을 과도하게 무역을 제한하고 외국 경쟁업체를 차별하는 통신 분야의 대표적인 무역장벽으로 지적하고 우리 정부에 WIPI 폐기를 압박하였다.[8]

정부 주도로 표준 플랫폼을 개발하여 모바일 인터넷 서비스의 상호호환성을 확보하고자 하는 우리나라와 정보통신 기술표준의 채택은 민간의 자율에 맡겨야 한다는 미국 간의 통상 갈등은 결국 양자협상 끝에 마무리되었다. 2004년 4월 한미 통신전

8 USTR(2003), USTR(2004), USTR(2005)의 한국편 참조.

표 6.2 WIPI를 둘러싼 한·미 통상 갈등 전개 과정

일시	내용
2001년 7월	한국무선인터넷표준화포럼(KWISF) 모바일 플랫폼 특별 분과 신설
2001년 9월	이동통신 3사, 표준 플랫폼에 대한 공통 요구사항 제시
2002년 2월	WIPI 1.0 발표
2002년 5월	한국정보통신협회(TTA), WIPI를 단체표준으로 채택
2003년 4월	KWISF, 썬 마이크로시스템즈에 특허사용료 지급하기로 합의
2004년 4월	한·미 양국, WIPI를 인정하고 퀄컴의 BREW도 허용하기로 합의
2005년 4월	정보통신부, WIPI 의무화 정책 실시
2009년 4월	방송통신위원회, WIPI 의무화 폐지

자료: 저자 작성.

문가회의에서 우리 정부는 WIPI 이외에 BREW를 포함한 복수의 모바일 플랫폼도 허용하겠다고 합의하면서 한발 물러섰다. WIPI를 둘러싼 한국과 미국의 갈등은 국내 과학기술정책의 일부라고만 여겨졌던 기술표준이 때마침 도래한 모바일 인터넷 열기와 서비스무역자유화의 흐름 속에서 국제적인 통상 분쟁으로 비화된 사례이다.[9]

5. FTA 통신 챕터(chapter)의 기술선택 유연성 조항

2001년 출범한 WTO/DDA(Doha Development Agenda, 도하개발어젠더)가 2018년까지도 기약 없이 표류하면서 다른 통상규범과 마찬가지로 통신서비스 분야의 기술표준 관련 국제규범 논의도 정체되어 있으며, 향후 전망도 그다지 낙관적이지 않다. WIPI 단일표준화를 둘러싸고 통상규범 측면에서 우리나라와 치열한 논쟁을 벌였던 미국은

9 미국과 통상 갈등을 겪었지만 2005년부터 WIPI 의무화 정책이 국내에서 실시되었다. 그러나 무선인터넷 기능이 필요 없는 휴대전화에도 WIPI 탑재가 의무화되면서 기존 단말기에 부가기능이 추가되어 휴대전화 가격이 상승하였다. 또한 아이폰 3G(iPhone 3G) 등 WIPI를 탑재하지 않은 외국산 휴대전화가 국내에서 출시되지 못함에 따라 소비자의 불만이 급증하였다. 결국 WIPI 의무화 정책은 2009년 4월에 폐지되었다.

WTO 내에서 이루어지는 다자협상 대신 양자 간에 이루어지는 자유무역협정(FTA)을 대안으로 삼아 기술표준에 관한 국제규범을 제정하기 위한 노력을 지속하고 있다. '기술선택 유연성(flexibility in the choice of technologies)'이라는 개념으로 FTA 통신 챕터에서 구체화되는 조항이 바로 그것이다.

정보통신 분야의 기술표준이 기본적으로 시장경쟁 원칙에 따라 이루어져야 한다는 미국의 입장은 현재까지 체결된 미국의 FTA에 일관되게 반영되어 있다. 미국은 1985년 이스라엘과의 FTA 이래 2018년 6월 기준 총 15개의 FTA를 체결하였다.[10] 이중 미-이스라엘 FTA, 북미자유무역협정(NAFTA), 미-요르단 FTA 등 초기 3개 협정을 제외한 모든 FTA에 기술선택 유연성과 관련된 조항이 포함되어 있다.

미국의 기체결 FTA 통신 챕터에 포함된 기술선택 유연성 조항은 2003년 싱가포르와의 FTA에 처음 등장하였으며 기본적으로 정부가 민간 통신공급자의 기술채택에 개입하지 말 것을 요지로 하고 있다(이한영, 2006, p.343). 물론, '정당한 공공정책 목적(legitimate public policy objectives)' 또는 '정당한 공공정책 이익(legitimate public policy interests)'을 전제로 할 경우에는 정부의 개입에 대해 예외를 인정받을 수 있다는 문구가 해당 조항에 같이 포함되기도 하다.

기술선택 유연성 조항 내에서 정부의 기술표준 제정권한을 예외적으로 인정하는 미국의 FTA를 구조와 내용에 따라 유형화하면 <표 6.3>과 같다. 제1유형은 '정당한 공공정책 목적'이라는 문구를 포함하지 않고 민간 통신서비스 공급업체가 기술을 자율적으로 선택할 수 있도록 정부가 노력해야 한다는 점만을 명시한다. 칠레와의 FTA가 대표적이다. 제2유형은 '정당한 공공정책 목적'이라는 문구를 기재하진 않지만 정당한 공공정책 목적의 구체적인 내용을 조항 본문에 포함한다. 통신 네트워크의 상호호환성 확보를 위해 정부가 조치를 취할 수 있다는 싱가포르와의 FTA가 이에 해당한다. 구체적 예시 없이 '정당한 공공정책 목적' 문구만을 포함한 FTA는 제3유형으로 분류할 수 있다. 호주와의 FTA, TPP 등이 대표적이다. 모로코와의 FTA는

10 미-이스라엘 FTA, 북미자유무역협정(NAFTA), 미-요르단 FTA, 미-호주 FTA, 미-도미니카-중미 FTA, 미-바레인 FTA, 미-오만 FTA, 미-칠레 FTA, 미-싱가포르 FTA, 미-모로코 FTA, 미-페루 FTA, 미-콜롬비아 FTA, 미-파나마 FTA, 한미 FTA, 환태평양경제동반자협정(TPP). 미국은 트럼프 대통령의 당선 이후 TPP에서 탈퇴하였으나 정보통신 기술표준에 관한 조항은 포괄적·점진적 환태평양경제동반자협정(CPTPP)에서 이어지고 있으므로 분석에 포함.

표 6.3 기술선택 유연성에 대한 예외성 여부로 구분한 미국의 FTA

구분	제1유형	제2유형	제3유형	제4유형	제5유형
내용	"정당한 공공정책 목적" 문구 미포함	"정당한 공공정책 목적" 문구를 기재하지 않지만 대신 정당한 공공정책 목적의 구체적 내용 포함	예시 없이 "정당한 공공정책 목적" 문구를 기재	"정당한 공공정책 목적" 문구를 기재하고 동시에 예시 포함	예시 없이 "정당한 공공정책 목적" 문구를 기재하고 적용 범위를 한정
협정 상대국	칠레	싱가포르	호주, 중미-도미니카, 바레인, 오만, 페루, 콜롬비아, 파나마, TPP	모로코	한국
정부의 규제권한 제한 수준	약함	보통			강함

출처: 이한영(2006)을 토대로 저자 작성.

'정당한 공공정책 목적' 문구를 기재하면서도 동시에 이에 대한 구체적인 예시를 포함한다.[11] 이는 제4유형으로 분류할 수 있다. 이들 네 가지 유형에 해당하는 기술선택 유연성 조항은 대체로 하나 내지 두개 문단으로 간략하게 구성되어 실체적 규범을 나타내기보다는 선언적 수준에 머물러 있다. 또한 민간 업체가 기술을 선택할 자유를 강조하면서도 정당한 공공정책 목적을 달성하기 위해 정부가 규제권한을 행사할 필요성을 명시적으로 인정한다.

제5유형에 속하는 한미 FTA의 기술표준 조치 조항은 기존의 네 가지 유형과 다른 독특한 구조와 내용으로 이루어져 있다.[12] 이는 미국이 WIPI를 둘러싸고 한국과 통상마찰을 경험했기 때문인 것으로 추정된다. 기존 통상규범 하에서는 우리 정부가 추구하는 WIPI 단일표준화를 효율적으로 규율할 수 없었다고 판단했기에 미국 정부는 한미 FTA 협상 과정에서 기술표준 조치에 관해 전례없이 구체적인 규범을 제시

11 주파수 관리 정책과 기술규격 및 국가주파수표에 합치하도록 정부가 부과하는 요건을 포함한다.
12 한미 FTA 통신 챕터 제14.21조(기술 및 표준에 관한 조치).

하였던 것으로 알려졌다.

총 5개의 세부조항으로 이루어져 있는 동 조문은 우선 제2항에서 정당한 공공정책 목적을 달성하기 위해 기술표준을 제한하는 조치를 적용할 수 있는 정부의 권한을 인정한다. 동시에 이러한 조치가 무역에 불필요한 장애를 초래해서는 안 된다고 명시한다. 정당한 공공정책의 목적에 대해서는 양국이 스스로 정의내릴 수 있다고 규정하여 정부의 고유한 규제권한을 허용하면서도 정당한 공공정책의 목적으로 인정되지 않는 경우(예 통신 또는 부가서비스나 장비의 국내 공급자에게 보호를 부여하는 경우)를 명시하고 있다.[13]

주목할 부분은 미국의 다른 FTA에서는 찾아볼 수 없는 '특정 전파 주파수에 관한 특칙'이 한미 FTA 통신 챕터에 포함되어 있다는 점이다. 해당 특칙에 따르면 특정 전파 주파수 대역에서 기술표준을 제한하는 정부의 조치는 단 네 가지 상황 하에서만 허용된다. ① (유해한 방해 방지를 포함하여) 주파수의 효과적 또는 효율적 이용을 보장하기 위하거나, ② 국내 또는 국제망 서비스에 대하여 소비자의 지속적인 접근을 보호하기 위하거나, ③ 법집행을 원활히 하기 위하거나, 또는 ④ 인간의 건강이나 안전을 보호하기 위한 조치만이 인정된다.[14] 동 특칙이 한미 FTA에만 존재하며 정부의 규제권한이 인정되는 상황이 네 가지로 한정되어 있다는 점에서 우리 정부의 기술표준 제정권한이 상대적으로 제약되었다고 평가할 수 있다.

통신 분야에서 시장실패가 발생하는 경우 한미 FTA는 규범제정을 통한 정부의 개입 여지를 제5항을 통해 남겨두었다. 다만, 엄격하고 까다로운 사전적·사후적 투명성 조건을 명문화하여 정부의 규제권한보다 상대적으로 통신 서비스 공급자의 기술선택의 자율성을 중시하는 것으로 보인다(박영덕, 2015, p.44). 해당 조항에 따르면 시장실패를 해결하기 위하여 정부 차원에서의 규범 제정 시, 시장의 힘만으로는 정당한 공공정책 목적 달성이 어렵다는 것을 기술표준 조치 실시국이 증명해야 한다. 동시에 대체 기술이 정당한 공공정책 목적을 달성할 수 있음을 증명하는 기회를 통신 서비스 공급자에게 부여해야 하고(사전적 투명성 의무), 조치 채택 이후에는 통신 서비스 공급자의 요청에 따라 대체 기술의 이용을 추가로 허용하는 규범제정 절차를 개시해

13 한미 FTA 제14.21조 2항.
14 한미 FTA 제14.21조 3항.

야 한다(사후적 투명성 의무).[15] 여타 FTA에서는 찾아볼 수 없는 사전적·사후적 투명성 의무가 동시에 부과되는 등 예외적 상황 인정에 대해 엄격하고 구체적인 기준을 제시한다. 정보통신 분야의 최신 통상규범을 담고 있다고 평가받는 TPP의 관련 조항과 비교해서도 한미 FTA 통신 챕터의 기술표준 조치 조항이 상당히 구체적인 규범을 제시하고 있다는 사실을 <표 6.4>를 통해서도 확인할 수 있다.

일반적으로 FTA에 포함된 통상규범은 협정당사국 사이에만 구속력이 발생한다. 따라서 한미 FTA의 정보통신 기술표준 조항도 원칙적으로 한미 양국의 정보통신업체가 상대국 정부의 기술표준 조치에 영향을 받을 경우에 적용된다. 그러나 시장실패를 해결하기 위해 도입한 정부의 기술표준정책은 국내외 모든 기업에 동일하게 적용되기 때문에 특정 국가의 기업에만 영향을 미치는 경우는 상상하기 어렵다. 아직까지 한미 FTA만큼 정보통신 기술표준화에 대해 구체적이고 실체적 규범을 담고 있는 FTA도 존재하지 않는다. 따라서 향후 정보통신 분야에서 우리 정부가 추구하는 모든 기술표준정책 결정과정은 한미 FTA 통신 챕터가 규율하는 구체적 요건에 맞춰 이루어질 가능성이 크다.

15 한미 FTA 제14.21조 5항.

표 6.4 기술표준 조치에 관한 한미 FTA와 TPP의 통신 챕터 조항 비교

한미 FTA 제14.21조	구분	TPP 제13.23조
협정 발효일 이전에 채택된 조치에는 적용되지 않지만 제1항(규제권한과 기술선택 유연성 간 균형) 및 제5항 나호(사후적 투명성)는 발효 전 조치에도 적용(각주 15)	시간적 적용 범위	–
정당한 공공정책 목적을 달성하기 위하여 고안되어야 하며 무역에 대한 불필요한 장애를 일으켜서는 안 됨(제2항 2문)	기술표준 조치를 적용하기 위한 조건	정당한 공공정책 이익을 충족해야하며 무역에 불필요한 장애를 구성해서는 안 됨(제1항)
당사국이 정당한 공공정책 목적을 정의할 권리를 보유하지만 보호주의적 조치는 이에 해당하지 않음(제2항 3문)	정당한 공공정책 목적을 정의할 권리	–
전파 주파수 이용의 경우 정당한 목적은 ① 주파수의 효과적·효율적 이용 보장 ② 망서비스에 대한 소비자의 지속적 접근 보호 ③ 법집행 원활화 ④ 인간의 건강·안전보호로 제한(제3항 2문)	특정 분야에 적용되는 특칙	고급 통신망 개발의 경우 특정 기술사용을 조건으로 한 재정 지원 가능(제2항)
기술표준 조치가 성능에 기초하도록 노력함(제4항)	성능에 기반한 조치	–
대체 기술이 정당한 공공정책 목적을 달성할 수 있음을 증명하는 기회를 서비스 공급자에게 부여해야 함(제5항 가호)	사전적 투명성	조치를 제13.22조(투명성)과 합치하는 방식으로 실행해야 함(제1항 2문)
서비스 공급자의 요청에 따라 대체 기술의 이용을 추가로 허용하는 규범제정 절차를 개시해야 함(제5항 나호)	사후적 투명성	–

출처: 한미 FTA 및 TPP협정문을 근거로 저자 작성.

토론 질문

1. 정보통신기술 분야에서 기술표준이 중요한 이유는 무엇인가?
2. 우리나라가 WIPI 단일표준을 채택한 이유는 무엇인가?
3. WIPI 단일표준의 정당성에 대한 우리나라와 미국의 입장을 비교해보자.
4. 정보통신 분야의 기술표준 통상규범을 제정하기 위해 미국이 최근 시도하는 방법은 무엇인가?
5. 정보통신기술 분야 기술표준과 관련하여 향후 예상되는 통상 갈등은 어떤 것이 있으며 정책입안자는 이를 어떻게 해결해야 하는가?
6. 미국이 유독 우리나라를 특정하여 WIPI 단일표준을 통상 쟁점화한 이유는 무엇인가?

부록 01 기술선택 유연성과 관련된 한미 FTA의 조항

제14.21조 기술 및 표준에 관한 조치

1. 양 당사국은 기술 및 표준에 관한 조치가 정당한 공공정책 목적에 기여할 수 있다는 것과 공중 통신 및 부가 서비스의 공급자에게 자신의 서비스를 공급하기 위하여 이용하는 기술을 선택할 수 있도록 하는 유연성을 부여하는 규제 방식이 정보 및 통신 기술의 혁신과 발전에 기여할 수 있다는 것을 인정한다.
2. 당사국은 공중 통신 서비스 또는 부가 서비스의 공급자가 자신의 서비스를 공급하기 위하여 이용할 수 있는 기술 또는 표준을 제한하는 조치를 적용할 수 있다. 다만, 그러한 조치는 정당한 공공정책 목적을 달성하기 위하여 고안되어야 하며 무역에 대한 불필요한 장애를 일으키는 방식으로 입안·채택되어서는 아니 된다. 제3항에서 언급된 기술적 요건에 관한 것을 제외하고, 각 당사국은 정당한 공공정책 목적을 정의할 권리를 보유하며, 통신 또는 부가 서비스나 장비의 국내 공급자에게 보호를 부여하는 것은 정당한 공공정책 목적이 아니라는 것을 인정한다.
3. 당사국은 공중 통신 또는 부가 서비스의 공급자가 특별한 전파 주파수 대역에서 자신의 서비스를 공급하기 위하여 이용할 수 있는 기술 또는 표준을 제한하는 기술적 요건을 적용할 수 있다. 다만, 그 요건은 주파수의 효과적 또는 효율적 이용(유해한 방해의 방지에 대한 것을 포함한다)을 보장하거나 국내 또는 국제망이나 서비스에 대한 소비자의 지속적인 접근을 보호하거나, 법집행을 원활히 하거나, 인간의 건강 또는 안전을 보호하도록 고안되어야 한다.

4. 가능한 한도에서, 각 당사국은 통신 또는 부가 서비스의 공급에 관한 기술적 요건이 디자인 또는 묘사적 특성보다는 성능에 기초하도록 노력한다.
5. 당사국이 통신 또는 부가 서비스를 공급하기 위하여 특정한 기술이나 표준을 이용할 것을 강제하거나, 자신이 이용하는 기술을 선택하는 공급자의 능력을 달리 제한하는 조치를 채택하는 경우, 당사국은
   가. 다음과 같은 규범제정에 기초하여 그러하게 한다.
      1) 규범제정 시 그 당사국이 시장의 힘으로는 자국의 정당한 공공정책 목적을 달성하지 못하였거나 달성할 것으로 합리적으로 기대될 수 없다고 결정하여야 한다. 그리고
      2) 규범제정 시 통신 또는 부가 서비스나 장비의 공급자에게 대체 기술 또는 표준이 당사국의 정당한 공공정책 목적을 달성할 수 있음을 증명하는 기회를 부여하여야 한다. 그리고
   나. 그 조치를 채택한 후에, 당사국의 정당한 공공정책 목적을 효과적이고 합리적으로 달성할 수 있는 대체 기술 또는 표준의 이용을 추가로 허용하는 규범제정 절차를 개시하도록 당사국에게 요청할 수 있는 기회를 통신 또는 부가 서비스나 장비의 공급자에게 제공한다. 당사국은 그 조치를 개정하거나 적용하지 아니하는 것이 소비자에게 어떠한 영향을 미칠 수 있는지를 포함하여 그 요청을 수락하거나 거절하는 이유를 적시하여 그러한 요청에 대하여 서면으로 답변하고, 그 답변과 실행가능한 한도에서 그 요청을 공개한다.

15) 제1항 및 제5항 나호를 제외하고, 제14.21조는 이 협정의 발효일 전에 채택된 조치에는 적용되지 아니한다.

16) 양 당사국은 공중 통신 또는 부가 서비스의 공급에 관한 기술 요건을 국제표준에 기초하는 것이 적절할 수 있음을 인정한다.

17) 보다 명확히 하기 위하여, "국내 또는 국제망이나 서비스에 대한 소비자의 지속적인 접근 보호"는 이동망에 대하여 전세계적으로 접근하는 소비자의 능력을 촉진하는 것을 포함한다.

부록 02 | WTO TBT협정 주요 조항

조항	내용
제2.4조	기술규정이 요구되고 관련 국제표준이 존재하거나 그 완성이 임박한 경우, 회원국은 예를 들어 근본적인 기후적 또는 지리적 요소나 근본적인 기술 문제 때문에 그러한 국제표준 또는 국제표준의 관련 부분이 추구된 정당한 목적을 달성하는 데 비효과적이거나 부적절한 수단일 경우를 제외하고는 이러한 국제표준 또는 관련 부분을 자기 나라의 기술규정의 기초로서 사용한다.
부속서 1.1	**기술규정** 적용 가능한 행정규정을 포함하여 상품의 특성 또는 관련 공정 및 생산방법이 규정되어 있으며 그 준수가 강제적인 문서. (이하생략)
부속서 1.2	**표준** 규칙, 지침 또는 상품의 특성 또는 관련 공정 및 생산방법을 공통적이고 반복적인 사용을 위하여 규정하는 문서로서, 인정된 기관에 의하여 승인되고 그 준수가 강제적이 아닌 문서. (이하생략)

참고문헌

국내문헌

강하연·유현석·송경재·정인억·최향미(2006), "통상현안 결정과정에서 IT 산업의 이해반영 메커니즘 비교연구–IT 기술 표준화 과정을 중심으로", 「정보통신정책연구원 연구보고 06–15」.

곽동철·박정준(2018), "FTA 체제 하 정보통신 기술표준화의 주요 쟁점과 정책적 시사점: 기술 선택의 유연성 조항을 중심으로", 「국제통상연구」 제23권 제1호, pp.101~125.

박영덕(2015), "한–미 FTA 통신서비스 기술·표준조치 조항의 이해", 「국제경제법연구」 제13권 제2호, pp.35~60.

안덕근(2010), "스마트폰 시대에 생각하는 기술표준", 동아일보, 2010년 2월 27일자.

이상윤·이환구·김우식·이재호·김선자·김흥남(2004), "무선 인터넷 표준 플랫폼 WIPI 2.0의 표준화 동향", 「전자통신동향분석」 제19권 제5호, pp.143~149.

이한영(2006), "미국 FTA의 통신기술표준 규범–특징 및 시사점", 「통상정보연구」 제8권 제1호, pp.337~356.

이한영(2007), 「디지털@통상협상–UR에서 한미 FTA까지」, 서울, 삼성경제연구소.

이한영·권병규(2005), "통신기술표준에 관한 한미협상의 시사점", 「통상법률」 통권 제63호, pp.9~37.

장승화(2005), "무선인터넷 플랫폼 표준의 통상법적 조명", 「LAW & TECHNOLOGY」 제1권 제3호, pp.7~23.

한국정보통신기술협회(2009), 「2008 정보통신표준화백서」.

국외문헌

Gladwell, M. (2006). *The Tipping Point: How Little Things Can Make a Big Difference.* New York, Little, Brown and Company.

Gupta, P. (2002). Choosing Between J2ME and BREW For Wireless Development. *TechRepublic.* https://www.techrepublic.com/article/choosing-between-j2me-and-brew-for-wirelessdevelopment/

Lee, H. & S. Oh. (2008). The Political Economy of Standards Setting by New comers: China's WAPI and South Korea's WIPI. *Telecommunications Policy*, Vol. 32, No. 9, pp.662~671.

Shapiro, C. & H. R. Varian. (1998). *Information Rules: A Strategic Guide to the Network Economy*, Boston, Harvard Business Press.

Shapiro, C. & H. R. Varian. (1998). The Art of Standards Wars. *California Management Review*, Vol. 41, No. 2, pp.8~32.

USTR. (2003). The 2003 National Trade Estimate Report on Foreign Trade Barriers. https://ustr.gov/archive/Document_Library/Reports_Publications/2003/2003_NTE_Report/Section_Index.html.

USTR. (2004). The 2004 National Trade Estimate Report on Foreign Trade Barriers. https://ustr.gov/archive/Document_Library/Reports_Publications/2004/2004_National_Trade_Estimate/2004_NTE_Report/Section_Index.html.

USTR. (2005). The 2005 National Trade Estimate Report on Foreign Trade Barriers. https://ustr.gov/archive/Document_Library/Reports_Publications/2005/Section_Index.html.

FTA협정문

한미 FTA협정문(www.fta.go.kr).

TPP협정문(www.ustr.gov).

United States-Australia FTA협정문(www.ustr.gov).

United States-Bahrain FTA협정문(www.ustr.gov).

United States-CAFTA-DR FTA협정문(www.ustr.gov).

United States-Chile FTA협정문(www.ustr.gov).

United States-Colombia FTA협정문(www.ustr.gov).

United States-Morocco FTA협정문(www.ustr.gov).

United States-Oman FTA협정문(www.ustr.gov).

United States-Panama FTA협정문(www.ustr.gov).

United States-Peru FTA협정문(www.ustr.gov).

United States-Singapore FTA협정문(www.ustr.gov).

고령화 사회 대응 방안: ICT 융복합 산업시대에서의 표준 전략

한태화(연세대학교의료원 의과대학)

1. 디지털 헬스케어 시장 선점 전략으로서의 표준화

디지털 헬스케어 관련 ICT 표준화는 주체(공식, 사실)와 적용범위(국제, 지역, 국가)에 따라 다양하게 구분될 수 있다. 점차적으로 수요자 중심으로의 시장 환경 변화에 따라 글로벌 기업들은 시장 선점을 위해 사실표준화기구를 중심으로 표준화 활동을 적극적으로 추진하고 있다.

디지털 헬스케어 분야에서 글로벌 기업들이 수립하고 준수하는 국제적 기준은 상호운용성(interoperability)과 호환성(compatibility) 등을 포함한다. 상호운용성은 같은 기종 또는 다른 기종의 시스템 간 사용자의 특별한 노력 없이도 서로 통신할 수 있고 정보 교환 등 일련의 처리를 정확하게 실행할 수 있는 기능을 의미한다. 이에 반해 호환성은 서로 다른 방식의 시스템끼리 특성 등의 변경 없이 공통으로 사용할 수 있거나 접속이 가능하게 하는 기능이다.

상호운용성의 경우, 디지털 헬스케어 서비스 구성요소들인 데이터, 네트워크 통신 및 의료정보시스템에 적용될 수 있으며 이러한 항목들을 포괄적으로 관리하는 플랫폼에도 해당될 수 있다. 구체적으로 웨어러블 디바이스에서 수집되고 저장되는 개인건강정보(PHD)는 국제표준인 IEEE 11073 시리즈에서 다루어지고 있으며 웨어러블 디바이스에서 게이트웨이 혹은 서버로 연결되는 데이터 송수신의 경우 HL7 FHIR 또는 oneM2M 등을 기반으로 진행되고 있다.

글로벌 기업들을 중심으로 한 컨소시엄도 디지털 헬스케어 시장에서의 자사 서비스 확산 및 시장 주도권 확보를 위해 활발하게 표준화 활동을 하고 있다. Open Interconnect Consortium(OIC)는 인텔, 삼성전자, Atmel, 윈드리버 등을 주축으로 2014년 7월 발족되어 사물인터넷 디바이스들을 연결하기 위한 요구사항과 상호운용성을 보장하기 위한 플랫폼 개발을 목적으로 하고 있다. oneM2M은 M2M/IoT 서비스를 지원하기 위한 공통 서비스 플랫폼 개발을 목적으로 한국 TTA를 포함하여 전 세계 7개의 표준화 기구가 함께 2012년 7월에 결성된 글로벌 표준개발협력체이다. oneM2M에는 이동통신 사업자, 솔루션 업체, 네트워크 및 장치 제조사 등 다수의 회원사가 있으며 사물인터넷 서비스 플랫폼에 대한 아키텍쳐, 프로토콜, 보안, 장치관리 관련 표준화를 진행하고 있다.

Open Alliance for IoT Standard(OCEAN)은 oneM2M 기반의 글로벌 표준을 만족하는 플랫폼과 오픈소스 플랫폼 제공을 위해 2014년 12월 당시 미래창조과학부와 전자부품연구원이 주축이 되어 발족한 연합체이다. oneM2M 규격을 만족하는 플랫폼을 공유함으로써 다양한 서비스의 조기 개발 및 상용화 촉진에 기여하고 있으며 사물인터넷 산업의 활성화를 도모하고 있다.

하지만, 사물인터넷을 포함한 ICT 기술 기반 디지털 헬스케어 관련 표준화 활동은 세분화된 목적이 아닌 일반적인 헬스케어 플랫폼 서비스의 제공을 추구하고 있다. 성공적인 헬스케어 플랫폼 서비스는 연령, 성별, 경제 및 사회적 환경에 따른 상이한 특징 및 요구사항이 고려되어야 한다. 이에, ICT 융복합 환경 내 고령화 사회 대비 대응 방안으로서의 표준 기반 서비스는 다양한 산업체, 실제 사용자 집단 및 실증 연구를 필수적으로 확보해야 하며 하나의 도메인이 아닌 복합적인 차원에서의 관점을 반영해야 한다.

2. 국내외 ICT 융복합 산업 동향

미국, 일본 및 유럽연합 등 주요 선진국은 산업융합을 경제발전의 신동력 및 경제·사회 혁신의 원천으로 인식하고 국가 차원에서의 융합전략을 추진하고 있다. 미국의 경우, 기술과 자금력을 보유한 민간 주도로 융합연구가 이루어지고 있으며 정부도 다양한 지원책을 적극적으로 추진하고 있다. 일본 또한 장기적인 경제침체를 극복하고 신성장동력을 확충하고자 IT 및 로봇 중심의 융합기술 육성을 위해 다양한 전략을 정부차원에서 마련하고 있다. 이는 일본의 특징 중 하나로, 특정 산업에 국한되지 않고 사회 전 분야에 걸쳐 융합 기반 4차 산업혁명을 선도하고자 대응 시스템을 구축하고 있다. 독일은 'Industry 4.0'을 중점으로 산·학·연 참여 AMP(Advanced Manufacturing Partnership) 플랫폼을 구축하여 민간과 공공분야가 공동으로 대응하는 특징을 보이고 있다. 전통적인 제조 강국의 경쟁력을 향상시키고자 제조 관련 융합연구 프로젝트를 확산하고 있으며 이와 연관된 기술 분야에서 국제표준화를 선도하고 있다.

이와 같은 국가들의 움직임은 기존의 경제체제 및 사회구조가 새로운 변동에 발맞춰 대응하는 것으로 볼 수 있다. 디지털, 물리적, 생물학적 영역의 경계가 사라지는 산업에서 융합 거버넌스를 국가 수준 또는 민간분야에서 구축하고자 하며 ICT를 전 산업 분야에서 적용하여 새로운 시장 창출 및 미래경제 성장의 동력을 확보하고자 하고 있다.

국내의 경우, 미래성장동력을 위한 특정 분야를 선정하여 기술 중심의 융합 연구분야를 추진하고 있으며 IoT의 가속화와 ICT를 기반으로 모든 산업의 융·복합이 빠르게 진행되고 있다. 산업 분야별로는 교통과 ICT를 연계한 스마트카, 주거영역과 ICT의 스마트홈, 건설에서의 ICT를 적용한 스마트시티, 의료와 ICT를 접목한 스마트헬스 등이 있다. 정부의 미래형 신산업 관련 정책은 이러한 자율주행·스마트카, 신재생 에너지, 융복합 기술, 제약·바이오, 의료기기 및 드론에 대한 산업 육성, 규제 마련 및 기술개발 지원에 초점을 맞추고 있어 해외 주요국과 유사하게 국가 차원에서의 융합산업을 활성화하고 있다.

이에, 4차 산업혁명 시대의 핵심 기술인 인공지능, 빅데이터 및 사물인터넷 등을 활용한 ICT 기반 서비스 구축을 통한 산업 혁신에 기여하고자 한다. 주요 선진국의 관련 정책 현황은 급변하는 사회적 및 경제적 변화에 대한 선도적 대응전략의 실행을 보여주고 있기에 융복합 산업시대를 맞이하여 국내외 ICT 기반 서비스를 살펴보고 국제표준개발 기구의 동향에 따른 한국형 고령자 건강관리 서비스 구축에서의 표준화 연계방안을 모색하고자 한다. 또한, 국내외 고령자 주요 대응 방안을 분석하여 향후 국제표준개발에 기여하고자 한다.

3. 국가별 고령화 사회 대응 방안

주요 선진국들은 신성장동력 발굴, 일자리 창출, 고령화로 인한 복지문제 등을 해결하기 위해 ICT 융합 의료산업 관련 추진전략을 수립하고 있다. 미국의 경우, GDP의 16.4%를 의료비에 사용하는 의료비 지출 1위 국가로, ICT 기술과 의료기기·서비스의 융합을 통한 의료비 절감과 의료복지 수준 향상을 목표로 설정하였다. 일본의 경우, 경제 저성장과 고령화에 직면한 상태로 ICT 융합 의료산업을 신산업으로 주목하고 정부와 기업체가 협력하는 특징을 보인다. 유럽연합의 경우, 많은 EU 국가들이 ICT 강국, 의료 효율성 향상 등을 목표로 삼고 ICT를 융합한 의료 확산을 국가전략으로 지정하고 있다.

한국 정부는 '19대 미래 성장동력 산업', '민간주도 5대 신산업', '7대 서비스 융합산업'에서도 헬스케어, 맞춤형 헬스케어 등을 포함한 ICT 융합 의료산업 육성을 강조하고 있다. 보건복지부는 ICT 기반 의료서비스 확대, 의료기기 산업 고도화, 의료산업의 해외진출과 외국인 환자 유치 활성화를 추진하여 보건 산업 7대 강국으로의 진입을 목표로 하고 있으며 산업통상자원부는 ICT 융합 의료산업의 국제경쟁력 확보를 위해 '스마트 헬스케어 산업 활성화방안'과 '바이오분야 산업 엔진' 프로젝트를 발표하여 신산업 생태계를 활성화하기 위한 전략을 제시하고 있다. 또한, 과학기술정보통신부,

표 7.1 부처별 추진 현황 및 주요 내용

부처	주요 내용
기획재정부	신산업 집중지원 대상 선정 및 육성, 산업구조 조정, ICT 융합 헬스 등 신산업 투자 세제혜택, 보건·ICT 분야 해외협력 및 진출강화
산업통상자원부	ICT 융·복합 산업의 글로벌 경쟁력 확보를 위한 인프라 구축, ICT 융합 신성장산업과 주력산업 고도화, 특화 R&D 및 융합 플랫폼 구축
보건복지부	국가정보표준 감독 및 책임 강화규정 발표, 보건소 모바일 헬스케어 시범사업 추진, 원격의료 기반구축 및 해외진출 지원
과학기술정보통신부	ICT 융합 신산업 규제 혁신방안, IoT 전국망 구축, 국가·사회 ICT 인프라의 클라우드 대전환, ICT R&D 투자 확대

출처: 박순영, 2017.

보건복지부, 산업통상자원부 등 유관부처가 모여 '보건의료 빅데이터 플랫폼' 구축을 위한 논의를 시작하였으며 향후 보건의료 빅데이터와 IT 헬스사업을 접목시킬 방안을 모색 중이다.

전 세계적으로 의학의 발달과 생활환경 개선 등으로 인한 인구구조의 변동은 고령자 중심으로의 사회·경제로 변화시키고 있다. 이에 주요 선진국들은 고령화 사회에 대응하기 위한 노력의 일환으로 고령자 중심의 대책 마련과 노인질병 예방 및 치료 등과 관련된 정책을 적극적으로 추진 중이다. 미국의 경우, 65세 이상 고령인구가 2015년 4,800만명에서 2050년 8,800만명으로 두 배 가까이 증가할 것으로 전망되고 있다. 미국의 고령화 정책은 고령자의 사회·경제적 안정을 보장하는 정책들을 통해 노인연금, 의료혜택, 근로조건 차별 금지, 건강보호 등에 관한 기반을 마련하는 방향으로 추진 중에 있다.

표 7.2 미국의 고령화 관련 주요 정책

항목	주요 내용
사회보장법 (Social Security Act)	국가의 노후대책을 연방 정부 연금과 소득 재분배를 통해 달성하는 국민 사회보험 제도
노인복지법 (Old Americans Act)	연방 정부가 노인의 소득보장 및 건강보호뿐만 아니라 노인이 당면한 제반문제 해결을 위해 복지서비스 제공
연령차별금지법 (Age Discrimination Employment Act)	고용과 관련하여 40세 이상의 근로자들이 나이를 이유로 차별 받는 것을 제재함

출처: 김보림, 2017.

일본의 경우, 2015년 말 65세 이상 인구가 전체 인구의 26.7%인 3,392만명으로 12.9%가 75세 이상으로 초고령화 사회에 진입하였다. 고령사회 대응을 위해 1966년에 최초로 정책을 마련하였으며 과거 고령자만을 위한 복지에서 고령자를 포함해 전 세대를 아우르는 정책을 수립하고 있다.

표 7.3 일본의 고령화 관련 주요 정책

항목	주요 내용
고령사회 대책대강	• 2012년 고령사회 중장기 대책으로 고령사회 대책대강을 개편 • 과거에 복지혜택이 필요한 고령자 지원 중심에서 의욕과 능력이 있는 고령자 지원(취업지원, 사회참가·학습활동 등) 방향으로 정책 수립
일본재흥전략	• 매년 수정·보완을 통해 2016년 개정판 발표, 고령화 사회 대응을 위한 다양한 정책 제시 • '국민건강수명 증진'을 목표로 건강관리, 첨단의료 기술 육성, 의료서비스 강화 등의 전략 수집
미래투자전략	• 일본재흥전략의 후속으로 추진 중 • 건강수명연장, 이동혁명실험, 공급망 첨단화, 쾌적한 도시 인프라, 핀테크 등 신성장 분야 발표
제5기 과학기술 기본계획 (2016~2020)	ICT를 활용한 사이버공간과 현실공간의 융합으로 저출산 및 초고령화 사회에 대응하는 초스마트 사회 구현을 위한 전략 제시

출처: 김보림, 2017.

유럽연합의 경우, 2015년 기준 80세 이상 인구는 2,700만명으로 10년 전에 비해 700만명이 증가하였으며 인구비율도 4%에서 5.3%로 증가하였다. 이에, 유럽연합은 고령화를 실버 경제 관점에서 위기이자 새로운 성장 기회로 규정하고 이와 관련된 다양한 정책을 추진 중이다.

표 7.4 EU의 고령화 관련 주요 정책

항목	주요 내용
Horizon 2020	• 고령화를 비롯한 사회적 문제 해결에 가장 큰 역점을 두고 가장 많은 예산을 배정(전체 금액의 38% 배정) • 자체적인 연구개발 프레임워크 프로그램(FP) 추진
실버경제	• 고령화와 관련된 재화 및 서비스를 주요시장으로 인식 • 고령자 수요대응 정책방향 제시
유럽 건강노화 전략 및 활동 계획	인구 고령화를 건강노화(healthy ageing)로 해결하기 위한 우선적 추진정책 제안

출처: 김보림, 2017.

4. 관련 국제표준개발 기구(SDO)

의료정보의 국제표준화기구인 ISO/TC 215(health informatics)는 2018년 7월 기준, 182종의 국제표준을 출판하였고 56종의 국제표준을 진행하고 있다. ISO/TC 215는 의료기기 간 데이터의 상호 연계성 및 호환성 확보, 의료기록의 디지털화에 필요한 표준을 개발하며 7개의 워킹그룹(WG)으로 활동 중이다. 각 그룹별 역할은 다음과 같다.

표 7.5 ISO/TC 215 구조

그룹	그룹명
WG 1	Architecture, Frameworks and Models
WG 2	Systems and Device Interoperability
WG 3	Semantic Content
WG 4	Security, Safety and Privacy
WG 6	Pharmacy and Medicines Business
JWG 1	Joint ISO/TC 215 & ISO/TC 249 WG: Traditional Chinese Medicine
JWG 7	Joint ISO/TC 215 & IEC/SC 62 A: Safe, effective and secure health software and health IT systems, including those incorporating medical devices

출처: ISO, www.iso.org.

IEC에서 의료기기에 대한 표준을 다루는 기술위원회는 IEC/TC 62이며 의료 전기장치 및 시스템에 대한 필수적인 기본 요구사항 및 부가사항에 대한 표준을 포함하여 다룬다. 최근 연구 분야가 소프트웨어, IT, 통신 등으로 확대되었으며 이 분야에 대한 새로운 표준을 제정 및 개정한다. IEC/TC 62는 총 4개의 분과위원회로 나누어져 수행하는데 각 역할은 아래와 같다.

- SC 62 A: Common aspects of electrical equipment used in medical practice
- SC 62 B: Diagnostic imaging equipment
- SC 62 C: Equipment for radiotherapy, nuclear medicine and radiation dosimetry
- SC 62 D: Electromedical equipment

고령화에 대해 구체적으로 다루고 있는 위원회는 IEC SyC AAL라는 시스템 위원회이다. 이 시스템 위원회는 AAL 시스템 및 서비스 사용에 있어 안전, 보안, 프라이버시, 상호운용성을 촉진하고 표준화를 추진함으로써 사용성과 접근성을 높이는 역할을 맡고 있다. SyC AAL은 현재 5개의 워킹그룹(WG), 1개의 프로젝트 팀(PT) 및 2개의 의장자문그룹(CAG)으로 구성되어 있다.

표 7.6 IEC SyC AAL 구조

그룹	그룹명	내용
WG 1	User Focus	• AAL 제품, 시스템, 서비스의 사용자 관련 이슈 • 사용자의 수요를 고려하여 사용사례 규정 • 사용자 요구사항 개발
WG 2	Architecture and Interoperability	• AAL 표준 아키텍처 정의 • 보안 및 프라이버시 이슈 고려
WG 3	Quality and Conformity Assessment	• 제도 기획, 상호운용성 시험행사 준비 • 시험사례, 도구, 표준 개발
WG 4	Regulatory Affairs	• 국가 및 지역수준에서의 AAL 사업 검토 • 규제 요구사항 검토
WG 5	Connected Home	• 커넥티드 홈 환경에서의 AAL 검토 • 표준화 수요 및 분야 식별
PT 60050-87	International Electrotechnical Vocabulary	AAL 용어 작성

출처: IEC, www.iec.ch.

HL7(Healthcare Level 7)은 다양한 의료정보시스템 간 정보의 교환을 위해 1994년 미국국립표준협회(ANSI)가 인증한 의료정보교환 표준규약이다. 분산된 의료정보의 대용량 정보처리를 위해 시스템 간의 자료전송을 최대한 효율적으로 수행하고 전송 중 발생하는 오류를 최소화할 수 있는 표준의 정립을 목표로 하고 있다. 특히 가장 최근에 개발한 FHIR(Fast Healthcare Interoperability Resources)는 의료기기 간 상호운용성을 보장하기 위한 차세대 프레임워크로 헬스케어의 HTML(HyperText Markup Language)이라 불릴

만큼 쉽고 빠른 구현이 가능한 웹 기반 프레임워크이다. 기존 HL의 프레임워크인 v2 Message, v3 RIM(Reference Information Model)과 CDA(Clinical Document Architecture)의 장점들을 결합하고 의료소프트웨어 개발자에 초점을 맞춰 개발되어 의료현장에서 발생하는 다양한 시나리오에 빠른 적용이 가능하다고 한다.

5. 고령자를 위한 ICT 활용 서비스

2008년부터 1단계로 추진된 '생활환경지원(Ambient Assisted Living) 프로그램'은 2013년까지 노인주거시설에서의 질환관리 기술 및 서비스 개발을 지원하였다. ICT 신기술을 적용하여 고령인구의 사회배제 혹은 정보격차를 해소하고 유럽연합 내 신시장 창출을 목적으로 모든 프로젝트는 과제 종료 후 2~3년 이내에 시장에서 제품이 출시될 수 있도록 정책적으로 지원하였다. 2014년부터 2단계로 진행 중인 '생활활동지원(Active and Assisted Living) 프로그램'은 2020년까지 추진할 계획으로 고령자들의 사회활동 확대를 위한 기술개발을 지원 중이다. 추진 중인 주요 프로젝트를 살펴보면 노인들의 사회활동 지원 서비스 기술 개발과 질병관리라는 두 가지 목적으로 분류될 수 있다.

먼저, 고령자의 사회활동 확대 지원을 위한 프로젝트로 프랑스에서 추진한 'ACCESS' 프로젝트에서는 고령자, 간병인 및 가족구성원 간 컴퓨터, 스마트폰 혹은 태블릿을 통해 중앙 플랫폼에 연계하는 서비스를 개발하였다. 중앙 플랫폼은 고령자 사용자에 대한 모든 정보를 저장하는 저장소 역할뿐만 아니라 일상생활에서의 사회활동을 지원하는 도구로써 사용된다. 전자기기로 보다 쉽고 편하게 고령자와 다양한 이해관계자 간의 데이터 공유를 통해 의사소통하는 것을 목표로 하며 데이터 교환의 표준화를 추구하고 있다.

'ACCESS' 프로젝트는 2013년 9월 1일자로 시작되어 2016년 8월 31일자로 종료되었으며 참가기관은 아래와 같이 중소기업, 연구기관 및 최종사용자 그룹으로 분류된다. 프로젝트는 프랑스, 이탈리아 및 벨기에에서 진행되었으며 대략 200여 명의 고령자 및 간병인이 솔루션 개발 및 실험에 참가하였다. 향후 산업 수준에서 기술적 관점에 대한 모델링 및 검증 이후, 시범사업은 모든 유럽국가에서 상용화될 예정이다.

그림 7.1 유럽 ICT 기술 적용 AAL 사례(ACCESS 프로젝트)

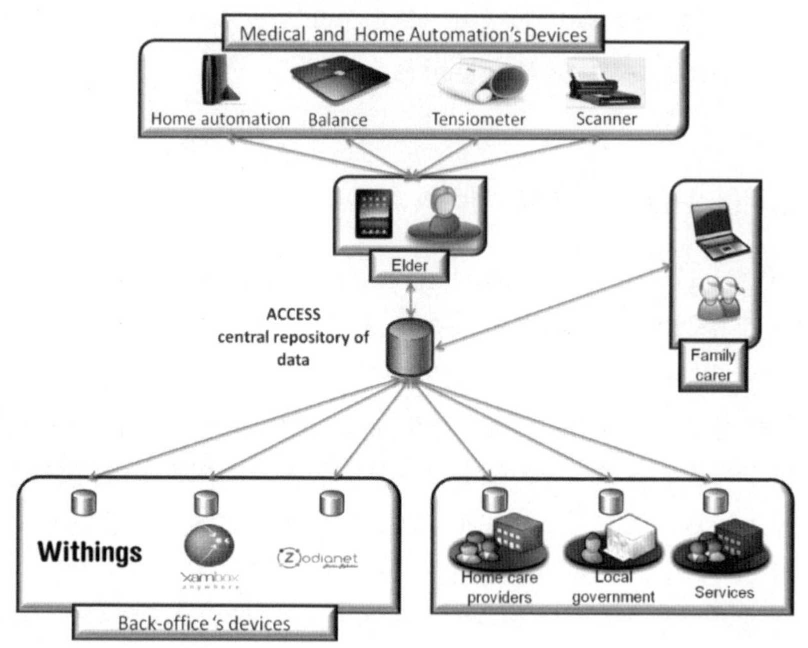

출처: AAL-ACCESS 홈페이지.

표 7.7 ACCESS 프로젝트 참가기관

기관	유형	국가	웹사이트
CEV	중소기업	프랑스	www.cev-solutions.com
LifeResult	중소기업	이탈리아	www.eresult.it
APOLOGIC	중소기업	프랑스	www.apologic.fr
Centro Regionale Alzheimer Policlinico Universitario di Roma Tor Vergata	연구기관	이탈리아	www.ptvonline.it
ADESSA A DOMICILE	최종 사용자	프랑스	http://adessadomicile.org
FAMILIEHULP	최종 사용자	벨기에	www.familiehulp.be

출처: AAL-ACCESS 홈페이지.

또한, 오스트리아의 'AALuis' 프로젝트에서는 기존의 미들웨어 플랫폼을 활용하여 혁신적인 사용자 인터페이스 및 연결 레이어를 개발하였다. 고령자의 상이한 니즈를 충족하는 인터페이스를 개발하여 ICT 기반 기술에서의 접근성, 적용성 및 사용성을 향상시키고자 하며 다양한 사용자와 서비스 간의 연결을 촉진하고 있다. 최종사용자와 관련 이해관계자를 식별하고 그룹별 요구사항과 더불어 기술적, 임상적 요구사항을 도출하여 인터페이스를 구축하였다.

2011년 7월에 시작된 'AALuis' 프로젝트의 경우, 웹사이트에 최종사용자의 관점에서 작성된 시나리오를 제공하여 고령자의 실제 생활 내 서비스 적용 예제를 제시하고 있다. 다음은 예제 중 하나로 75세의 존의 사례이다.

① 존은 활동적인 홀아비이다. 연령에 비해 그는 매우 건강하여 능동적인 방식으로 생활하며 관절증으로 인하여 약간의 문제가 있긴 하지만 가능한 한 독립적인 생활을 유지하고자 한다. 고혈압으로 인하여 존은 정기적으로 항고혈압제 약물을 복용해야 한다. 가끔 그는 열쇠를 어디에 두었는지 잊어버려 집 대문이 닫힌 경우를 경험한다.

② 그의 딸 메리는 다른 도시에 살고 있다. 존이 그녀에게 약물을 복용하는 것을 종종 잊어버린다고 말했기에 메리는 그의 아버지 건강상태가 걱정된다. 만약 존이 부엌 가스불 혹은 물을 끄는 것을 잊어버릴 경우에는 어떻게 할 것인가? 메리는 밤에 종종 일어나는 존이 아파트에서 낙상하고 스스로 일어나지 못하는 것을 걱정한다. 이에, 메리는 건강지원시스템을 찾아보고 존의 집에서 관리조직과의 평가 미팅을 주최한다.

③ 관리 부서의 피터는 존과 메리를 방문한다. 그들은 함께 존의 능력, 니즈 및 의향에 대한 설문 문항을 작성한다. 이러한 방법을 통해 관절증으로 인한 스마트 홈 지원에 대한 수요가 발견된다(창문 및 블라인드 조절 등). 또한, 그의 혈압 모니터링 및 낙상 탐지 애플리케이션에 대한 원격 솔루션이 도움이 될 것으로 파악되었다. 피터는 존의 상이한 니즈에 대해 확장가능하고 적용가능한 시스템을 추천한다.

④ 관리기관은 환자의 집에서 서비스를 관리하는 셋탑 박스를 제공한다. 따라서 존을 위해 시스템과 가장 좋은 상호작용 방법을 찾아야 한다. 시스템은 AALuis 미들웨어 및 인터페이스 레이어에 기반을 두기에, 다른 다수의 사용자 인터페이스 유형이 적용될 수 있다. 피터는 사용자 및 그들의 능력에 관한 유럽인 고정관념 데이터를 포함한 AALuis Personas Database를 찾아보고 존에게 맞는 가장 적합한 방법을 선정한다.

⑤ 가장 적합한 "Persona story(개인 스토리)"에서는 터치가 되는 책상이 집에서 사용자 상호작용을 위해 사용된다. 설치된 스마트 홈 구성요소는 책상 위 심볼을 터치함에 따라 작동된다. 책상은 인지게임 실행 혹은 큰 화면으로 신문 읽기에 사용될 수 있다. 인텔리전트 센서 시스템은 주변에 있는 물체와의 상호작용을 가능케 한다. 예를 들어, 약 상자가 책상 위에

놓여 있을 경우, 복용 지시사항이 즉시 제공된다.

⑥ 모니터링 센터에서는 피터가 존의 건강상태를 관찰할 수 있으며 상태악화 혹은 응급상황 발생 시 필요한 개입 조치를 실시할 수 있다. 알람은 모니터링 센터로 송신될 것이며 존과 모니터링 센터 담당자 간의 양방향 음성 연결이 가능할 것이다. 만약 존이 응답하지 않을 경우, 모니터링 센터 담당자는 그의 딸, 병원 혹은 근처 홈케어 간호사에게 연락할 수 있다.

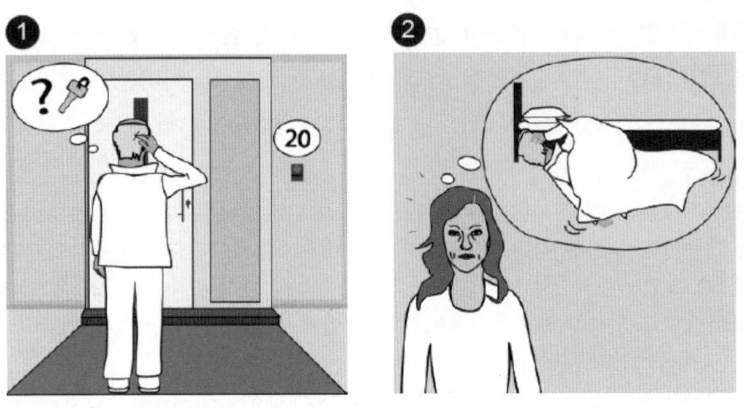

출처: AAL-ACCESS 홈페이지.

'Connect Vitality'라는 프로젝트는 네덜란드에서 추진되어 'YoooM'이라는 비디오 통신 네트워크 유형의 최종 제품이 출시되어 고령자들의 사회적 네트워크 및 상호작용 지원을 촉진하였다. 가족, 친구 및 간병인과의 소통을 ICT 기반 기술을 활용하여 쉽고 편리하게 할 수 있으며 고령자 라이프 스타일에 맞는 사회활동을 지원하고 있다. 프랑스에서 진행된 'DOMEO' 프로젝트의 경우, 병원, 가정 등에서의 개인별 로봇을 개방형 플랫폼에 연계하는 서비스를 개발하였다.

노르웨이에서 개발한 'CapMouse'라는 프로젝트는 장애가 있는 고령자가 입술을 통해 컴퓨터를 사용할 수 있는 기술을 개발하였다. 2009년에 착수된 이 프로젝트는 고령자 및 장애인들이 가능한 한 독립적으로 생활할 수 있는 새로운 기술 개발에 중점을 두었으며 2012년에 첫 시제품이 개발되었다. 시제품은 무선 마우스 기능 및 충전을 위해 USB 케이블을 이용하여 컴퓨터와 스마트폰에 연결하여 스마트폰 명령에 손을 쓸 필요가 없다. 2017년 두 번째 시제품이 개발되었다. 2009년에는 센서 기술

특허를 스웨덴에서 획득하였으며 2013년 미국 및 2015년 유럽연합에서 특허 획득에 성공하였다.

표 7.8 EU의 고령자 사회활동 지원 기술개발 프로젝트 예

프로젝트명	연구 시작일(기간)	참여국가	주요 내용
ACCESS	2013.9.1. (30개월)	프랑스, 이탈리아, 벨기에	데이터 접근성 향상을 위한 상호 운용적인 정보 교류 플랫폼 제공
AALuis	2011.7.1. (36개월)	오스트리아, 독일, 네덜란드	고령자의 특성을 고려한 사용자 인터페이스 개발
Co-Living	2010.10.13. (36개월)	네덜란드, 사이프러스, 노르웨이, 포르투갈, 스페인	고령자를 위한 ICT 기반 가상 생활 공동체 개발
Connect Vitality	2010.6.1 (40개월)	네덜란드, 사이프러스, 오스트리아, 스웨덴, 헝가리	고령인구 그룹을 비디오 통신 네트워크로 연결하고 개인의 필요, 능력과 생활환경에 따른 사회활동 지원
DOMEO	2009.7.1. (36개월)	프랑스, 헝가리, 오스트리아	개인화된 홈 케어 보조 목적으로 개발된 로봇으로 가정 및 의료현장 연계

출처: AAL-JP 홈페이지.

스페인에서 진행된 'Help'라는 프로젝트는 파킨슨병 환자를 관리하는 모니터링 시스템을 제시하였다. 스페인, 이탈리아, 이스라엘 및 독일로 이루어진 컨소시엄에서 진행된 사례로 시스템은 다음 사항으로 구성되어 있다. ① 신체 센서 및 액추에이터 네트워크는 헬스 파라미터(예 혈압) 및 신체 활동(예 걸음 및 신체 움직임 탐지)을 모니터링 하기 위한 이동형/웨어러블 및 홈 기기로 구성되어 있다. ② 임상전문가 통제 하 환자를 감독하기 위한 원격 현장 진단이다.

또한, 의료기관과 스마트 홈에 설치된 센서에서 수집된 의료 데이터와 이용자 상태를 포털을 통해 확인할 수 있도록 관리하는 고령자 건강 예방솔루션 시스템인 'Inclusion Society' 및 치매환자들의 인지능력 저하를 관리하는 'My Life' 서비스 등이 성공사례로서 개발되었다.

표 7.9 EU의 고령자 질병관리 프로젝트 예

프로젝트명	이미지	내용
CapMouse	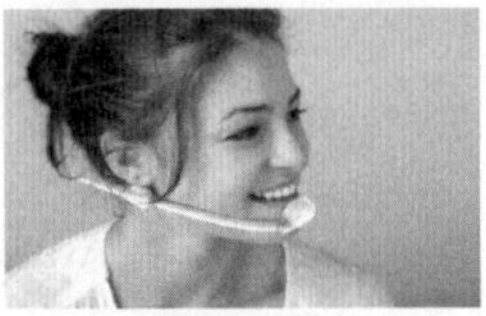	• 핸즈프리 기술(Liplt 기술) • 미국 및 EU 특허 확보
Help	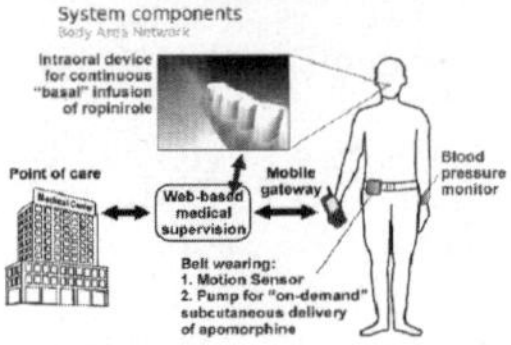	• 파킨슨병 환자 건강 모니터링 시스템 • 생체정보 및 신체활동 모니터링
Inclusion Society	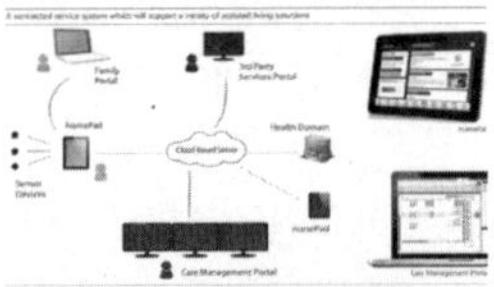	• 의료기관 및 '스마트홈' 설치 센서 활용 • 의료데이터 및 서비스 이용자 상태 관리 포털 제공
My Life	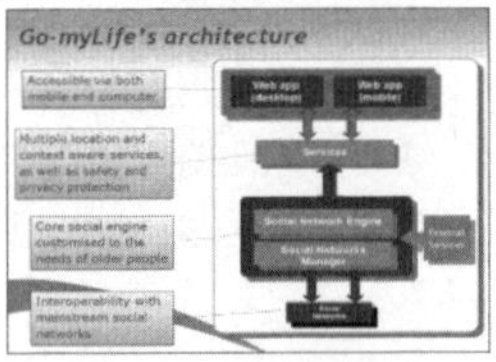	• 인지 개발용 소프트웨어 • 터치 스크린 기술 사용
RGS	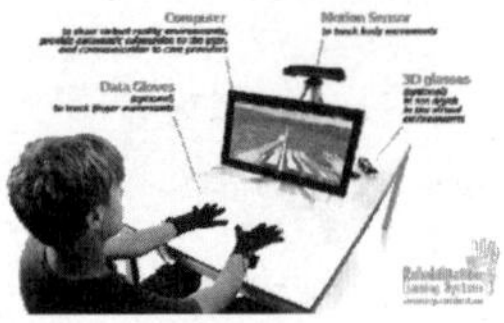	• 뇌졸중 회복 지원 가상현실 도구 • 재활게임시스템
Rosetta		• 퇴행성 만성 질환 관련 문제 예방 및 관리 시스템 • 활동 모니터링, 이상행동 예측 및 감지
Softcare	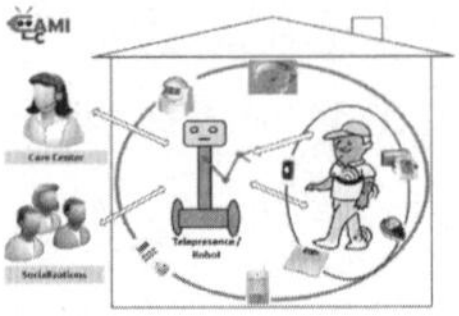	• 위험 상황 실시간 경보 제공 • 센서 장착 팔찌 착용

출처: AAL-JP 홈페이지.

6. 한국형 고령자 건강관리 서비스 고려사항

주요국의 고령화 대응 정책은 과거 복지혜택 위주의 고령자 지원 중심에서 사회적 능력 및 신체적 활동성이 있는 고령자에 대한 사회적 수용력 증대와 건강한 노화를 지원하는 방향으로 변화되고 있는 것을 알 수 있다. EU의 AAL 프로젝트 사례에서도 알 수 있듯이, 고령자의 사회활동 지원 기술 및 질병관리와 관련된 다양한 서비스는 고령자들의 일상생활 내 독립적인 삶의 영위를 위한 목적 하에 진행되고 있다. 실제 사용자뿐만 아니라 간병인 혹은 가족구성원 및 지역사회까지의 범위를 다루고 있어 향후 한국형 고령자 건강관리 서비스에서도 고령자 가정을 시작점으로 두고 지역사회와 국가수준으로의 커뮤니티를 구축하여 좀 더 포괄적이고 통합적인 관점에서 수행될 수 있도록 해야 한다.

또한, 정책 지원 대상이 고령자뿐만 아니라 전 국민을 위한 건강관리 및 노후준비를 강화하는 방향으로 수립되고 있기에 사용자 및 사용 환경의 다양성을 고려한 서비스 개발이 필요하다고 볼 수 있다. 구체적으로 고령자 집단에서도 연령, 경제적 및 사회적 수준으로 구별될 수 있으며 집단 특성에 따른 수요가 상이할 것이다. 이에, 최대한 높은 수준의 사용성 및 편의성을 갖추어 효율적인 한국형 건강관리 서비스가 개발될 수 있도록 해야 한다.

7. 고령화 사회 대응 관련 표준 연계방안

미국, 일본, EU 등 주요 선진국 사례에 기반을 두어 사회문제 해결방안의 고도화를 위한 표준화 전략 마련과 대응 방안 모색이 필요하다. ICT 기술을 기반으로 고령자를 대상으로 하는 다양한 서비스들이 개발되어 제공되고 있는 상황이긴 하나, EU의 AAL 사례와 같이 국제표준을 적용시킨 서비스의 경우 국내에서는 보기 어렵다. 주요국의 국제표준 기반 고령자 서비스 사례에 대한 조사 및 분석 결과를 바탕으로 한국형 고령자 건강관리 서비스가 구축된다면, 해외 헬스케어 및 의료시장 분야로의 진출 토대를 마련할 수 있는 기회가 될 것이다.

먼저, 국내 고령화 이슈의 해결방안을 모색하기 위하여 국외 고령자 대상 관련 정책 및 서비스 사례를 확보해야 한다. 이를 위해, 주기적인 국내외 사회 및 산업 동향

조사와 더불어 전략적인 대응 방안을 모색해야 한다. 공공 및 민간분야 간의 연계 활성화와 협력 기반을 마련하여 산-학-연 네트워크 간 사용사례를 수집하고 실제 사용자 대상 데이터에 대한 수집 및 관리가 필요하다. 현재 국내 정부는 R&D 투자 등 기술 공급 중심 정책에 집중하고 있긴 하나 수요 확대 정책은 미흡한 상황이다. 또한, 각 부처별 R&D 사업이 진행되고 있어 통합적으로 운영 및 관리되지 않기에 정책 효과성이 부족하다는 비판을 받고 있다. 이에, 관련 연구를 진행하고 있는 모든 부처를 총괄할 수 있는 위원회 혹은 태스크포스를 수립하여 여러 분야에서의 전문가 의견을 반영하고 지속적으로 서비스를 개선할 필요가 있다.

둘째, 해외 고령자 관련 산업 및 서비스의 동향을 살펴보기 위하여 국제표준개발기구가 발행한 규정 및 표준을 명확히 알아야 한다. 한국형 고령자 건강관리 서비스의 구축에 있어서 기술적, 사회적 및 경제적 관점이라는 다양한 분야를 고려해야 하기에, 관련 국제표준개발 기구의 활동을 면밀히 살펴볼 필요가 있다. 공식 표준개발 기구뿐만 아니라 글로벌 산업체를 중심으로 구축된 컨소시엄에서 진행 중인 표준에 대해 이해하고 선제적으로 적용할 수 있도록 해야 한다.

마지막으로, 실제 사용자인 고령자를 위한 교육이다. EU의 AAL 프로젝트와 같이 실제 서비스를 사용하는 사용자로서 고령자들에게 ICT 기술 활용성에 대한 교육을 제공할 필요가 있다. 특히, 융복합 환경에서의 ICT 기반 솔루션이 제공되는 것이 다수이기에 고령자들이 쉽고 편리하게 활용할 수 있도록 사용 교육을 제공하여 건강한 노화에 기여해야 하며 ICT 융복합 산업에서의 효율적인 고령자 건강관리 서비스가 되도록 추구해야 한다.

토론 질문

1. ICT 기반 융복합 산업이란 무엇이며, 특히 표준/표준화의 관점에서 어떤 특징이 있는가?
2. 고령화 사회와 연관된 문제 및 해결책은 무엇인가?
3. 만약 고령자 건강관리 서비스 관련 사업을 계획하고 있을 경우, 표준 기반 서비스 구축과 관련하여 예상되는 어려움은 무엇인가?

참고문헌

국내문헌

김보림(2017), "고령화 사회 대비 국내외 정책 동향", 「융합연구정책센터」 2017.11.27, vol. 97.

김수범(2017), "ICT 기반 고령친화 산업 혁신을 위한 해외사례 분석 및 시사점", 한국보건산업진흥원, 「보건산업브리프」 2017.6.16, vol. 238.

박순영(2017), "ICT 융합 의료산업 동향", 「융합연구정책센터」 2017.4.24, vol. 68.

「스마트 헬스케어 서비스 분야 도입사례 분석집」, 2017.11, 정보통신산업진흥원.

안기찬(2017), "해외 주요국의 ICT 기술 적용 고령자 지원 현황", 정보통신기술진흥센터, 「주간기술동향-ICT 신기술」 2017.11.29.

이남우(2017), "4차 산업혁명기 융합 R&D 전략", 「융합연구정책센터」 2017.1.23, vol. 55.

이홍권·박소영(2017), "제4차 산업혁명 시대, 과학기술 혁신 정책 방향과 과제", 「KISTEP」 제20호, pp.16~32.

최성찬·성낙명 외(2015), "사물인터넷 플랫폼 오픈소스 동향: OCEAN을 중심으로", 「한국통신학회지」, vol. 32, no. 5, pp.16~22.

AAL AALuis, www.aaluis.eu

AAL ACCESS, www.aal-europe.eu/projects/access

AAL JP, www.aal-europe.eu

HL7, www.hl7.org.

IEC, www.iec.ch.

ISO, www.iso.org.

담배 포장규격의 국제표준화 사례

Chapter 08

김민정(서울대학교 국제통상전략센터)

1. 들어가기

국제사회는 흡연에 의한 보건문제를 줄이기 위하여 담배 소비를 억제하고자 노력해왔다. 그 대표적인 성과가 2005년 발효한 세계보건기구(World Health Organization: WHO)의 담배규제기본협약(Framework Convention on Tobacco Control: FCTC)이다. 동 협약은 흡연의 유해성을 소비자에게 알리고 흡연 감소를 목적으로 하며 구체적인 방안 중 하나로 담배 포장과 경고 라벨링을 국제적으로 의무화하는 규격화(표준화)를 추진하였다. 이로써 전 세계가 오랫동안 사회문화적으로 수용해오던 담배제품 소비와 흡연에 관한 인식이 완전히 바뀌는 결정적인 계기가 되었다.

호주 정부는 2012년 동 협약을 이행하기 위해 국내 법안을 발의하였고 다른 당사국들의 입법을 촉진하였다. 그러나 공공보건 증진이라는 정당한 목적의 법안이 나오자 거센 반발과 저항이 나타났다. 흡연자들의 반발이 심했던 것은 말할 것도 없고 담배업계는 담배 산업에 타격을 주는 규제와 국제표준화에 대해 전면적인 저지에 나섰다. 대표적인 다국적기업 필립모리스는 대대적인 로비활동을 벌였고 호주 정부를 상대로 전례 없는 통상 분쟁 소송을 제기하였다. 산업계는 호주 정부가 담배 포장 및 라벨링 규제를 통해 상업적 권리를 침해했다고 주장하면서 국제통상 및 투자 소송을 제기하였다. 또한 동 규제가 담배 산업에 의존하는 개발도상국의 경제개발에 타격을 가한다는 논리를 내세우기도 하였다.

본 사례는 국제사회의 담배 포장 및 라벨링 기준 도입과 확산 과정에서 제기되었던 표준화의 주요 쟁점을 다룬다. 우선, 전 세계가 암묵적으로 허용해오던 담배제품 소비와 흡연 문화에 제동을 걸고 새로운 인식과 금연 문화를 정착시키는 일련의 과정을 넓은 의미에서의 표준화 과정으로 보았다. 그리고 WHO에서 전 세계 '흡연 제로'라는 목표를 세우고 이를 실현하는 방안에 대해 국제협약을 도출하는 과정, 산업계의 저지에 맞서 더욱 과학적·객관적 근거를 제시하고 정보확산을 통해 (국제)사회적 합의를 얻어내는 과정을 자세하게 설명한다. 또한 담배 포장 및 라벨링에 관한 국제기준이 국내 제도화를 통해 강행 표준으로 정착하기까지 지지자와 반대자 간의 대립 구도, 쟁점, 전략을 바탕으로 반목 과정을 자세히 알아본다.

이 사례의 주요 내용은, 2장에서 담배 보급과 산업 발전, 3장에서 국제사회의 담배 규제 본격화, 4장에서 담배 포장의 국제규격화와 국제통상 분쟁으로 구성된다.

2. 담배 보급과 산업 발전

1492년 콜럼버스가 미대륙을 발견하고 유럽으로 돌아오면서 담배 제조에 관한 정보를 가지고 왔다는 기록이 있으며 이후 멕시코 지역에서 담배 생산이 발달하였다고 한다.[1] 이후 담배의 중독성으로 유럽에서 담배 소비가 급격히 증가하였고 16세기 중반이 되자 캐리비안 연안 지역과 인도, 그리고 중국, 일본, 말레이반도까지 담배 소비가 증가하며 무역이 성행하게 되었다.[2] 이후 17세기까지 아프리카, 러시아, 페르시아 등 담배는 지구 전역으로 퍼져나갔다.

20세기 대량생산이 가능해지자 British America Tobacco는 중국의 거대 인구를 타깃으로 담배 무역과 마케팅을 시작하였고, 이후 거대 기업이 나타나며 담뱃잎 생산과 공정기술이 발달하고, 산업이 확대되었다. 또한 많은 개도국은 정부가 담뱃잎 생산업을 주도하고 담배 소비를 기반으로 세수를 확보하기도 하였다. 1990년대 이후 무역 개방과 국제경쟁이 치열해지면서 결국 독과점 구조가 형성되었는데, 예를 들어 2010년 기준으로 4대 다국적기업이 전체 시장의 약 70%를 점유하고 있는 것을 알 수 있다(<표 8.1> 참조).

1 https://en.wikipedia.org/wiki/Tobacco#History(최종방문일자: 2018.7.30.)

2 US Department of Health and Human Services(1992).

표 8.1 담배 산업 세계 4대 다국적 기업(2010년)

다국적 기업	생산규모(십억 개)	세계시장 점유율(%)
필립모리스 인터내셔널 (Philip Morris Internatioinal(PMI))	899.9	24.4
브리티시 아메리카 토바코 (British American Tobacco(BAT))	708	20.5
재팬 토바코/재팬 토바코 인터내셔널 (Japan Tobacco/Japan Tobacco International(JT/JTI))	563	16.2
임페리얼 토바코 (Imperial Tobacco)	308	8.6

출처: Bialous, 2012, p.92.

담배 제조 산업은 부가가치가 높고 담배의 중독성으로 시장 수요가 지속적으로 확대되는 특성이 있다. 이러한 배경에서 선진국 시장에서 부를 축적한 담배 제조 기업들은 전 세계로 시장을 확장해나가게 된다. 특히 선진국 소비시장에서 건강한 삶을 추구하는 트랜드가 나타나고 소비자 권익 보호가 강화되면서 담배 판매가 부진해지자, 저개발국가와 개발도상국 시장에 더욱 집중하게 되었다. 더욱이 개발도상국에서는 국민소득이 증가하고 개방으로 외국 문물 수용이 확대되자 이를 틈타 담배기업 진출에 박차를 가하였다.

전 세계적인 담배 보급의 결과 국내·국제적인 보건문제가 대두되었다. WHO 보고에 따르면 WHO FCTC 논의가 본격화되기 직전인 1998년 이전까지 세계 흡연에 의한 인명 피해는 최소 350만명으로 집계되고 있다. WHO는 만일 국제사회가 흡연에 대해 아무런 조치도 취하지 않는다면 2030년까지 연간 1,000만명의 인명 피해가 발생할 것으로 전망하였다. 더욱이 대부분의 피해가 개도국에서 발생한다는 문제점을 조명하며, 2030년까지 전체 피해의 70%가 개도국에서 발생할 것으로 보고한 바 있다.

3. 국제사회의 담배 규제 본격화

3.1 흡연의 유해성 고발

담배가 전 세계적으로 보급되는 와중에, 흡연의 유해성을 과학적으로 검증하는 연구결과가 계속하여 보고되자 일부 소비자들 사이에서 담배 상품에 대한 부정적인 인식이 생겨나기 시작하였다. 시민단체와 의학전문가들은 흡연과 질병에 관한 연구를 발표하며 흡연에 대한 경각심을 일깨우기 위해 노력하였다.

담배 제조 회사들은 이러한 사태에 초기부터 적극적으로 대처할 필요가 있다고 보았다. 특히 소비자가 담배 상품에 대하여 계속 신뢰할 수 있도록 방어하기 위해 적극적인 대응에 나섰다. 일례로 미국의 6대 담배제조사들이 1954년 1월 "담배 흡연자들에게 보내는 솔직한 진술(A Frank Statement to Cigarette Smokers)"이라는 제목의 공동성명이 들어간 광고문구를 발표하였는데 그 내용이 사회적 논쟁거리가 되었다. 당시 담배 제조사들은 이미 굳게 자리 잡은 소비자들의 공포와 경계심을 단순히 부정하는 것은 효과가 없다고 보았고, 이 광고를 통해 연구방법을 공격하고자 했다. 즉 흡연과 폐암의 상관관계가 쥐 실험을 통하여 검증되었을 뿐이며 과학적 검증이 확실하지 않고 매우 논쟁적이라는 점을 부각하였다. 그리고 오히려 담배 제조사 자신들이 국민건강에 기본적인 책임과 관심을 가지고 여러 방면에서 지원을 마다하지 않고 있고, 보건 증진을 위해 항상 협조할 것이라는 점을 강조하였다. 담배가 300여 년 동안 인간에게 위안, 휴식과 즐거움을 주었다는 점을 상기시키면서 말이다.

담배 회사들이 소비자 인식을 자신들의 사업에 유리한 쪽으로 붙잡으려는 시도는 이후에도 계속되었다. 그럴수록 시민단체와 보건과학 분야 전문가의 주장도 강화되었다. 이들은 담배 회사들의 사회적 책임 사업이 갖는 모순, 흡연에 의한 건강위험 은닉, 담배의 브랜드화, 상품화 전략을 고발하고 흡연 경고를 믿지 못하도록 혼란을 가중한다고 비판하였다.

논쟁과 공방이 격렬해졌다. 그리고 점차 분명해지는 사실은, 흡연에 중독된 소비자들을 설득시키고 흡연을 경고하는 것이 결국 처음부터 우려를 제기하고 사회인식을 바꾸고자 했던 시민단체의 몫이라는 점이었다. 다시 말해서 시민단체는 혼란스러워하는 소비자들에게 담배가 인체에 유해하다는 가설을 충분히 입증해 보일 수 있어야 했으며 객관적이고 과학적 근거가 뒷받침되어야 했다.

이후 수십 년 간 주요 선진국 의학계는 연구결과를 축적하고 흡연 경고를 뒷받침하기 위한 근거 자료를 축적했다. 그리고 정부와 국제사회의 지원도 호소하였다. 다른 한편에서는 흡연의 사회적 비용 관점에서 보건 위험에 따른 사회경제적 손실을 뒷받침하는 연구가 진행되었다. 점차 공공보건 단체와 정부의 대대적인 지원이 이루어졌고 국가 간 정보공유과 협력관계가 형성되었다.

3.2 선진국 담배 규제에서 전세계 담배 규제로 진전

1970년에 이르자 담배 규제 문제는 국제기구의 본격적인 의제로 논의되기 시작했다. 특히 WHO 총회에서 흡연 억제를 위한 다방면의 합의가 이루어졌는데, 가령, 1979년 '흡연 규제를 위한 전문가위원회'는 담배 규제에 관한 국제 제도 확립을 건의하였다. 당시 WHO는 조약을 체결한 권한이 없었으므로 국제협약을 통한 사실상의 강행 표준을 채택하기는 어려웠지만 흡연 억제에 관한 결의 채택, 연구 지원과 보고서 발간, 정책 가이드라인 수립, 캠페인 추진 등의 다양한 수단을 동원하여 담배 규제에 관한 국제적 여론 수렴을 도모했다. WHO 차원에서도 개념상 흡연을 질병으로 규명하고 흡연에 의한 질병이야말로 공공보건을 치명적으로 위협하고 있다는 연구보고서를 발표했다.

선진국들은 국제기구 차원의 합의를 국내 정책으로 적극적으로 도입하며 금연 캠페인, 담뱃세 인상, 담배 광고 규제 등 많은 정책을 추진했고 그 결과 점차 담배소비 시장이 위축되기 시작했다. 그러나 문제는, 선진국 중심의 흡연 억제 노력이 차츰 결실을 보는 동시에 개발도상국과 저개발국가에서는 오히려 담배 소비가 증가한다는 점이었다. 선진국에서 강화된 담배 규제에 맞서 담배 회사들이 저개발국가 시장진출을 본격화한 것이 주요 원인이었다. 또한, 개발도상국에는 담배 규제가 약했고 개방과 서구문물 유입과 함께 담배 소비가 급증하는 양상을 보였다.

이러한 배경에서 WHO는 담배 소비 억제에 관한 의제를 전 세계 운동으로 확산시키는 전략을 수립했다. 일부 국가만 참여해서는 실효를 거두기 어렵다고 보았기 때문이다. 1995년 국제전략 Tobacco Free Initiative(TFI)는 국제적인 차원에서 의제와 전략을 수립하고 담배 규제 일반협약에 관해 기초적인 논의를 착수했다. 이후 담배 규제 이슈는 WHO의 최우선 의제가 되었다. 또한 담배 규제를 강력하게 지지하던 노르웨이 총리 Gro Harlem Bruntland 박사가 1998년 WHO 사무총장으로 취임하면서 리더십이 강화되었고 WHO의 담배 규제 의제는 급속도로 진전되었다.

새로운 리더십 하에서 두 가지 정책 변화가 있었다. 첫째, WHO는 흡연 유해성에 관한 과학 증거를 축적하거나 담배 규제에 유용한 정책수단을 고민하는 것에 못지않게 방해 요인을 보다 적극적으로 약화시킬 필요가 있었다고 보았다. 따라서 담배 회사와 산업계의 저지 활동을 정면으로 공격했는데, 이 과정에서 기업이 자주 사용하는 담배 규제를 회피하는 전략, 소비자 혼동을 유발하는 전략, WHO 보고에 대한 반박의 오류 사항을 분석, 공개하였다.

다른 변화는 언론과 글로벌 네트워크를 구축하며 활동의 기반을 강화한 점이다. 가령, 담배 기업들이 수행하고 있는 사회적 책임 활동의 모순을 이슈화했는데, 담배 기업이 개도국의 지역경제 개발과 빈곤퇴치에 앞장서고 있다는 홍보는 결국 담배 생산을 정당화하여 이윤을 추구하려는 전략에 불과하다는 사실을 언론 매체를 활용하여 보도했다. 또한, 담배 규제를 저지하려는 목적으로 산업계가 취한 로비활동 기록을 입수해서 공개하거나 The Wall Street Journal, Financial Times 등의 언론 매체에서 담배 규제를 비난하는 기사글이 실리면, 그런 평론을 지원한 쪽이 담배업계라는 사실을 폭로하기도 했다.

이런 활동은 흡연의 유해성에 관한 객관적 지식에 못지않게 중요한 의견수렴 과정이었고 소비자에게 혼동을 주는 정보를 차단하여 소비자 인식을 바로 잡는 데에 도움이 되었다.

3.3 WHO 담배규제기본협약(FCTC) 채택

1990년대 말, WHO의 담배 규제에 관한 논의에 큰 진전이 있었다. 1999년 제52차 WHO 총회에서 FCTC에 관한 초안을 논의하자는 결의(WHA52.18)를 채택했고, 이에 따라 160여 개 국가가 참여하는 정부협상반이 구성되고 구체적인 협상이 시작됐다. FCTC 협상의 주요 내용은 ① 담배 광고, 기획 및 후원 ② 금융지원 ③ 담배 상품의 불법 거래 ④ 기업 책임과 보상 ⑤ 담배 포장과 표시 ⑥ 무역과 보건정책에 관한 6가지 사항으로 이루어졌다.

2000년 10월부터 2003년 3월까지 7차례에 걸쳐 개최된 협상에서 많은 논쟁과 의견이 제시되었다. 일부 국가는 특정 조항에 대해 유보할 수 있도록 하자고 주장하였으나 이 시도는 받아들여지지 않았고 최종적으로 일괄채택 방식으로 합의가 도출되었다. 이는 협약이 모든 당사국에게 예외없이 적용된다는 것을 의미하며 포괄적인 참여를 추구한다는 것을 시사한다. 마침내 2003년 제56회 WHO 총회에서 WHO FCTC 최종본이 통과되었다. 이로써 1995년 TFI를 필두로 시작되었던 FCTC 논의가 8년간의 방안 모색과 협상 끝에 공식적인 국제 기준으로 도입되었다.

협상이 오랜 기간 진행되면서 당사국들의 지지 기반이 충분히 다져져 있었으므로 후속 절차는 빠르게 진행되었다. 협약이 채택되자 여러 당사국들이 곧바로 서명과 비준 절차를 밟기 시작했는데, 가령, 채택 당일 EU를 비롯하여 28개 회원국이 공식 서명을 했고, 1년 동안 168개 회원국이 서명을 통해 참여 의사를 밝히면서 UN 최다 규모를 기록하기도 했다.

이로써 2005년 2월, WHO FCTC가 발효했다. 동 협약은 흡연을 줄이고 공공보건을 증진하기 위해 국제사회가 제정한 최초의 공중보건협약이다. 동 협약에 따라 각 당사국은 담배 소비와 생산을 규제하는 국내 법·제도를 마련할 의무가 있다. 예를 들어, 당사국은 공공장소에서 금연구역을 확대하고, 흡연의 유해성에 관한 대중매체 캠페인을 강화하며, 금연 지원 서비스를 제공하는 등의 정책을 시행하여 국제사회의 담배소비를 줄이기 위하여 노력해야 한다.

제도적으로 FCTC가 WHO의 기존 결정과 다른 가장 큰 차이점은, 담배의 수요 측면과 공급 측면을 종합적으로 다루고 있는 부분이다. 담배 수요 측면에서 1, 2차 흡연을 줄이기 위해 캠페인 실시, 지식정보 제공, 마케팅·광고 규제, 교육훈련 프로그램 운영 등을 의무로 규정하는 한편, 담배 생산자(공급자)에게 기업 책임 강화, 산업 이익보다 공공보건정책을 우선 보장, 환경 보호, 국제협력과 정보공유 등 구체적으로 이행할 사항을 규정하고 있다(<표 8.2> 참조).

협약 채택으로 담배 규제에 관한 국제 기준이 수립되었고, '담배 소비 제로'라는 목표를 실제 달성하기 위해서는 다음 단계로 당사국들이 국내 이행이 뒷받침되어야 한다. FCTC 제도는 사무국을 두고 FCTC 당사국회의(Conference of Parties: COP)를 개최하고 있는데 이 회의에서 협약의 이행 상황을 정기적으로 검토하고 있다. 협약의 일반

표 8.2 WHO 담배규제기본협약(FCTC) 주요 내용

구분	주요 내용
수요측면 규제 (제6조~제14조)	• 흡연 노출로부터 소비자 보호 • 담배 성분에 대한 규제 • 담배 상품 정보 규제 • 담배 상품 포장 및 표시 규제 • 교육, 소통, 훈련 및 공공인식 제고 • 담배 광고, 기획, 후원 금지 • 담배 의존 감소 및 금연지원 조치
공급측면 규제 (제15조~제17조)	• 담배 상품 불법거래 금지 • 사회소수자의 판매 및 소비 금지 • 경제적으로 경쟁력 있는 다른 활동 지원
제도 관련 조항 (제5조, 제18조~제26조)	• 기업책임 • 담배 산업의 이익으로부터 공공보건정책 보호 • 환경 보호 • 국가조정제도 • 국제협력 • 통보 및 정보교환 • 제도적 사항

적인 합의를 제도적으로 구체화할 필요가 있는 경우, COP는 협약 이행을 위한 의정서(protocol) 또는 가이드라인(guideline)을 후속적으로 채택하고 있다. 가령 협약 제11조 담배상품 포장 및 표시 규제에 관한 표준도 관련 이행가이드를 통해 구체화되었다.

3.4 담배 산업의 FCTC 저지 활동

WHO에서 담배 규제를 본격적으로 논의하고 FCTC를 채택하자 담배업계의 저지 활동은 지역적, 국제적으로 확대되었다. 업계는 국제적 차원의 반박 논리와 의제를 지원하며 국제기구 간의 가치 조화를 위협하기도 했다.

예를 들어, 업계는 담배 규제로 담배 산업이 축소하고 곧 개도국 경제발전에 영향을 준다는 논리를 내세웠다.[3] 가령, 담배 규제가 향후 개도국 경제발전에 잠재적으로

3 이 문제에 관하여 세계은행은 담배 규제가 개도국에 미치는 영향에 관하여 분석하였는데 담배 생산에

부정적인 요인이 될 것이라고 주장하며 담배 규제에 따른 개도국 조세 수입과 고용 감소에 관한 연구를 지원하고 개도국이 담배 산업을 전략 산업으로 육성하여 소득증대와 지역개발을 도모하고 있는 실상을 강조하였다. 개발협력 영역에서도 개도국 담배 생산성 강화를 위해 많은 국제원조 사업이 이루어지고 있는 점을 환기하였다.

또한 담배 규제가 무역장벽을 초래하여 자유무역이 제한을 받게 된다고 주장했다. 가령, 개도국의 담배 수출을 제한하는 것은 국제통상에서 중요하게 논의하고 있는 무역과 개발 의제에 반한다는 점을 강조했다. 또한 FCTC의 담배 제품 겉포장 규제는 소비자에게 흡연피해에 관한 경각심을 일깨워줌으로써 흡연을 줄일 수 있다는 취지에서 추진되었으나 기업이 자사 제품을 이미지화하고 브랜드를 개발하는 마케팅 수단을 침범한다는 문제도 제기했다.

4. 담배 포장의 국제규격화와 국제통상 분쟁

전 세계가 FCTC 도입을 환영하는 가운데 협약 기준이 빠르게 이행되고 정착할 수 있을 것으로 기대하였다.[4] 그러나 국가마다 흡연자와 담배 업계의 반발이 상당했다.[5] 호주 정부가 FCTC의 국내 입법을 추진하자 세계 최대 담배기업인 필립모리스사는 호주 정부를 상대로 국제통상 분쟁과 투자소송을 제기했다. 국제사회가 FCTC 도입했지만 FCTC 기준이 실질적인 국제표준으로 자리 잡기까지, 업계의 저항이 국제분쟁으로 확산된 과정 그리고 주요 쟁점에 관하여 알아본다.

치중하고 있는 극소수의 농업경제 국가를 제외하고 담배 규제는 경제적 타격을 주기보다는 보건 관련 사회경제적 이익을 줄 것이라고 긍정적인 분석결과를 보고하였다.

4 많은 국가가 협약 발효 전부터 유사 국내 정책을 시행하고 있었으므로 FCTC 기준이 빠르게 정착할 수 있을 것으로 예상하였다. 예를 들어, 1999년부터 2002년까지 FCTC 협상이 이루어지는 동안 브라질, 캐나다, 이집트, 노르웨이, 한국, 남아프리카공화국, 태국 등은 이미 담배세 인상, 공공장소 흡연금지, 담배 방송광고 금지, 후원 금지, 금연 지원과 상담정책을 추진하고 협약 내용을 이행하였다.

5 예를 들어 우리나라의 경우 정부의 담배값 인상 계획은 흡연율을 낮추는 효과는 없고 저소득층의 경제적 부담만 늘린다는 반론 때문에 오랜 기간 추진되지 못하였다.

4.1 담배 포장에 관한 FCTC 가이드라인: 민무늬 포장(Plain Packaging)

분쟁에서 가장 문제가 되었던 사안은, 협약의 담배 제품 포장과 표시에 대한 기준(WHO FCTC 제11조)과 2008년 제3차 당사국회의(COP3)에서 채택한 '제11조 이행 가이드라인'이다. 담배 제품의 포장과 표시를 규제하는 기본 목적은 직접 흡연자와 간접 흡연자 모두가 흡연에 의한 건강 문제, 중독성 그리고 치명적인 결과에 관해 인지하도록 하는 것이다. 협약 기준의 기본 전제는 경고 문구와 그림이 흡연의 유해성에 관한 소비자 인식을 강화할 것이며 결과적으로 담배 소비를 낮출 것이라는 점이다.

FCTC 기준은 소비자에게 오해의 소지가 있는 담배 포장과 표시를 금지하는데, 다시 말해서 기존에 담배 기업이 마케팅 차원에서 활용하였던 그림, 디자인, 문구 등 모든 수단을 금지한다. 즉, 소비자의 구매 욕망을 일으키거나 담배가 유해하다는 것을 잊게 하는, 또는 담배 소비를 미화하거나 조장하는 일체의 그림이나 문구 사용이 금지됨을 의미한다.

한편 FCTC는 담배의 유해성을 경고하는 문구 또는 그림 부착을 의무화한다. 구체적으로 당사국 정부가 "크고 분명하며 볼 수 있고 읽을 수 있는" 경고(warnings) 문구 또는 사진을 담배 겉포장에 사용하도록 하는 국내법 도입을 의무로 규정하고 있다. 그리고 이행 가이드라인에서 경고의 위치, 크기, 사진 사용, 색상, 정기적인 교체, 사용 언어, 출처 표시, 유해성 정보 그리고 로고·브랜드·광고메시지 표시를 규제 또는 금지하는 일률적인 민무늬 포장(plain packaging)을 표준화하여 구체적인 가이드라인 기준을 제시하고 있다.

예를 들어, 협약 가이드라인에 따르면 경고 문구 규격이 담배 겉면의 50% 이상을 사용하며, 겉면 주요 면적(principal display areas)에서 적어도 30% 이상을 사용할 것을 규정한다.[6] 경고 문구는 당사국의 언어로 표기해야 하고, 담뱃갑의 앞면과 뒷면 모두 경고 사진을 부착하고(문구보다 사진이 더욱 효과적임) 흑백이 아닌(4가지 기본색상

6 이 규격은 최소한의 요건이며 국가마다 더 높은 수준으로 이행하는 것이 가능하다. 가령, EU담배규제법(Tobacco Products Directive(2014/40/EU))은 담뱃갑 앞, 뒷면 각각 주요 면적의 65% 이상을 경고그림으로 부착할 것을 의무로 규정한다. 호주의 경우 「2011년 경쟁 및 소비자(담배)정보 표준(Competition and Consumer(Tobacco) Information Standard 2011)」에 따라 담뱃갑 앞면의 최소 75%, 뒷면의 최소 90% 크기의 경고그림을 사용할 것을 의무로 규정한다.

표 8.3 「FCTC 제11조 이행 가이드라인」의 담배 포장에 관한 기준

주요 내용	• 경고의 위치: 겉면, 앞·뒷면 모두 • 경고의 크기: 담배 겉면의 50% 이상이며 주요 면적의 30% 이상 사용할 것 • 경고 사진(그림): 문맹 소비자들에게 메시지 전달을 목적으로 그림(사진) 선호 • 색상: 흑백 금지, 4가지 기본 색상을 사용하는 눈에 띄는 색상의 디자인 • 정기적 교체: 동일한 사진을 지속적으로 사용할 경우 효과가 떨어지므로 정기적으로 사진 교체 • 언어: 당사국 언어 사용 • 출처 표시: 사진 및 문구의 출처 표시. 경고 효과를 위해 필요 • 유해성 표시: "담배성분으로 벤젠을 포함하며, 벤젠은 발암물질로 알려져 있습니다" "흡연으로 60가지 발암물질에 노출됩니다" 등 유해성에 관한 경고 • 민무늬 포장 표준: 담배 회사의 이미지를 나타내는 브랜드 명칭, 색상, 로고, 광고성 메시지를 규제 또는 금지하고, 당사국이 표준 색상, 글자체, 디자인(plain packaging)을 정함
담배 포장 예시	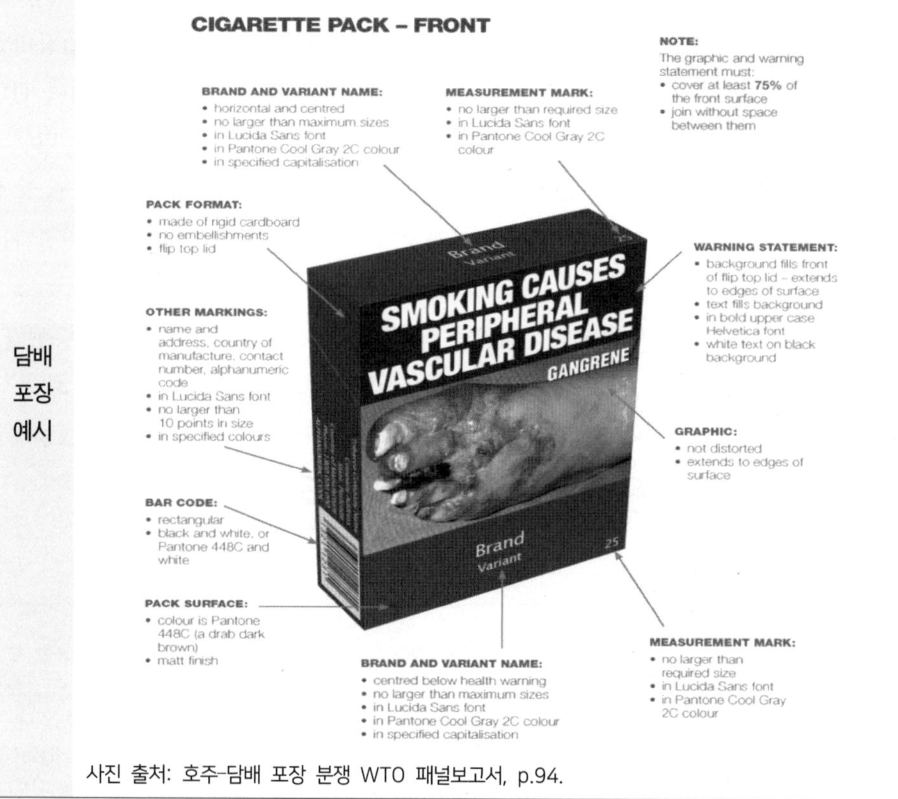 사진 출처: 호주-담배 포장 분쟁 WTO 패널보고서, p.94.

을 사용하는) 컬러로 눈에 띄는 색상으로 디자인할 것을 명시하고 있다. 무엇보다 담배 제품의 겉포장이 민무늬 포장이어야 한다는 표준을 제시하고 있는 점이 가장 큰 특징이다. 즉 회사 브랜드, 로고, 광고 문구는 경고 글자보다 작도록 규제하거나 금지하여야 한다는 민무늬 포장 표준이 주요 골자라 하겠다(<표 8.3> 참조).

이러한 FCTC 기준에 따라 당사국들은 담배 포장에 경고 문구를 넣고 브랜드 표시를 최소화하는 규제를 도입하고 있다. 또한 흡연의 결말을 보여주는 신체 손상 사진 등을 경고 그림과 문구로 삽입하며 동 기준을 이행하고 있다(<표 8.3> 참조).

4.2 담배회사의 대응과 국제소송 제기

FCTC 당사국의 담배 포장 규제가 가시화되자 다국적기업은 담배 원료를 생산하여 수출하는 주요 개발도상국과 협력하여 국제통상 제도 차원에서 방어에 나섰다.[7] 개도국이 제기한 주장은 크게 두 가지인데, 하나는 수입국이 담배 규제를 도입한 결과 WTO 체제가 보장하는 자유무역과 시장진입이 실현되지 못하고 있다는 입장이었다. 이와 관련하여 담배 규제가 곧 무역기술장벽(Technical Barriers to Trade: TBT)이며 TBT 협정을 위반한다고 주장했다. 다른 하나는 담배 포장 방법에 대해 일률적인 민무늬 포장기준을 둠으로써 WTO가 보장하는 무역국(기업)의 지식재산권 특허, 상표권 보호가 지켜지지 않았고 따라서 WTO 무역 관련 지식재산권 협정(TRIPS협정)을 위반한다는 주장을 제기했다.

우선, 이들 개도국은 WTO TBT위원회 절차를 적극적으로 활용하면서 대응했다.[8] 담배 규제를 국내 제도로 도입한 국가 또는 도입할 예정인 국가들을 상대로 해당 담배 규제가 자의적인 기술장벽을 구성한다고 특정무역현안(Specific Trade Concerns: STC)을 제기하고 이슈화했다. 개도국이 제기한 STC 사례는 다음과 같다(<표 8.4> 참조).

7 WTO는 국제무역질서를 확립하는 여러 국제협정을 채택하여 회원국들에게 자유롭고 예측가능한 무역 환경을 보장한다. 또한 회원국이 국제무역을 할 때 수입국의 차별적이거나 보호주의적인 조치로 침해를 당했을 때 WTO위원회에서 문제제기를 하거나 WTO 분쟁해결기구에서 제소하여 해결할 수 있다.

8 일반적으로 위원회는 매년 3회 정기 회의를 개최하여 회원국이 무역기술장벽 즉, 수입국의 기술규정, 표준, 적합성평가절차 시행에 따른 국제무역 문제를 특정무역현안(Specific Trade Concerns: STC)으로 제시하도록 하고 다자 또는 양자 협의를 도모하도록 포럼을 제공하고 있다.

표 8.4 WTO TBT위원회에서의 담배 규제 관련 특정무역현안(STC) 제기 현황

대상 조치(STC 연번)	제기 국가
미국–담배 첨가물 규제 조치*	인도네시아
호주–Plain Packaging법*(304)	엘살바도르, 과테말라, 온두라스, 인도네시아, 니카라과, 나이지리아, 필리핀, 우크라이나, 잠비아
뉴질랜드–Plain Packaging법안(361)	과테말라, 온두라스, 인도네시아, 나키라과, 나이지리아, 우크라이나, 잠비아
EU–담배제품 지침(377)	과테말라, 온두라스, 인도네시아, 나키라과, 나이지리아, 필리핀, 우크라이나, 잠비아
아일랜드–Plain Packaging법안(380)	과테말라, 온두라스, 인도네시아, 나키라과, 나이지리아, 우크라이나
영국–Plain Packaging법안(424)	과테말라, 온두라스, 인도네시아, 니카라과, 나이지리아, 우크라이나
몰도바–담배법(437)	우크라이나
프랑스–Plain Packaging(441)	온두라스, 인도네시아, 니카라과, 나이지리아, 우크라이나
캐나다–흡연감소(첨가물금지)법(463)	인도네시아
노르웨이–담배규제법 및 표시표준(474)	인도네시아
싱가포르–Plain Packaging(484)	과테말라, 인도네시아

* 표시된 사례는 WTO 분쟁해결절차를 개시한 사건임.

STC 제기 국가들은 위원회에서 수입국의 담배 규제 조치가 공공보건 증진이라는 정책 목적을 달성할 수 없을 뿐만 아니라 과학적 근거가 없다고 비판했다. 일반적으로 통상법은 공공정책의 목적을 달성하기 위해 꼭 필요한 수준으로만 무역을 제한할 수 있는 이른바 '필요성' 원칙이 적용되는데, 이 법적 의무를 적용하면 담배 규제가 '필요한' 조치가 아니며 정당화될 수 없다고 주장하였다. 또한 수입국의 담배 규제 조치가 개발도상국 무역에 더 많은 부담을 초래하는 장벽이며 개도국 농업경제와 지역사회에 부정적인 영향을 준다고 지적하고 이의를 제기하였다.

한편, WTO위원회와 양자 협의를 진행하는 방법 외에도, WTO 분쟁해결 절차를 이용하여 소송을 진행했다. 필립모리스사는 FCTC 제11조의 담배 제품의 포장과 표시 규격에 관한 사항이 국제통상법과 국제투자법에서 보장하는 자유로운 무역활동과 기업활동을 침해한다고 주장하며, 주요 담배 수출국인 쿠바, 인도네시아, 온두라스, 도미니카공화국 정부를 통해 2011년 담배포장법(Tobacco Plain Packaging Act 2011)을 도입한 호주 정부를 상대로 소(訴)를 제기하였다.[9] 당시 여러 FCTC 당사국들이 유사한 담배 포장 규제를 시행하거나 시행할 예정이었으므로 호주 정부를 상대로 한 이 분쟁은 다른 당사국 조치의 WTO 합법성을 미리 알아보는 일종의 시험 사례에 해당했고 WTO 판정에 많은 관심이 모아졌다.[10]

법적 관점에서 보면, 이 분쟁은 구조적으로 WHO에서 국가들이 합의한 FCTC 이행 조치가, 국제무역에 부정적인 영향을 주는 무역장벽이라는 주장이 WTO 법정에서 제기되면서 결국 WHO 이행조치를 WTO협정에 근거하여 합법성 심사를 해야 하는 매우 민감한 사건이었다. 즉, WTO 체제가 궁극적으로 자유무역 확대를 목표로 추구한다 하더라도, 담배 소비를 억제하려는 국제사회의 확고한 의지와 포괄적인 실행 계획에 비추어 볼 때 전 세계적인 공중도덕(public morals) 또는 규범(norms)으로 확산되고 있는 FCTC 기준을 정면으로 부정하기란 쉽지 않았기 때문이다. 또한 흡연 감소에 따른 사회경제적 이익이 무역 이익보다 앞서며 보편적으로 추구해야 할 공공보건 가치임을 공식적으로 부인하기 쉽지 않다. 그러나 그렇다고 공공보건 정책과 정부규제를 쉬이 허용하는 경우, 담배 규제라는 미명하에 차별적이거나 보호주의적인 조치가 무역을 왜곡하는 상황이 벌어질 수도 있다. 이처럼 이 사건은 보건 이익과 무역 이익 사이에서 법제적 균형을 제시해야 하는 상당히 까다로운 쟁점의 분쟁이었다.

6년에 걸친 분쟁은, 제소국이 호주 정부의 담배 규제가 WTO 법을 위반하였음을 충분히 입증하지 못하였다는 패널의 최종 판정으로 일단락 지어졌다.[11] 이러한 WTO

9 2012년 3월부터 2013년 9월에 걸쳐 본 소송에 여러 제소국이 참여하였다. WTO 분쟁해결절차에 따라 분쟁을 개시하는 협의 요청 현황은 다음과 같다: 우크라이나(DS434) 2012년 3월, 온두라스(DS435) 4월, 도미니카공화국(DS441) 7월, 쿠바(DS458) 2013년 5월, 인도네시아(DS467) 9월.

10 당시 헝가리, 아일랜드, 프랑스, 뉴질랜드, 노르웨이, 영국은 유사한 담배 포장 규제(plain packaging)를 시행하고 있는 상황이었고 버키나파소, 캐나다, 조지아, 루마니아, 슬로베니아, 태국은 법안이 통과되어 시행을 앞둔 상황이었다. WHO 사무총장은 FCTC 이행을 위하여 이미 여러 당사국들이 호주 정부가 도입한 포장기준 모델을 도미노 현상처럼 채택한 상황이었음을 강조하였다.

11 2018년 6월 28일 WTO는 소를 기각하는 패널보고서를 최종적으로 채택하였다. https://www.wto.org/english/tratop_e/dispu_e/cases_e/ds458_e.html(최종방문일자: 2018.7.30.)

판정에 대하여 WHO 당사국들은 사실상 FCTC 기준이 승리하였다고 평가하며 환영하였다. 반대로 담배회사들은 지식재산권에 대한 국제적 보호 수준을 후퇴시키는 결론이라고 비난하였다. 기업의 마케팅 및 상표권에 대한 권리를 정부가 침해할 수 있다는 해석 판례를 제공하였다고 보았기 때문이다. 지식재산권 보호는 인류보편적인 인권으로 보장되어야 하는 바, WHO의 정책이 이를 위배하고 있다는 주장을 제기하며 지재권 보호 문제를 계속하여 부각시키고 있다.[12]

한편, 필립모리스사는 통상법 소송과 함께 호주 정부 규제가 회사 브랜드 로고를 사용하지 못하도록 강제하고 있으므로 지식재산권 및 상표권 위반이며, 이는 투자이익을 훼손하는 것이라고 주장하며 2011년 당시 국제투자법 소송도 함께 진행하였다.[13] 그러나 필립모리스사의 소송은 절차상 오류라는 이유로 기각되었고 호주 정부의 담배 포장 규제에 법적으로 맞서려던 시도는 결국 무산되고 말았다.

4.3 담배 포장규격의 국내 입법화 촉진

호주 정부의 담배 포장 규제가 국제소송으로 몇 년간 난항을 겪었지만 국제통상제도에서 허용되는 조치로 최종적인 판정이 나자, 다른 FCTC 당사국들은 담배 포장 규제에 관한 국내 입법을 서두르며 이행을 빠르게 추진했다. 실제로 호주가 도입한 포장규격을 표준모델로 프랑스(2017), 영국(2017), 뉴질랜드(2018), 노르웨이(2018. 7)가 유사법을 시행했고, 아일랜드(2018. 9), 헝가리(2019. 5), 캐나다, 슬로베니아 등은 입법을 완료하여 시행을 앞두고 있다.

---

12 담배회사들은 WTO 패널이 FCTC를 옹호하며 호주 정부에게 유리한 판정을 내린 것에 대해 계속 대응할 것이며 WTO 항소 가능성을 시사하였다. WTO 분쟁해결절차에 따라 항소가 가능하다. https://www.theguardian.com/global/2017/may/05/australias-defeats-wto-challenge-to-plain-packaging-of-tobacco

13 미국 소재 필립모리스인터내셔널은 홍콩 소재 필립모리스아시아로 하여금 호주에 있는 필립모리스호주의 지분을 소유하도록 한 후 호주-홍콩 사이에 체결된 양자투자협정(BIT)을 근거로 2011년 6월 투자자-국가간 소송(ISDS)을 제기하였다. 이에 대해 상설중재재판소(Permanent Court of Arbitration: UNCITRAL)는 소를 제기한 필립모리스아시아가 호주 정부의 담배 규제가 시행되고 있는 것을 알면서 필립모리스호주의 지분을 보유하고 호주 정부를 상대로 제소하였으므로, 절차적 오류가 있다고 보았다. 2016년 재판소는 필립모리스의 소송이 성립하지 않는다고 만장일치로 판정하며 소를 기각하였다. http://untobaccocontrol.org/kh/legal-challenges/investment-tribunal-dismisses-philip-morris-asias-challenge-australias-plain-packaging/(최종방문일자: 2018.7.30.)

이처럼 국제사회가 가이드라인으로 도입한 담배 포장규격이 국제표준으로 확립되어 제도화의 급물살을 타고 있다. 더 많은 국내 입법이 이루어질수록 담배의 민무늬 포장은 전 세계의 보편적인 표준으로 정착될 수 있을 것이다.

5. 나가기

흡연에 대한 사회문화적 인식이 완전히 바뀌었다. 담배를 어른의 소비품으로 때로는 개인적 취향이 담긴 기호식품으로 여기고 공공장소에서 겪는 2차 흡연을 그저 불편하다고 여기던 시절이 있었다. 당시 담배 기업은 담배 제품을 개발하고 다양한 소비자층 확보에 주력할 수 있었고 규제가 허술한 틈을 타고 산업이 발전하였다.

그러나 보건 분야의 끊임없는 노력으로 담배의 유해성이 과학적으로 검증되기 시작하였다. 시민단체와 정부는 흡연에 의한 건강 피해를 사례로, 통계적으로, 경제적 손실로 고발하고 사회적 경각심을 불러일으켰고, 소비자 인식을 바꾸어나갔다. 또한 흡연의 유해성을 공론화시키고 정책 과제로, 그리고 국제기구의 최우선 의제로 발전시켰다. 국제사회는 더 이상 흡연을 인내하지 않으며, 전 세계 금연을 목표로 국제기준을 제시하기에 이르렀다.

기존에 형성된 사회문화적 인식과 관행에 제동을 걸고 새로운 표준을 확립해 나가는 과정에는 많은 저항이 따른다. 특히 기존 이해관계자가 반발하고 맞서는 때는 새로운 표준 확립을 위해 보다 객관적인 근거가 필요하고 이미 확립된 규범과 충돌하지 않는 제도적 조율이 필요하다. 무엇보다 점진적인 변화를 끌어낼 수 있는 구체적인 방안 모색이 필요하다.

담배 포장·표시에 관한 국제표준화 사례는, 넓은 의미에서 담배 문화라는 사회적 관행을 멈추고 근절하기 위해 새로운 방향의 기준을 정립해나가는 일련의 표준화 과정을 잘 보여준다. 특히 선진국 규제가 개도국 흡연 증가로 이어지자 포괄적인 접근을 위해 국제 기준(FCTC)을 수립하게 되는 국제표준화의 역동적인 전개 과정을 엿볼 수 있다. 그리고 국제 기준이 선언적인 내용으로 그치지 않고 실질적인 국내 기준으로 정착하도록 제도화하는 과정에서 있었던 국제분쟁과 많은 저항에서 표준화의 쟁점 요소를 찾을 수 있다.

본 사례를 통하여 세 가지 관점에서 표준화 과정을 논할 수 있다. 첫째, 담배의 민무늬 포장을 제도화하는 과정에서 경제적 이윤을 추구하는 산업계와 건강한 사회와 보건 목표를 달성하려는 시민·정부단체의 대립구도, 둘째, 삶의 질 향상을 추구할 수준을 갖춘 선진국과 빈곤극복과 경제개발이 중요한 개도국의 반목, 그리고 셋째, 국제적 합의를 달성하는 과정과 국제 기준에서 국내 기준으로 정착하는 입법과정이다. 각 차원에서 다양한 이해집단이 관계하고 각자의 이해와 목적에 따라 대립과 협력을 반복하는 상호작용 과정을 알 수 있다. 근본적으로 표준화 과정이 다양성에서 조화를 찾아가고 사회적 요구가 합의점을 찾아가는 과정임을 확인할 수 있다.

토론 질문

1. 보건정책 분야에서 흡연감소를 위해 국제표준화를 전개한 배경은 무엇인가?
2. 국제표준화를 주도적으로 전개한 이해관계자는 누구이며 어떤 전략이 필요했는가?
3. 담배규격 국제표준화에 반발하며 문제를 제기한 이해관계자는 누구이며 어떠한 주장을 제기하였는가?
4. 담배 포장 규격화가 개발도상국의 사회적, 경제적 개발에 어떠한 영향을 초래하였는가?
5. 국제표준화 과정에서 공공의 가치와 상업적 가치가 상충하기도 하는데, 정부의 역할은 무엇이고 표준화 정책 시행에 있어 어떤 사항들을 고려해야 하는가?

참고문헌

국외문헌

Barnum, Howard. (1994). "The economic burden of the global trade in tobacco". *Tobacco Control* 1994:3, pp.358~361.

Bialous, Stella A. (2012). "A brief overview of the tobacco industry in the last 20 years". *Tobacco Control* 2012:21, pp.92~94.

Hammond, D. et al. (2007). "Text and graphic warnings on cigarette packages: findings from the International Tobacco Control Four Country Study". *American Journal of Preventative Medicine*, 32(3), pp.210~217.

Lencucha, Raphael. (2016). "Rhetoric and the law, or the law of rhetoric: How countries oppose novel tobacco control measures at the World Trade Organization". *Social Science & Medicine* 164, pp.100~107.

Mamudu, Hadii M. (2008). "Tobacco industry attempts to counter the World Bank report curbing the epidemic and obstruct the WHO framework convention on tobacco control". *Social Science & Medicine* 67, pp.1690~1699.

Mackay, Judith. (1996). "Tobacco and the developing world". *British Medical Bulletin* 52:1, pp.206~221.

US Department of Health and Human Services. (1992). *Smoking and Health in the Americas: A 1992 Report of the Surgeon General, in collaboration with the Pan American Health Organization*. World Health Organization.

Voon, Tania and Mitchell, Andrew. (2011). "Time to Quit? Assessing International Investment Claims against Plain Tobacco Packaging in Australia". *Journal of International Economic Law* 14:3, pp.515~552.

World Health Organization. (2009). *History of the WHO Framework Convention on Tobacco Control*. FCTC.

World Health Organization. (2009). Guidelines for implementation of Article 11 of the WHO Framework Convention on Tobacco Control(Packaging and labelling of tobacco products).

Yach, Derek. (2014). "The origins, development, effects, and future of the WHO Framework Convention on Tobacco Control". a personal perspective, *The Lancet* 383, pp.1771～1779.

The Vodka Standard War: What Defines Vodka?

Vladislav V. Fomin(Vytautas Masnus University & Vilnius University Kaunas, Lithuania)
Heejin Lee(Yonsei University)

There can be no silly jokes,
There can only be not enough vodka.

There cannot be too much vodka,
There can only be not enough vodka.

One bottle of vodka is too much,
Two bottles of vodka is too few.

(Russian sayings on vodka)[1]

1. "The Vodka War" in the EU parliament in 2007

In June 2007, a standards war was waged in the European Parliament. Scholars of standards and standardization as well as those of management studies and economics are familiar with the concept of "standards wars" (Besen & Farrell, 1994) from such market competition examples as VHS vs. Betamax or HD-DVD vs. Blu-Ray[2] video formats. The standard war was waged differently

1 From http://www.bbc.co.uk/dna/h2g2/A871995 and other sources.
2 Smith, Tony. "Toshiba, Sony fail to agree-again. Two-format future forecast." The Register,

this time – at stake were not two competing technologies, but the definition(the meaning of the word) and the labeling of vodka.[3] As outlined in <Box 9.2> in section 3, there are different definitions and ways of making vodka, but not all distilled spirits meeting the dictionary definition can be labeled and sold as vodka under the EU trade law.

What is a "standard" definition of vodka, and why is it important to set a standard for vodka A standard can comprise a broad variety of aspects. It can be a (minimum) quality standard(Sournen, 2006), also referred to as a reference standard, like 37.5% – *"The minimum alcoholic strength by volume of vodka"*. It can also be a technical description of the development process: *"redistillation and/or treatment with appropriate processing aids, including treatment with activated charcoal, to give it special organoleptic characteristics."*[4]

The standards are important because they are used as guidelines, which can either stimulate the market, or give or prevent an access to it. The vodka definition dispute is important because it concerns the European government issued guidelines for how to produce and how to label a product for a $12 billion and 60,000 jobs market in the EU alone.[5] But what is the relationship between the name, the production process, the labeling rules, and the market? To answer the question, one has to get a versatile understanding of what a standard is.

26th May 2005. http://www.theregister.co.uk/2005/05/26/toshiba_sony_bluelaser/

3 http://en.wikipedia.org/wiki/Vodka_war

4 From the definition of vodka as adopted by the European Parliament, see <Box 9.4.>

5 http://www.europarl.europa.eu/sides/getDoc.do?language=EN&type=IM-PRESS&reference=20070615IPR07881. European Parliament. "Vodka 'whisky whiskey' definitions go down smoothly for MEPs". June 19, 2007.

2. Vodka as a standard

We first introduce contemporary and historical debates related to standardization of a particular alcoholic beverage-vodka. If vodka be referred to as a standard, what kind of a standard would it be? Indeed, vodka can be and is associated with several different standards. Some of them are formal standards issued by governing bodies; some are informal *de facto* standards, which emerged over time through people's consumption practices; yet others are formal norms and rules for deciding how this product can be sold; and there are "juxtapositions" to the formal rules, that is, emerging practices to bypass the business restriction imposed by the law. Before we arrive at definitions, let's explore what vodka stands for today in the economic and historical contexts.

3. Vodka in the economic context

Back in the 1970s, the Soviet Union lived through a massive failure in grain harvest. The obvious consequence of the low agricultural output was a country-wide bread shortage. While bread making and vodka making industries relied on the same source for production - the grain, the vodka shortage was not that obvious. Why? A simple math, as presented in <Table 9.1>, caters for the thought for explanation. For each kilo of grain, vodka production would fuel the country's budget 24 times more than that of the bread production. Today, the ratio, though smaller, still stands high, at about one to five.[6]

6 One kg of bread in EU is priced at 2–4 Euro, while 1L of vodka at 15–30 Euro.

Table 9.1. Output of bread and vodka from wheat and rye*

Grain type	Grain, kg	Output from 1kg of grain		Market price of the output product(Ruble)		The 1970s USSR prices for the amount of vodka and bread produced from 1kg of grain		Difference in income, times
		vodka, L	bread, kg	1L of vodka	1kg of bread	vodka	bread	
Wheat	1	0.92	0.62	5	0.3	4.60	0.19	24
Rye	1	0.88	0.62	5	0.3	4.40	0.19	24

* The authors' elaboration. Based on multiple sources and approximate prices.

Half a century later, the Soviet Regime's long gone, 'vodka' accounts for around one third of the global half a trillion US$ – worth global spirits market,[7] which is expected to expand to $641 billion by 2025.[8] In the EU alone, vodka is a $12 billion market with some 60,000 jobs.

Not only the market size numbers suggest that alcoholic spirits in general and vodka in particular are important commercial products on a global scale. There is an increasing competition in global alcohol markets. If in 2004, 10 brewers controlled 51% of the global beer market by volume, then in 2014 five beer makers controlled about the same amount.[9] As recently as in 2014, the top 5 spirits groups controlled only 22% share of the global spirits market – the number hiked to 63% in 2017(<Table 9.2>). The Vodka Industry can be considered a "Cash Cow"[10] because it has a high market share within the rest of the distilled spirits industry.

7 https://www.thedrinksbusiness.com/2017/08/top-ten-vodka-brands/

8 In 2016, the global market size was $477 billion. Source: https://www.inkwoodresearch.com/reports/global-alcoholic-spirits-market-forecast/

9 http://www.businessinsider.com/biggest-beer-companies-in-the-world-2016-1

10 In defining the product and market portfolio, the Boston Consulting Group Matrix defines the mature industries (or "Cash Cow") in the following manner: mature products that make lots of money, difficult to grow, difficult to find new consumers(http://www.brs-inc.com/models).

Table 9.2. Global market share of leading beer and spirits companies

Beer company	Market share in 2014, %	Spirits company	Market share in 2017, %
Anheuser-Busch InBev	20.8	Diageo	25
SABMiller Plc	9.7	Pernod Ricard	16
Heineken NV	9.1	Bacardi Ltd	9
Carlsberg Group	6.1	Beam Suntory	7
China Resources Enterprise Ltd	6.0	Brown-Forman	6
Top 5 beer companies:	51.7	**Top 5 spirits companies:**	63

Sources: https://www.statista.com/statistics/257670/sales-of-the-leading-beer-companies-worldwide/;
https://www.statista.com/statistics/398473/global-volume-sales-share-of-premium-spirits-by-company/

The market numbers also suggest that there are low entry barriers and good growth opportunities for companies producing and selling spirits with recognized names, and vodka must be definitely one of those! Indeed, vodka experiences high loyalty owing to the fact that users in this segment rarely experiment with new products. According to a market research, almost two-thirds(62%) agree that they tend to buy their favorite beverages at all time(Chahal, 2015). This means, among other, that consumers are conservative when it comes to alcoholic beverages, and prefer looking for ways to overcome inconveniences related to buying a particular beverage they like(e.g., vodka), rather than try to find a substitute. An anecdote from one of the North European countries -Estonia- vividly demonstrates this case(<Box 9.1>).

Box 9.1. Rental of vodka under the prohibition of sales

European economies levy high tax on alcoholic beverages, feeding the national budgets with substantial income generated by stubborn traditions of citizens. When governments may wish to restrict the sales of alcohol, ingenious "new standards" for doing business are likely to be revealed. When the authorities of Tallinn city, the capital of Estonia, banned late–night sales of alcohol, the entrepreneurial spirit of shop owners brought forth an interesting work–around. One of such ingenious solutions is rental of vodka(instead of sales) during the ban hours. Visitors to a shop may rent a bottle of vodka(or more) for a money deposit. The rules of the rental require the renter to return the(unopened) bottle the day after. If the vodka bottle is not returned in time or returned empty, the shop owner is to keep the deposited money, and the renter keeps the bottle. According to the law, this kind of deal is not classified as a sale of vodka, and therefore does not fall under the authorities' ban.

But what exactly can be referred to as vodka? This question is particularly important in the context of rules for the market competition. Let's look for the answer in the dictionary first.

Box 9.2. Vodka defined

The American Heritage Dictionary
vodka(vŏd'kə)–An alcoholic liquor originally distilled from fermented wheat mash but now also made from a mash of rye, corn, or potatoes.

Oxford English Dictionary
vodka–Made from neutral spirit, i.e. alcohol distillate mainly from potatoes, with little or no acid, so that there is no ester formation and hence no flavour. Polish vodka is flavoured with a variety of herbs and fruits.

Barrons English Dictionary
vodka(VOD–kuh)–A clear, colorless, unaged liquor, the name of which comes from the Russian zhiznennaia voda, "water of life." Vodkas can be made from everything from potatoes to beets, although those made from grain(primarily barley and wheat, sometimes rye or corn) are considered the best.

We can see some differences in how vodka is defined by different dictionaries (<Box 9.2>). It is "made from a mash of rye, corn, or potatoes", "made from neutral spirit", and maybe "flavoured with a variety of herbs and fruits". While it can be "made from everything from potatoes to beets", vodka made from grain is "considered the best". The resulting ambiguity about what vodka is, or what can it be made from, has resulted in what was referred to a "vodka war".

At the backdrop of the fact that waging a war over ridiculous reasons is not that untypical for humankind,[11] the 2007 EU parliament "vodka war" may not look so bizarre, especially in the light of the economic prospects, as outlined above, and the historical context, as follows below.

4. What's in the root of vodka? Potato, wheat, rye, or...?

By the end of the 14th Century, distilled alcohol, or *aqua vitae*, was well known around Europe as a medicine - an efficient antiseptic, a reliable anesthetic and a lifespan enhancer.

It is thought that *aqua vitae* was first brought to Russia by Genoese merchants, who swung by Moscow on their way to Lithuania in the late 14th Century,[12] and presented vessels of *aqua vitae* as a gift to Prince Dmitri Ivanovich.[13] The Russians didn't have many grapes - the ingredients used to produce *aqua vitae* in the southern parts of Europe. But what they did have a lot was grain. Distilled grain wine was easy to produce and could therefore be sold at low prices, competing with popular drinks such as beer and mead. For the

11 https://listverse.com/2011/12/16/top-10-bizarre-wars/; http://www.history.com/news/history-lists/6-wars-fought-for-ridiculous-reasons

12 In the late 14th Century, the Grand Duchy of Lithuania was a more powerful state than Muscovy, and something of a threat to the Russians.

13 History of Russian Vodka(from: http://www.bbc.co.uk/dna/h2g2/A871995).

following five centuries, alcohol making in Russia was a skill practiced by many in many different ways. But this was about to change when a Russian chemist, Dimitri Mendeleev(1834–1907), who is credited not only as being the primary creator of the first version of the periodic table of elements, but also as the first person to standardize vodka, did it.

Portrait of Dmitry Ivanovich Mendeleev wearing the Edinburgh University professor robe. The State Tretyakov Gallery, Moscow.
Source: http://en.wikipedia.org

The scientist had been searching for the ideal volume and weight ratio of alcohol and water for a year and half. After having solved the problem, he published his findings in his doctorate dissertation "On Combining Alcohol and Water"[14] in 1865. But it was not for the next three decades until he finally developed "the best" recipe for vodka.

In 1893, Mendeleev was appointed Director of the Bureau of Weights and Measures. It was in this role that he was directed to *formulate new state standards for the production of vodka.* His fascination with molecular weights led him to conclude that to be in perfect molecular balance, vodka should be produced in the ratio of one molecule of ethyl alcohol diluted with two molecules of water, giving a dilution by volume of approximately 38% alcohol to 62% water. He also invented a spirit purification process that used activated carbon to get rid of harmful higher spirits(propanol, buthanol, etc). As a result of his work, in 1894 Czar Alexander III *introduced new standards for vodka* into the Russian law. Since spirits in those times were taxed on their strength, the "perfect" percentage of alcohol was rounded up to 40 to simplify the tax

14 History of Vodka(from: http://www.vodkamuseum.ru/english/history).

computation.[15,16] In 1894 Mendeleev's vodka was patented as the principal Russian alcoholic beverage, called "Moscow special" vodka.[17] The introduction of the national standard for vodka was followed by the state monopoly on vodka that gradually spread all over the country.[18] What ingredients did Mendeleev use to produce vodka, at the times when the Russian standard on vodka was set in 1894? Apparently, the history may be silent on that...

5. The EU dispute

In June 2007 the European Parliament website[19,20] reported on the dispute on a "vodka" standard. The "vodka war" was triggered by the actions of Diageo - the largest multinational beer, wine and spirits company in the world- who began marketing their Cîroc vodka as uniquely produced exclusively from grapes.[21] The row over vodka ingredients was made by two camps - one believing that vodka should only be described as traditional if it is produced from grain, potatoes or molasses, and the other that vodka could be made from other ingredients, too.

The first camp was hosted by "traditional producers" - countries from the "vodka belt" like Poland, Sweden, Finland, Latvia, Lithuania and Estonia. The

15 http://en.wikipedia.org/wiki/Vodka#_note-reuters

16 A peculiar test for genuine vodka was referred to by a reader of www.new.com site - only 40% spirit by volume allows vodka to burn. Lesser concentration found in non-canonical vodka won't. Source: http://www.news.com/5208-11395_3-0.html?forumID=1&threadID=23014&messageID=203857&start=-1

17 "The History of Russian Vodka"(from: http://www.russianfoods.com/cuisine/article00016/default.asp).

18 History of Vodka(from: http://www.vodkamuseum.ru/english/history).

19 http://www.europarl.europa.eu/news/public/story_page/063-2627-030-01-05-911-20070131STO02626-2007-30-01-2007/default_en.htm#

20 http://www.europarl.europa.eu/news/expert/briefing_page/7534-169-06-25-20070606BRI07533-18-06-2007-2007/default_p001c007_en.htm

21 http://en.wikipedia.org/wiki/Vodka_war

competing camp is represented by countries from the "vine belt" that argue that adding fruit does not affect the taste, therefore the product should also carry the vodka label.

The dispute raises issues about consumer information, traditions and the cultural heritage of many states. Traditional makers argue that vodka should have the same narrow definition as other spirits like whisky and rum. Those who have already won strict definitions of whisky, grappa, wine, brandy and other spirits, now opposing a strict vodka definition, say its taste does not depend on the raw material used to make it, unlike those others.[22]

Traditions and cultural heritage aside, there are also substantial financial interests at stake(<Box 9.3>). According to the analysts, the global markets for international spirits companies are wide open grounds for future conquests.[23]

Box 9.3. Vodka in numbers

- Globally vodka accounts for around one third of the global $477 billion spirits market, which is expected to expand to $641 billion by 2025.
- EU vodka market is $12 billion a year.
- Vodka is 4.5 billion litre annual production, 57% of which is consumed by Russians.
- About 40 percent of the total annual vodka production in the EU, or 250 million liters of vodka every year, is distilled in Poland.
- Traditional makers account for 70% of production and 65% of consumption of vodka in the EU.
- The industry in the EU alone employs around 60,000 people.

Sources: according to the pre-dispute definition and various sources.

Given the current market figures and growth opportunities, the vodka war seems to have echoed as far as in the US. Already a year ago, Europe's farm

22 http://blogs.ft.com/brusselsblog/2007/06/vodka-dispute-phtml/ "Vodka dispute put back in the bottle" June 19, 2007.

23 http://www.winespiritsdaily.com/ "A look at the international spirits biz" October 8, 2007.

chief made it clear to the Parliament that any deal on standardizing vodka ingredients that looked too restrictive ran the risk of sparking an international trade dispute.[24] The US, whose home-grown vodka is made from sugar cane, has warned that it could take the issue to the WTO[25] if the EU adopts too strict a definition of vodka.

This time, the tradition and cultural heritage were not the proper arms to bring a victory in the vodka war. Following the argument of one of the Euro-parliament members who said during the dispute that "everybody has to work in a spirit of compromise",[26] the compromise was indeed reached, whether or not the spirit can be blamed for that.

Some compromise indeed was achieved. The agreed upon vodka production standard did not restrict the use of ingredient from which the ethyl alcohol can be produced. Instead the new labeling standard for vodka mandated the producers to list the ingredients on the label in a small print, if vodka was made from other than traditional cereal and potato ingredients(<Box 9.4>).

Box 9.4. Vodka through the lens of EU directives

Definition of vodka as adopted by the European Parliament

(Excerpts from the "European Parliament legislative resolution of 19 June 2007 on the proposal for a regulation of the European Parliament and of the Council on the definition, description, presentation and labelling of spirit drinks (COM(2005)0125-C6-0440/2005-2005/0028(COD))")

15. Vodka

(a) Vodka is a spirit drink produced from ethyl alcohol of agricultural origin obtained following fermentation with yeast from either:

24 "EU Farm Chief Warns of Legal Action in Vodka Row" http://www.flexnews.com/pages/5412/European_Union/Spirits/eu_farm_chief_warns_legal_action_vodka_row.html

25 World Trade Organization.

26 http://www.europarl.europa.eu/sides/getDoc.do?language=EN&type=IM-PRESS&reference=20070615IPR07881

1) potatoes and/or cereals, or,
2) other agricultural raw materials, distilled and/or rectified so that the organoleptic characteristics of the raw materials used and by-products formed in fermentation are selectively reduced.
This process may be followed by redistillation and/or treatment with appropriate processing aids, including treatment with activated charcoal, to give it special organoleptic characteristics.
Maximum levels of residue for ethyl alcohol of agricultural origin shall meet those laid down in Annex I, except that the methanol content shall not exceed 10 grams per hectolitre of 100% vol. alcohol.

(b) The minimum alcoholic strength by volume of vodka shall be 37.5%.
(c) The only flavourings which may be added are natural flavouring compounds present in distillate obtained from the fermented raw materials. In addition, the product may be given special organoleptic characteristics, other than a predominant flavour.
(d) The description, presentation or labelling of vodka not produced exclusively from the raw material(s) listed in paragraph (a)(1) shall bear the indication "produced from...", supplemented by the name of the raw material(s) used to produce the ethyl alcohol of agricultural origin. Labelling shall be in accordance with Article 13(2) of Directive 2000/13/EC.

The decision of the European Parliament was bad news for countries of the "vodka belt", such as Poland. Poland is a leading international vodka producer,[27] generating huge revenues for the government. Polish producers distill 250 million liters of vodka every year, or about 40 percent of total vodka production in the EU. The annual government revenue from excise tax on vodka exceeds €1.2 billion.

Reaction of Polish commentators on the EU regulation was critical, blaming the new EU definition on having negative impact on farmers, producers, the budget and consumers.

27 "Vodka War Lost". June 27, 2007. http://www.warsawvoice.pl/view/15197

For the non-traditional vodka producers, the new standard was an opportunity. Under the new definition, the name vodka can be used to alcoholic drinks that contain 38~45 percent of alcohol and are made from fermented grape waste and seeds left over after distilling wine, such as, for example, the Italian grappa and the French marc. The Hungarian and Bulgarian rakija, alcoholic beverages made from plums, can also be referred to as "vodka" under the new rules! The analyst notes that the European Parliament's decision to adopt a non-restrictive definition of vodka was especially surprising *because officially the protection of traditional production practices is one of the basic rules followed in the European Union.* For example, under EU law, wine may not be made from rice or currants, and brandy is an alcoholic liquor that can only be made from distilled wine.

토론 질문

1. What is a standard? What different (types of) standards can be distinguished?
2. In the Vodka War case, why and how did the standard become an issue of tension among producers, countries and even economic blocs?
3. What are the reasons why governments take part in disputes on standards?

참고문헌

국외문헌

Besen, S. M. and Farrell, J. (1994). "Choosing How to Compete: Strategies and Tactics in Standardisation". *Journal of Economic Perspectives*, vol. 8, pp.117~131.

Chahal, M. (2015). Drinkers need new reasons to try new alcohol brands. Retrieved from https://www.marketingweek.com/2015/09/09/drinkers-need-new-reasons-to-try-new-alcohol-brands/

Sournen, A. F. M. M. (2006). *Standards, soil, science and policy. Labelling usable knowledge for soil quality standards in the Netherlands 1971−2000*. Amsterdam, The Netherlands: Vrije Universiteit.

표준의 다양성

중국의 고려 인삼 재배 기법 국제표준화 사례

Chapter 10

곽주영(연세대학교 경영대학)

1. 들어가기

중국 인삼 재배의 본거지인 지린성(吉林省, 길림성)에서 가장 큰 인삼 수출 업체의 매니저인 왕씨는 지난 달 자사의 인삼수출자료를 보고는 얼굴을 찡그렸다. 중국의 인삼 재배가 국제표준으로 공식적으로 인정되었으나 해외 수출 실적이 생각보다 증가하지 않았기 때문이다. 특히 한국과 일본의 극심한 반대를 극복하고 중국 인삼이 국제표준이 되어서 이들 국가의 해외 시장점유율을 따라잡을 수 있겠다고 기대했으나 도리어 한국산 인삼과 가격 차이가 더 벌어져 버렸다. 반면 중국 내에서는 인삼의 소비가 급격히 증가하고 있었다. 왕매니저는 중국의 주도로 국제표준화를 이루었는데도 해외 시장에서 성과가 부진한 상황에 대해 의아해하면서 "중국의 인삼 재배 표준이 국제표준으로 되었지만 아직 갈 길이 멀구나"하고 중얼거렸다.

지난 10년간 제조업에 주력한 결과 중국은 명실상부한 세계의 공장이 되었다. 저가의 공산품 생산에서 출발하였으나 이제 하이테크 산업에서 점점 많은 중국 기술이 국제표준이 되었거나 국제표준으로 제안되고 있다(Ernst, Kwak & Lee, 2014). 특히 중국이 2008년 국제표준화기구(International Standardization Organization: ISO)의 상임이사국이 되면서 중국이 향후 자국 기술과 상품을 국제표준으로 만드는 데에 강화된 정치적인 입지를 이용할지도 모른다는 우려도 커지고 있다(한국경제매거진, 2014). 우리나라는 중국과 많은 부문에서 생산과 수출이 겹치는 경쟁관계이기 때문에 중국이 도대체 국제표준화를 통하여 무엇을 얻으려고 하는지 그리고 어떻게 그 목적을 달성하고 있는지 잘 이해해야 할 필요가 있다.

이 사례의 대상인 고려 인삼(Panax Ginseng CA Meyer)도 이해관계가 겹치는 생산품 중 하나이다(<사진 10.1>). 고려 인삼은 서늘한 산간지역에서 재배되며 기후가 맞는 동아시아가 주산지이다. 따라서 주요 생산국인 한국, 일본, 중국을 비롯해 미국과 캐나다도 고려 인삼을 생산한다. 농작물로서 고려 인삼 시장은 다음과 같은 특색이 있다. 첫째, 고려 인삼의 재배가 지리적으로 편중되어 있기 때문에 전형적인 과점 시장 구조를 보이고 있다. 둘째, 주요 생산지가 동아시아이고 시장에서도 고려 인삼 자체를 아시아 인삼으로 인식하기 때문에 동아시아 국가들은 표준화보다는 고려 인삼이 서로 자기들 국가가 원산지임을 주장하는 원산지 효과를 홍보하는 데에 치중했다. 반면 서양 국가들은 표준화나 원산지를 주장하는 데에는 관심이 없었다. 셋째, 중국은 고려 인삼의 주요 수출국 중 하나였지만 품질 문제로 인하여 중국이 수출하는 인삼의 단위 가격은 동아시아 경쟁국에 비해서 훨씬 낮았다.[1]

이러한 상황에서 1990년대 후반 중앙정부는 GAP(Good Agricultural Practices)의 시행

사진 10.1 **고려 인삼**

사진 왼쪽: 왼쪽 사진은 고려 인삼의 잎이며 열매는 빨간색이다.
사진 오른쪽: 고려 인삼에서 식용으로 흔히 사용되는 부분은 뿌리이다. 굵은 뿌리와 잔뿌리, 그리고 몸통으로 구성된다.

1 <표 10.4>에서 보듯이, Hong Kong Statistical Department에 따르면 국제표준화가 제안되기 전인 2002년 중국산 고려 인삼의 단위가격은 미화 13불인 반면 한국산 고려 인삼은 미화 155불, 미국산 고려 인삼은 미화 124불에 국제시장에서 거래되고 있었다.

을 예고하며 제품 품질 관련 법규를 본격적으로 개정, 강화하려는 움직임을 보였다. 이에 지린성 정부는 강화되는 국내 시장의 품질 규제에 대응하기 위하여 고려 인삼의 품질 개선을 시작하였다. 고려 인삼은 지린성의 주요 농작물이었기 때문에 지린성 정부는 품질관리의 차원에서 실험과 검사 기법을 발전시킬 필요가 있었다. 이렇듯 고려 인삼 재배의 표준화는 처음에는 지방정부 수준의 과학기술정책의 일환으로 추진되었으나 곧 연구개발에 좋은 성과를 내면서 중앙정부의 주목을 받아 전국적인 표준화 아젠다로 부상하였다.

자국 기업을 외국 기업과의 경쟁으로부터 보호하기 위하여 중국 정부는 2000년대 초반부터 자국 기술의 국제표준화를 추진하기 시작하였다(Kwak, Fomin, & Lee, 2011). 국제표준화는 외국 기술에 대한 의존을 낮출 수 있고, 중국의 기술표준이 채택되는 지역과 산업에서 기술 패러다임을 창조하여 시장을 장악할 가능성을 높이는 등 여러 가지 이유에 근거하여 추진의 설득력을 얻게 되었다. 2006년 중국 정부는 국가운영정책의 골자를 발표하면서 국제표준화라는 목표를 공식적으로 언급하였는데 특히 2009년 베이징 올림픽 개최를 맞아 국제표준화 역시 국가주의가 한층 더 가열되는 배경하에 강력하게 추진되었다. 그 결과 중국은 고려 인삼 재배 기법을 "중국 고유 농작물"의 재배 기술로서 ISO에 제안, 기술위원회(TC 249)가 설립되었다.

TC 249는 기술위원회 이름에 "중국 전통 의학"이라는 이름이 붙었기 때문에 한국과 일본은 고려 인삼 재배의 국제표준화에 적극적으로 반대하였다. 그러나 중국 정부가 인삼의 소비가 많은 화교 네트워크로 이루어진 중의학계와 침구협회라는 이해단체의 지지를 얻는 등 각고의 노력을 펼친 끝에 고려 인삼 재배 기법은 결국 2014년 국제표준으로 최종 승인되었다. 그러나 이러한 노력과 성공에도 불구하고 중국산 고려 인삼의 시장점유율은 큰 변동이 없다. 오히려 경쟁국의 인삼 가격이 더 많이 상승하면서 중국발 국제표준화는 경쟁국의 시장 점유율을 증가시키는 데에 가장 큰 계기를 제공하는 딜레마에 처하게 되었다. 다만 중국 내 인삼 소비의 저변은 확대되어 국내 시장에서 가치사슬의 발달 등 산업 발전의 효과는 누리고 있다.

2. 표준화의 전개 과정: 지방 정부 이니셔티브와 기술적 수용

중국은 2006년 '제11차 5개년 과학기술발전규획(国家十一五科学技術発展規劃)'에서 처음으로 자국 기술, 서비스, 상품을 국제표준으로 만든다는 계획을 언급하였다. 여기서 중국은 국제표준화의 대상으로 주력해야 할 분야를 "중국적 특색이 있거나 중국이 비교우위를 보유한 것"으로 규정하였다. 이에 따라 초기 중국의 국제표준화 사업은 중국 내에서만 자라거나 중국이 대규모로 수출하는 농산물을 위주로 추진되었다. 이 계획은 2011년 '제12차 5개년 과학기술발전규획(国家十二五科学技術発展規劃)'과 2016년 '제13차 5개년 사회경제규획(国家十三五社会经济規劃)'에서 구체적으로 발전되었다.

그 중 대표적인 농산물이 지린성에서 재배되고 있는 인삼이다. 학명이 파낙스 인삼(Panax Ginseng)인 이 인삼은 우리나라에서는 "고려 인삼"으로 알려져 있다. 고려 인삼은 우리나라 외에도 미국, 캐나다, 일본 등이 주요 수출국가이다. 표준화가 되기 전 중국에서 고려 인삼은 지린성 등 일부 지역에서만 재배 및 소비가 이루어졌다.[2]

고려 인삼은 서늘한 지역에서 자라기 때문에 장바이샨(백두산)과 인접하고 연중 내내 기온이 6~8도인 지린성이 최적의 재배 장소이다. 이러한 이유로 고려 인삼은 지난 500년간 지린성의 대표적인 상품 작물이었다. 지린성의 경제성장 역시 고려 인삼의 작황이나 거래 가격에 많은 영향을 받았다. 이에 1990년대 후반 지린성은 고려 인삼의 품질을 향상해야 할 필요성을 진지하게 고민하였는데 그 이유는 지린성의 인삼 산업에는 심각한 문제들이 있었기 때문이었다.

가장 큰 문제는 인삼의 품질이 들쑥날쑥하다는 점이었다. 대부분 인삼 농가들이 그렇듯이 지린성의 인삼 재배 역시 영세농가를 중심으로 이루어졌는데 종자와 비료를 비롯한 재배법이나 품질 검사 등에서 통일된 기준이 마련되지 않았기 때문에 재배된 인삼의 품질은 당해 기후, 토질, 강수량을 비롯하여 개별 농가의 재배 방식에 따라 천차만별이었다. 당연히 해외 및 국내 소비자들은 중국산 고려 인삼을 신뢰하지 않았다. 이는 중국 내에서 한국산을 비롯한 수입산 고려 인삼에 대한 선호로 이어

2 인삼은 파낙스 인삼(고려 인삼)외에도 Panax Japonais(일본삼), Panax Notoginseng Burk(천기삼), Panax Quinqueforium L.(미국삼) 등이 있다. 특히 천기삼은 주로 따뜻한 지역에서 재배되어 중국에서는 윈난성이나 광시성에서 재배된다.

져서 중국산 인삼의 소비는 미미하였다. 해외에서는 중국산 고려 인삼은 저가로 거래되는 결과를 낳았다.

두 번째 문제는 인삼 재배의 오랜 역사에도 불구하고 지린성 내에는 인삼 산업의 가치 사슬이 1차 산업 위주로 구성되었다는 점이다. 해외 시장에서는 인삼을 이용한 화장품이나 건강식품 및 가공품 등이 거래되어 인삼의 부가가치가 상대적으로 높은 반면 중국에서 재배되는 고려 인삼은 대부분 개별 소비자의 식용 목적으로 소비되었다. 이에 따라 인삼 재배 농가는 수익을 내기가 쉽지 않았고 이는 다시 비료나 종자 등에 투자하기 힘든 상황으로 이어졌다.

2000년 중앙정부에서 품질검사법[3]을 개정하자 지린성 역시 이에 맞추어 성내 품질검사와 관련된 제도의 보완 및 개선을 시작한다. 그러나 이 작업에는 생각보다 복잡한 문제가 존재하였다. 인삼 재배 기술이 대체적으로 낙후한 상황에서 품질관리는 결국 표준화의 문제가 되었는데 관계 당국이 마련한 표준들이 있었으나 이들 표준은 농업부(農業部), 상무부(商务部), 삼림부(森林部), 국가검역국(国家质量监督检验检疫总局) 등 관련된 부처의 기술이나 그 이해관계를 밀접히 반영하여 표준들 간에 통합이 잘 되지 않고 심지어 모순된 부분들도 있었다.[4]

2001년, 지린성은 결국 자체적으로 기술적 보완을 통해 품질을 관리하고자 장춘중의약대학(长春中医药大学), 지린인삼학원(吉林人参学院), 지린농업대학(吉林農业大学), 중국농업과학원(中国农业科学院) 및 지린대학(吉林大学) 등을 포함한 연구개발 컨소시엄을 조직한다. 이 중 길림인삼연구원과 장춘중의약대학이 연구의 두 축이었는데 이들은 2005년 인삼의 수확률과 순도를 각각 11퍼센트, 20퍼센트씩 증가시킬 수 있는 재배법을 개발하는 데 성공한다.

이 성과를 현업에 적용시킨 결과 지린성은 인삼의 수확량과 품질 면에서 중국 내에서는 타 지방정부가 따라올 수 없을 정도로 선두주자가 되었다. 이에 지린성 정부는 아예 인삼을 “농업자원”화하여 상품화를 시키고자 연구개발 조직의 규모를 확장하고 총 3천억 위안을 투자하여 가치사슬 전반에 걸친 광범위한 연구개발을 실행하

3 <中华人民共和国产品质量法(중화민국공화국산품질량법)>

4 예를 들면, 상무부는 인삼 재배를 적극적으로 추진하는 방향으로, 삼림부는 산지 내 경지 확장을 줄이고자 규제를 늘리려고 하였다.

였다. 이 연구 프로젝트로 인삼 수확량이 30퍼센트나 증가되는 등 지린성은 대량생산의 기반을 마련하게 되었으며 특히 면역에 좋다는 사포닌 역시 30퍼센트 증가되는 결과를 얻었다. 이 시기는 마침 '제11차 5개년 과학기술발전규획'에서 "중국적 특색"을 강조하면서 국제표준화 드라이브를 표방했을 때였다. 지린성 정부는 이에 성내 연구개발 결과를 바탕으로 자체적으로 대규모 인삼 재배 단지를 건설하였는데, 이 단지에서는 종묘부터 비료, 수확 후 품질검사에 이르기까지 표준화된 방식을 도입하였다. 이로써 지린성의 인삼은 품질이 균질해지는 방향으로 개선되었다.

한편, 인삼은 중의학에서 약재로써 많이 사용되었기 때문에 중국 중의학계는 일찍부터 지린성의 연구개발 결과에 주목하고 있었다. 중의학은 중국에서 규모가 크고 또 중국은 서양식 의료기술의 수준이 높지 않기 때문에 중국인들 사이에서는 의학으로서 뿌리를 깊이 내리고 있었다. 중의학계는 지린성의 사업을 계기로 인삼 품질의 전반적 향상을 꾀하고자 중앙정부에 인삼 관련 중국 내 표준을 정비하도록 요구하였다. 이에 국가표준위원회(国家标准委员會)는 2006년 기술위원회를 만들었는데 2014년까지 14개 인삼 관련 중국 표준을 수정하거나 새로 마련하였다.

'제12차 5개년 과학기술발전규획'이 중국적 특색을 갖춘 생산품을 국제표준으로 만들겠다는 기치를 강화하자 2011년 중앙정부는 인삼을 "식자원"으로 인정하게 된다. 그 전에 인삼은 주로 의약학 원료로 간주되었기 때문에 식약청의 규제 대상이었으나 식자원으로 인정받으면서 상업화가 가능하게 되었다. 이에 따라 인삼은 전통적으로 수요가 있는 의약보조품을 비롯, 화장품과 식품 등 전국적으로 다양하게 활용되기 시작하였다. 지린성 역시 인삼 재배뿐 아니라 제조업과 서비스업에 걸쳐 인삼 산업 내 가치사슬이 발달하게 되었다.

3. 국제표준화의 과정: 국가 간 갈등과 전략적 대응

2008년 중국은 베이징 올림픽을 성공적으로 개최하였다. 이는 중국의 국제적 위상을 제고한 동시에 중국인을 고무시켰다. 높아진 중국의 자부심은 기술 방면에도 반영되어 중국은 국내 기술 및 서비스를 국제 수준으로 끌어올려 국제표준화를 시키려는 노력에 박차를 가하기 시작했다. 이에 전국적으로 500건의 기술과제 제안서를 모집하여 최종적으로 다섯 과제를 선정하였다.

이때 선택된 제안서 중 하나가 인삼의 종자와 종묘법 표준화이다. 2009년 3월, 중국은 ISO에 기술위원회 설립을 제안하였다. 제안이 받아들여져 "중국 전통 의학"이라고 명명된 기술위원회(TC 249)가 만들어졌다. 인삼의 재배는 특정 기후와 토양이 필요하고 인삼 재배법은 주요 수출국 간 별반 차이가 없었다. 따라서 중국은 무리없이 국제표준으로 이어질 것으로 예상했으나 오히려 인삼의 주요 수출국들의 극심한 반대에 부딪혔다. 그 이유는 바로 "중국"이라는 기술위원회 이름 때문이었다.

한국과 일본은 인삼의 종주국을 자처해왔기 때문에 인삼을 중국 전통 약으로 받아들일 수 없다는 강경한 태도를 보였다. 한국과 일본은 기술위원회 이름을 "중국 전통" 대신 "동양(Oriental) 전통"으로 바꾸길 요구하였으나 중국은 "동양"의 범위가 너무 넓고 모호하다는 이유로 "중국"을 고집하였다. 한국과 일본은 그동안 고려 인삼의 종주국이라고 서로 주장해왔으나 자국 이름으로 국제표준화를 시도할 경우 외교적 분쟁이 발생할 가능성을 우려하여 경쟁 구도를 최대한 피하고자 대외적으로는 원산지 주장을 삼가해 왔다. 사실 양국은 수십 년간 고려 인삼 관련 시장에서 높은 단위 가격을 유지해왔고 소비자들 사이에서는 프리미엄 제품의 인식이 굳었기 때문에 굳이 국제표준화를 추진할 필요가 없었다. 고려 인삼은 한·중·일 외에도 미국과 캐나다, 그리고 태국 등 일부 국가가 수출하고 있었는데 주 소비지는 아시아였다. 아시아권에서는 한·중·일 세 국가의 수출물량이 압도적으로 많아서 그 외의 국가는 생산 능력상 고려 인삼의 원산지 주장을 펼칠 수 없었다. 반면 미국과 캐나다는 고려 인삼을 대규모로 수출하였지만, 아시아계를 위주로 재배농가가 형성되어 전체 농업 구조에서 고려 인삼 재배는 지역이 한정되었고, 총 농산품 내 생산 비율이 적으며 재배 농가수도 상대적으로 극히 일부분이었기에 주요 수출국인 한·중·일을 상대로 국제표준화를 추진하기에는 그 동기가 부족하였다.

이 시기 중국은 국제적으로 몇 가지 중요한 정치적 목표를 달성하게 된다. 첫 번째는 중국이 2008년 ISO의 여섯 번째 상임이사국이 된 것이다. 정관을 개정하는 수고를 들이면서까지 상임이사국이 되었다는 것은 표준 관련 국제 기구에서 중국의 정치적 영향력이 그만큼 신장되었음을 의미한다. 인삼의 국제표준화 역시 중국 측 주장에 보다 많은 힘이 실리게 되었다. 두 번째는 인삼과 이해관계가 높은 세계침구연합(World Federation of Acupuncture: WFAS)과 세계중의학회(World Federation of Chinese Medicine Societies: WFCMS) 및 세계보건기구(World Health Organization: WHO)를 연계한 것이다. 특히 WFAS와 WFCMS는 중의약학 업종에 종사하는 많은 화교들을 회원으로 보유한 조직이다. 이 두 조직이 공식적으로 중국을 지지하면서 기술위원회(이하 TC 249)에서 중국이 한국과 일본에 비해 많은 힘을 얻었다. TC 249의 구성을 살펴보면 <표 10.1>과 같다.

표 10.1 ISO/TC 249

구분	내용
사무국	중국표준화관리위원회(Standardization Administration of China: SAC)
비서	Yuandong Shen
의장	David Trevor Graham(2015년 말까지)
개시 년도	2009
연계조직	세계침구연합(World Federation of Acupuncture), 세계중의학회(World Federation of Chinese Medicine Societies), 세계보건기구(World Health Organization)
참여국 (21개 국)	가나, 남아공, 네덜란드, 대한민국, 독일, 몽고공화국, 미국, 베트남, 스위스, 스페인, 싱가포르, 오스트리아, 이탈리아, 인도, 일본, 중국, 체코, 캐나다, 태국, 튀니지, 호주
옵서버 (14개 국)	뉴질랜드, 루마니아, 리투아니아, 바베이도스, 세이셸, 스웨덴, 아일랜드, 영국, 이스라엘, 짐바브웨, 폴란드, 핀란드, 프랑스, 홍콩

출처: ISO 웹사이트.

2009년 기술위원회 설립 이후 5년간 한·중·일 세 나라는 입장차를 좁히려 하였으나 결국 협상에 실패하였고, 중국의 막강해진 정치력을 바탕으로 2014년 4월 22일 ISO는 고려 인삼에 대하여 "전통 중국 의학–인삼 씨 및 묘목(ISO 17217–1: 2014)"의 국제표준을 승인하였다. 아래 <표 10.2>는 ISO가 승인한 표준화된 고려 인삼의 정의이다.

표 10.2 ISO 17217-1:2014

검사법	정의
밀폐도	씨앗에 손댈 수 없을 정도로 개폐가 불가능하거나, 밀봉을 뜯지 않거나 다시 봉한 상태로 씨앗이 들어있는 상태
순도	작업 샘플의 중량 대비 순수한 씨앗의 무게를 퍼센트로 나타난 비율
종자 넓이	한 솔기에서 반대쪽 솔기까지 밀리미터로 측정된 가장 먼 거리
풍만도	씨앗(seed lot)내 알맹이의 발육상태를 알려주는 지표
성숙도	작업 샘플 내 숙성된 씨앗의 개수로 계산한 백분율
생육력	씨앗의 발아력 혹은 배아의 생존력을 보여주는 지표
씨 100개당 무게	작업 샘플의 순수 씨앗 100개당 평균 무게
묘목 무게	단일 표목의 평균 무게
뿌리 길이	센티미터로 측정된 뿌리의 총길이로서 원뿌리 어깨부터 뿌리 끝까지의 길이
원뿌리 길이	센티미터로 측정된 원뿌리의 길이로서 원뿌리 어깨부터 첫 곁뿌리까지의 길이

출처: ISO/TC 249에 기반하여 저자가 재구성.

4. 쟁점: 국제표준화와 상대국의 전략적 대응

2009년 중국이 ISO에 인삼의 국제표준화를 제안하면서 그동안 무분별하게 사용되던 경작지가 국가적으로 국제표준에 따라 정비되기 시작했다. 그러나 <표 10.3>에서 보듯 국제 인삼 시장에서 중국의 시장점유율은 큰 변동이 없었다. 2012년 시장점유율은 30%로 증가하였으나 곧 감소하여 예년 시장점유율인 20% 안팎의 수준에 머물고 있다.

표 10.3 **주요국의 인삼 수출** (단위: 미화 백만 불)

국가	2004	2005	2006	2007	2008	2009
캐나다	47(20%)	58(29%)	73(32%)	85(30%)	64(26%)	84(30%)
대한민국	52(22%)	41(21%)	46(30%)	50(18%)	55(23%)	64(23%)
미국	33(14%)	20(12%)	35(15%)	52(19%)	19(8%)	47(17%)
중국	49(20%)	38(19%)	36(16%)	46(17%)	52(21%)	44(16%)
4개국 합	181(76%)	157(81%)	190(93%)	233(84%)	190(78%)	239(86%)
총 수출	240(100%)	202(100%)	229(100%)	280(100%)	242(100%)	279(100%)

국가	2010	2011	2012	2013	2014	2015
캐나다	59(21%)	73(19%)	120(29%)	182(34%)	198(33%)	205(30%)
대한민국	65(23%)	122(32%)	81(19%)	95(18%)	104(17%)	155(23%)
미국	66(23%)	44(11%)	48(11%)	89(17%)	80(13%)	114(17%)
중국	55(19%)	82(21%)	125(30%)	129(24%)	153(26%)	108(16%)
4개국 합	245(86%)	321(83%)	374(89%)	495(93%)	535(89%)	582(86%)
총 수출	286(100%)	386(100%)	419(100%)	535(100%)	593(100%)	677(100%)

출처: Global Trade Atlas.
주: 괄호 안 퍼센트 수치는 국가별 점유율임.

<표 10.4>는 단위가격을 보여주는데, 본격적으로 단위가격이 상승한 것은 2012년부터로 볼 수 있다. 인삼의 성장이 4~5년이 걸리는 점을 감안하면 2009년 중국의 낮은 인삼가는 2005년 가격 인상으로 인해 그때부터 공급이 대폭 증가한 결과일 것이다. 마찬가지로 2013년 중국의 인삼 단위가격이 킬로당 32달러로 상승한 것은 2009년 국제표준화를 ISO에 제안하면서 중국 인삼의 품질이 제고되었다고 소비자들에게 인정받거나 시장에서의 원산지 효과를 창출하는 등 국제표준화 효과를 어느 정도 반영한 것으로 보인다. 중국산 고려 인삼의 국제단위가는 2013년 이후에도 계속 상승세를 유지하고 있다.

표 10.4 인삼의 국제 단위가격 주요국 별 비교 (단위: 킬로그램당 미 달러)

국가	2002	2004	2005	2007	2008	2009	2010	2011	2012	2013	2014	2015
대한민국	155	152	47	113	115	130	187	287	298	287	267	193
미국	124	147	196	214	232	280	368	381	363	535	932	626
캐나다	20	35	24	25	24	20	32	45	44	63	84	81
중국	13	14	16	21	17	15	27	22	26	32	29	33
기타(일본 포함)	100	125	210	121	45	45	191	222	132	135	121	210
국제 평균 가격	25	37	32	53	36	31	63	75	65	83	110	92

출처: Hong Kong Statistical Department(수입가 기준).

국제시장에서 중국의 고려 인삼 단위가격이 상승세를 타기는 했지만, 여전히 국제 평균보다는 낮은 가격에 거래되었고 중국의 시장점유율에도 큰 변화가 없다는 것은 경쟁국의 반격 역시 만만치 않았음을 의미한다. 실제로 고려 인삼의 주요 수출국들은 중국발 국제표준화에 전략적인 대응을 펼쳤다. 예를 들면, 한국에서 인삼의 생산과 판매를 독점하는 공기업인 담배인삼공사는 2009년 미국과 캐나다에 각각 자회사를 설립하여 고려 인삼의 프리미엄 제품 생산자는 대한민국이라는 메시지를 전달하기 위한 마케팅 활동을 강화하였다.

뿐만 아니라 담배인삼공사는 2010년에 해외 시장을 대상으로 신제품 개발에 집중하기 위해 대형 연구개발 본부를 설립하고 모든 연구개발 과제를 해외 시장과 연동시켰다. 그 결과 기존의 4년근 대신 6년근 홍삼을 강조하는 방식으로 중국발 고려 인삼의 국제표준화에 대응하였다. 6년근 홍삼은 4년근 인삼보다 훨씬 더 고급 상품이기 때문에 한국은 인삼 제품 전반을 프리미엄 상품화하는 방향으로 전략을 수정하였다.

미국 역시 제품 차별화의 방식으로 대응하였다. 미국은 야생삼을 체계적으로 대량 생산하기 시작했는데, 이는 재배된 기존의 고려 인삼보다 훨씬 더 마진이 높았다. 그 결과 미국산 인삼가는 2013년부터 계속 상승세를 이어오고 있다. 캐나다는 재배삼에 집중하고 재배삼을 대량 생산할 수 있는 기술을 발전시켰다. 이 방식으로 캐나다는 생산 비용을 대폭 절감시켜 제품 마진을 늘렸다.

표 10.5 국내 인삼 시장 내 지린성의 시장 점유율 변화

연도	2000	2002	2006	2008	2009	2010	2012
국내 생산량(천톤)	52	65.64	52	46	42	33.1	40.6
국내 생산가치(백억 위안)	–	–	6.0	7.5	9.9	14.1	22.7
이익률	–	3%	4.5%	5.9%	6.8%	7.5%	7.2%
지린성의 시장점유율	76%	76%	80%	80%	84%	84%	85%

출처: 연도별 지린성 통계 연감.

국제시장에서 주요 경쟁국들이 중국의 국제표준화에 대하여 전략적 대응을 하고 그 시도들이 효과가 있었기 때문에 중국은 국제시장 가격 혹은 해외 점유율 면에서는 가시적인 성과를 낼 수 없었다. 그러나 국제표준화를 통하여 중국 국내 소비자들은 중국산 인삼의 품질을 신뢰하게 되어서 소비를 늘렸다. 이로 인하여 지린성에서 재배된 고려 인삼의 시장 점유율은 국제표준화 전보다 훨씬 더 늘어나 거의 독점적 지위를 구축하게 되었으며 생산량도 증가하였다.

이중 무엇보다도 중국 내 인삼의 수익률이 높아졌다는 점은 주목할 만하다. 수익률의 증가는 인삼 가격의 증가 외에도 인삼 산업의 가치사슬이 발전했기 때문이다. 주로 원재료로만 최종 소비되던 인삼이 품질 개선이 되어 다양한 분야에서 제조업의 원료로 쓰이게 되었다. 즉 인삼의 산업 내 수요가 대폭 늘어났다는 것인데, 그 수요는 지린성 외에도 중국 전역, 심지어 외국까지 확장되었다. 특히 중국의 경제 성장에 따라 중산층 소비자가 늘어나면서 건강음료 및 화장품 등의 소비가 급증했는데 이들 산업에서 인삼을 응용한 제품 개발이 늘어나서 국제표준에 맞는 품질을 갖춘 중국산 인삼에 대한 2차 수요가 생기면서 수익성이 자연스럽게 높아졌다. 통런당(同仁堂) 등 전국적인 판매망을 둔 중의약 판매 전문점에서도 인삼을 사용해서 만든 약품이나 건강보조제 등 관련 제품의 수요와 판매가 모두 대폭 증가하였다.

사진 10.2 중국산 고려 인삼을 응용하여 만든 생산품

- 사진 왼쪽: 중국산 고려 인삼을 응용하여 만든 인삼차 엑기스로서 톈진(天津) 시의 생산품이다.
- 사진 중간: 중국산 고려 인삼을 응용하여 만든 인삼젤리로서 헤이룽장(黑龍江) 성 하얼빈(哈尔滨) 시에서 생산된다.
- 사진 오른쪽: 미국에 본사를 둔 다국적기업 바디샵도 중국산 고려 인삼을 사용한 제품을 개발하여 아시아 소비자들을 공략하였다.

이에 지린성은 고려 인삼을 "장바이샨 인삼"으로 상표등록을 하여 원산지 효과를 극대화하였다. 지린성 내에서 흔히 식용으로 먹는 인삼 뿌리 외에도 고려 인삼을 응용하여 인삼편과, 인삼쌀, 인삼커피, 인삼차, 인삼엑기스나 인삼을 응용한 화장품 등을 생산하고 있다. 해외에서도 원산지 효과를 얻고자 지린성은 장바이샨 인삼의 상표권을 국내는 물론 마드리드 의정서[5]를 체결한 82개 회원국과 10개의 비회원국에서 등록하였다. 그 결과 지린성 내에서 인삼 관련 사업을 전문으로 하는 기업들이 많이 설립되었으며 현재 지린성은 성내에서 생산된 제품의 원산지 홍보에 힘쓰고 있다.

2009년 현재 중국 전역의 인삼 가공 기업은 5천여 개사가 있는데 그 중 지린성 지역이 61%를 차지한다(박기환, 허경윤 & Li Jinghu, 2014). 이들 인삼 가공 기업의 대부분은 소규모인데 2013년 지린성의 연변 지역에만 일정 규모 이상의 인삼 가공 기업이 13개사에 달한다. 2011년 옌지(延吉)시에는 신흥 인삼 공업 클러스터가 건설되었는데 총 5만제곱 킬로미터로서 중국 내 최대 인삼산업단지이다. 주로 무역단지와 가공단지로 조성

5 마드리드 의정서의 공식 이름은 "표장의 국제등록에 관한 마드리드 의정서(Protocol relating to the Madrid Agreement Concerning the International Registration of Marks)"로서 상표 및 서비스표의 국제 등록에 관한 국제 조약이다. 상표 및 서비스표에 대한 해외출원절차를 간소화하여, 어느 조약 체결국의 특허청에 제출하는 하나의 출원서로 상표등록을 받고자 하는 여러 국가를 지정하여 마드리드 의정서 가입국에서의 절차를 밟을 수 있고, 세계 각국에서 등록받은 상표권을 국제등록부에 의해 일원적으로 관리할 수 있게 하는 해외에서의 상표권 보호를 위한 원스톱 국제상표출원시스템이라 할 수 있다(http://ko.wikipedia.org/wiki/마드리드_의정서).

사진 10.3 지린성의 장바이산 인삼 상표와 전문기업

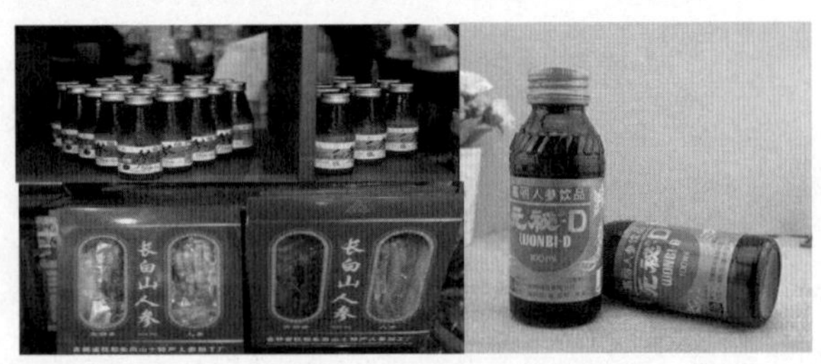

- 왼쪽 위: 지린성의 음료제조업체 즈신약업(紫鑫药业)이 생산하는 인삼 드링크로서 이 드링크는 성내 인지도가 높아서 즈신약업 역시 지린성의 주요 기업이 되었다.
- 왼쪽 아래: 2016년 저장대학은 중국 농산물 브랜드 중 장바이산 인삼을 24위로 선정하였다.
- 오른쪽: 국가공상행정관리총국(国家工商行政管理总局) 상표국(商標局)은 지린성의 통허칭샨실업(通化青山實業)그룹 인삼 드링크인 '원비－D'(元秘－D)를 중국 저명상표로 비준하였다.

되었고 위의 사진에 있는 즈신약업을 비롯하여 정관장 등도 입주해 있다.

지린성의 과제는 인삼 재배의 국제표준화 이후 가치사슬을 더욱 고도화시키는 일이다. 중국은 현재 인삼의 가공제품에 대한 표준화, 전문화된 원료생산이 이루어지지 않고 있다. 이 때문에 중국산 인삼 가공제품의 80% 이상이 단일 공정에 기반한 기초가공 제품이다. 한편 국제표준화로 인삼에 대한 관심이 높아졌으나 가공 제품이 상대적으로 덜 발달했기 때문에 오히려 인삼 관련 제품의 중국 내 수입이 늘고 있다. 뿐만 아니라 한국 등으로부터 홍삼 수입 역시 늘어났다. 한국산 홍삼은 통런당 등의 중국 약국 체인 혹은 정관장 등의 공식 유통 채널을 통해 유통되고 있다.

토론 질문

1. 중국 정부는 왜 지린성에서 발전시킨 고려 인삼 재배 기법을 ISO에 국제표준화 안건으로 제출하였는가?
2. 고려 인삼을 생산하는 주변국들의 반대가 심했는데도 불구하고 중국은 어떻게 자국의 재배 기법을 성공적으로 국제표준으로 만들었는가?
3. 중국이 자국의 고려 인삼 재배 기법을 국제표준으로 만들어서 얻은 혜택과 이점은 무엇인가?
4. 경쟁국 주도의 국제표준화에서 본국 산업의 타격을 최소화하려면 어떠한 전략을 세워야 하는가?

부록 01 | 한·중 관련 산업 비교

1. 지린성(吉林省) 인삼 산업 발전계획

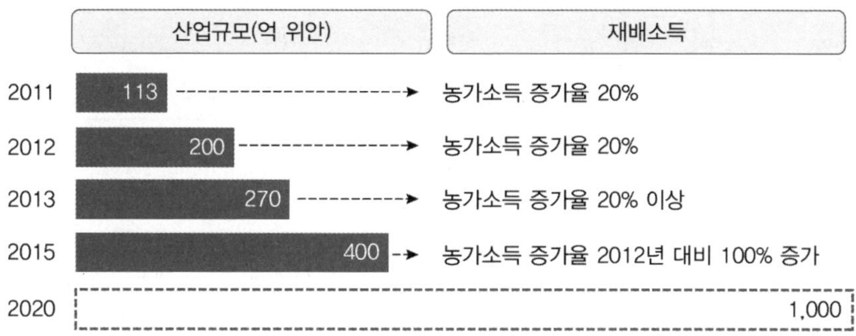

2. 한국과 중국의 전통 의약학 산업 비교

중국	구분	한국
중의학 육성발전 명시 (헌법 제21조)	헌법	명시 없음
1조 3,634억 원 (중국 위생부 중의약관리국)	정부 예산	220억 원 (보건복지부 한의약정책관실)
5.8%	해당 부처 예산 비율	0.046%
중국 중의과학원 6,000명 산하병원 6개 연구기관 8개	연구 인력·조직	한의학 연구원 143명 산하병원 0개
중의학병원 3,590개 운영	국립병원	국립의료원, 부산대한방병원
4조원	수출규모	0원
중의학 · 서양학 협진	감염병 대응	한의학 참여 배제

자료: 한의사협회.
출처: 매일경제신문(2015년 10월 14일자).

참고문헌

국내문헌

한국경제매거진, "급팽창하는 중국의 양자암호 네트워크", 2014년 3월. http://magazine.hankyung.com/apps/news?popup=0&nid=21&c1=1003&nkey=2014032700955000281&mode=sub_view

매일경제신문, "정작 국내선 찬밥…국제표준 "전통중국의학"으로 확정될 듯", 2015년 10월 14일 http://news.mk.co.kr/newsRead.php?sc=30000001&year=2015&no=981300

뉴스핌, "중국 인삼, 정관장에 도전장. 대형자본 인삼 산업 투자 활발", 2013년 12월 16일. http://www.newspim.com/news/view/20131216000322

박기환·허정후·Li Jinghu(2014), "중국의 인삼 산업 현황과 육성정책: 중국 동북3성 지역 중심", 한국농촌경제연구원. 연구자료 D372.

국외문헌

Jooyoung Kwak, Vlad Fomin, & Heejin Lee. (2011). "The Governmental Coordination of Conflicting Interests in Standardisation: Case Studies of Indigenous ICT Standards in China and South Korea". *Technology Analysis and Strategic Management*, 23(7), pp.789~805.

Dieter Ernst, Jooyoung Kwak, & Heejin Lee. (2014). Standards, Innovation, and Latecomer Economic Development: Conceptual Issues and Policy Challenges. *Telecommunications Policy*, 38(10), pp.853~862.

Guowuyuan(State Council). (2016). Guojia shisanwu shehui jingji guihua(The National Thirteenth Five-Year Socioeconomic Program).

Kexuejishubu(Ministry of Science and Technology). (2006). Guojia shiyiwu kexue jishu fazhan guihua(The National Eleventh Five-Year Scientific and Technical Development Planning).

Kexuejishubu(Ministry of Science and Technology). (2011). Guojia shierwu kexue jishu fazhan guihua(The National Twelfth Five-Year Scientific and Technical Development Program).

개발도상국의 산업 정책으로서 국가표준화: 베트남의 천연고무 라텍스 표준화

Chapter 11

주한나(한림대학교 글로벌협력대학원)

1. 들어가기

개발도상국에서 농업, 목축업, 임업 등 직접 자연에 적용하는 산업으로서 1차 산업은 국가 경제에 기여하는 비중이 높다. 주요 수출 산업으로서 1차 산업의 생산성을 향상하고, 부가가치를 높이기 위한 산업 정책은 많은 개발도상국 정부의 관심사일 수밖에 없다.

이 사례는 천연고무 생산국이자 수출국인 베트남에서 천연고무 라텍스 알레르기 항원 단백질 제거 기술 및 이 기술을 적용해 생산된 제품의 시험 방법을 국가표준으로 개발하는 과정을 다룬다. 베트남에서 고무 산업은 전통적으로 주요 수출 산업이었으며, 고무나무 재배, 고무 원액의 처리부터 산업 원재료로서 고무 제품 생산에 이르기까지 국영기업을 중심으로 가치사슬이 형성되어 있었다. 베트남 정부는 2010년 경부터 전세계적인 생고무 수요 감소에 직면하여 고질적으로 지적되어 온 낮은 품질을 개선하고, 제품 생산 역량을 강화하기 위한 전략을 고심하여 왔다.

이 사례에서 중점적으로 살펴보고자 하는 것은 기술 역량이 부족한 개발도상국에서 어떻게 국가표준화를 통해 1차 산업인 고무 산업의 기술 혁신을 이루고 산업의 부가가치를 높이고자 하였는가이다. 더불어, 기술 역량을 보유한 혁신 주체들이 국가표준화 과정에 참여하는 동기와 어려움은 무엇인지를 살펴보고, 개발도상국에서 국가 단위 표준화가 지니는 의의에 대해 생각해 본다.

2. 베트남의 천연고무 산업

고무란 상온에서 고무상(狀) 탄성을 나타내는 사슬 모양의 고분자 물질이나 그 원료가 되는 고분자 물질을 가리킨다(두산백과사전, n.d.). 고무나무액에서 얻는 천연고무와 석유화학에서 합성되는 합성고무의 두 종류로 나뉜다. 천연고무는 열대 고무나무(hevea brasiliensis)의 껍질에 칼로 흠집을 내면 스며 나오는 흰색 수액인 라텍스(latex)를

사진 11.1 베트남의 고무 플랜테이션 농장

사진 11.2 고무나무의 수액 추출

응고시킨 생고무를 주원료로 하여 만든다(<사진 11.1, 11.2>). 고무나무에서 채취한 이 생고무액에 열을 가하면서 황을 첨가하는 것을 가황이라고 하며, 이 과정을 거쳐 만들어진 고무는 높은 탄성뿐 아니라 약품이나 열에 대한 내성을 갖게 된다. 생고무는 신발, 타이어, 매트, 장난감, 스포츠용 공 등 다양한 제품의 생산에 이용되는데, 특히 자동차 타이어 생산에 사용되는 비중이 2013년을 기준으로 전체 생고무 생산의 약 70%에 달할 정도로 크다(Vu, 2013).

남아메리카가 원산지인 고무나무는 유럽인들에 의해 아시아 지역 식민지 플랜테이션에서 재배되기 시작하였고, 2016년을 기준으로 전세계 산출량의 93%가 태국, 인도네시아, 베트남, 중국, 말레이시아 등 아시아 지역에서 재배된다(ANRPC, 2017) (<그림 11.1>). 베트남의 천연고무 생산량은 2016년을 기준으로 태국과 인도네시아에 이어 세계 3위다. 중국, 인도 등 신흥시장에서의 수요에 힘입어 2010년까지 지속적으로 증가하던 천연고무 수요는 2009년 이후 세계 경기의 둔화와 함께 그 성장세가 꺾인 데다가, 동남아시아 국가들의 공급 역량이 수요를 웃돌아 2011년 이후 가격이 급락하였다(<그림 11.2>).

그림 11.1 천연고무 생산 비중 및 세계 5대 천연고무 생산국 생산량(2016년, 1,000톤)

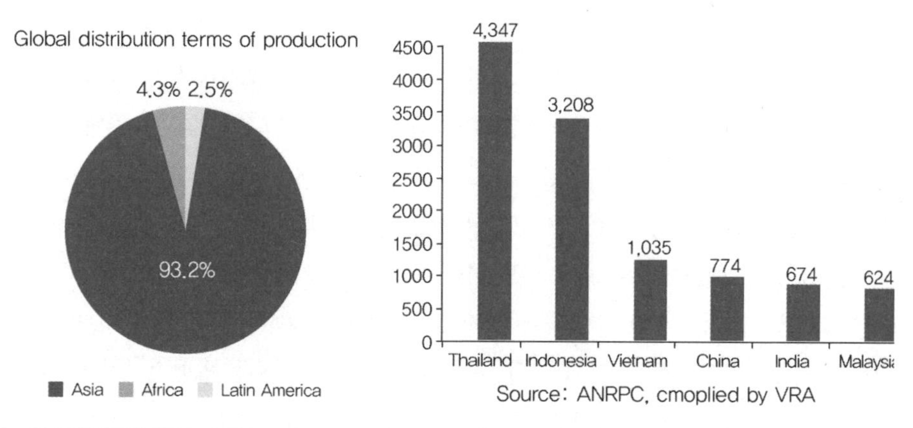

출처: Association of Natural Rubber Producing Countries(ANRPC), Vietnam Rubber Association (VRA, 2017)에서 재인용.

그림 11.2 **세계 고무 가격 변동(2008~2018)** (kg당 가격)

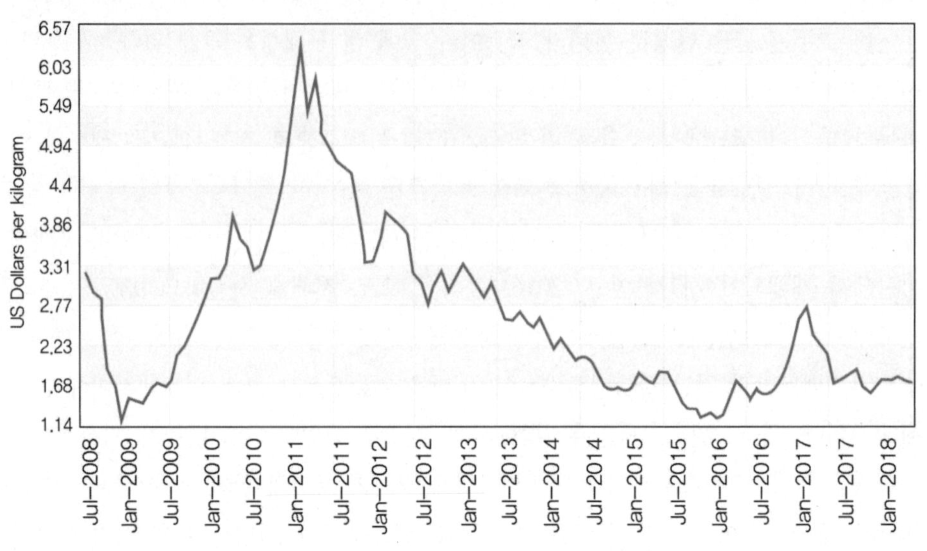

출처: Indexmundi, 2018.

베트남에서도 천연고무는 식민 시대 이후 오랜 플랜테이션 재배 역사를 갖고 있으며, 쌀에 이어 베트남의 2대 수출 농작물의 위치를 차지하고 있다. 2017년을 기준으로 베트남의 천연고무 수출은 138만톤, US 22.5억불 규모에 이른다(VRA, 2017). 농가 소득 확대를 위한 베트남 정부의 정책적 지원 하에, 2000년대 후반 이후 베트남의 고무 플랜테이션 지역이 지속적으로 확대된 것이 생산 규모 및 수출 증대로 이어졌다. 특히 2009년 국무총리령으로 발표된 Decision 750/QD-TTg은 농촌 지역의 생산성이 높지 않은 농업 용지 및 임업 용지에 신규 고무 플랜테이션 설립을 허가하였다(Phuc & Nghi, 2014).

베트남 천연고무의 주요 수출국을 살펴보면, 대규모 타이어 수요를 갖고 있는 중국으로의 수출이 압도적이다. 2017년을 기준으로 중국이 64%의 비중을 차지하며, 말레이시아, 인도, 한국, 독일이 뒤를 잇는다(<그림 11.3>).

그림 11.3 베트남 천연고무의 주요 수출국

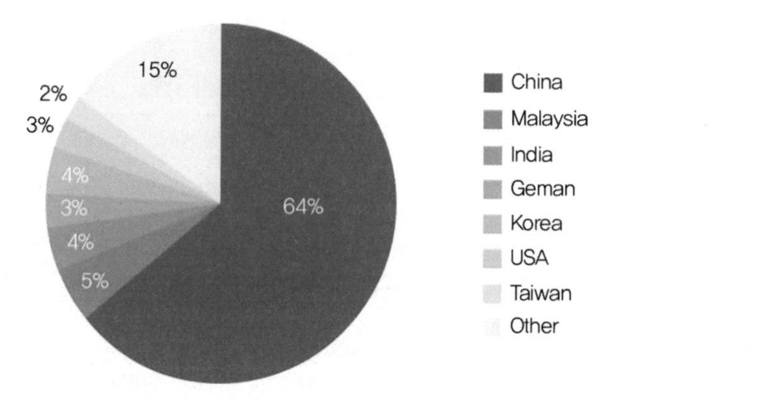

출처: 베트남 세관, VRA(2017) 재인용.

일반적으로 고무나무를 통해 생산되는 천연고무 생산품은 세 종류로 구분되는데, 일차 산물인 라텍스나 훈연처리를 하지 않은 고무시트인 비(非) 스모크시트(unsmoked sheet), 그리고 저장 및 수송의 용이성 등을 위해 한 차례 가공을 거친 중간 단계 산물인 고밀도 라텍스나 훈연 고무시트, 블록고무(blocked rubber), 그리고 자동차용 타이어나 라텍스로 만들어진 장갑, 콘돔 등 보건의료용 제품과 같은 최종 생산품이 있다(<그림 11.4>). 베트남의 주요 고무 생산품은 그 중 중간 단계 생산품에 속하는 고밀도 생고무 라텍스, 훈연 고무시트(RSS), 그리고 블록고무의 일종인 표준 베트남 고무(Standard Vietnam Rubber: SVR)의 세 종류다(Vu, 2013). SVR은 ISO 국제표준, 훈연 고무시트는 업계에서 오랜 기간 통용되는 민간 표준인 Green Book 표준, 그리고 고밀도 생고무 라텍스의 경우 2013년 제정된 베트남 국가표준인 TCVN 6314에 의거해 생산, 관리된다.

고무나무에서 1차적으로 추출된 생고무액을 중간 단계 생산품으로 가공한 후, 이를 다시 최종 소비재 혹은 산업제품으로 가공하는 제조사로 판매하는 고무 산업의 가치사슬 특성상, 중간 단계 제품의 가공을 중심으로 하부 혹은 상부로의 수직적 통합이 이루어진 경우가 많다(Chanchaichujit & Saavedra-Rosas, 2018). 비용 절감 및 품질 관리에 이점이 있기 때문이다. 특히 체제 전환국인 베트남의 경우 오랜 기간 동안 국영기업을 중심으로 고무나무의 재배, 1차 및 중간 가공, 그리고 해외 최종 제조사로의

그림 11.4 고무 제품의 종류

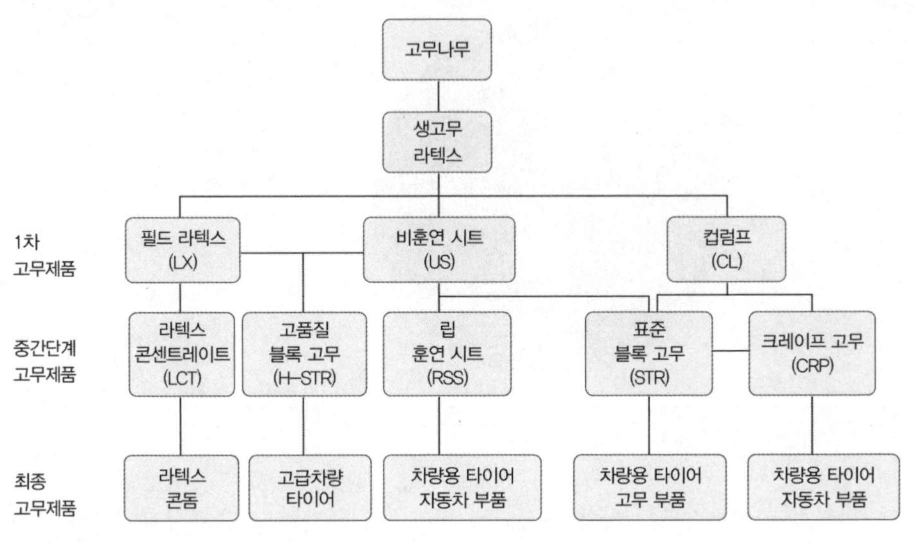

출처: Chanchaichujit & Saavedra-Rosas, 2018.

수출 혹은 제품 직접 생산에 이르기까지 가치사슬의 전 과정을 수직 통합한 형태의 산업 구조를 갖고 있었다. 1989년 이루어진 대규모 개혁인 Doi Moi 이후 자동차용 타이어 생산 기업 등 최종 단계 제조사들이 민영화되고, 생고무 원자재 혹은 중간 단계 제품의 수출 허가제 철폐, 민간 자본의 고무나무 플랜테이션 증가 등 민영화의 흐름이 이어졌다. 그러나 여전히 베트남 국내 생고무 생산의 40% 이상을 차지하고 있는 국영 기업이 전체 천연고무 산업에 미치는 영향력은 매우 크다.

베트남의 천연고무 산업은 최근 지속적인 생산 및 수출 규모 증대에도 불구하고 몇 가지 문제점을 안고 있다. 먼저 태국, 말레이시아 등 주변 경쟁국에 비해 낮은 것으로 인식되는 베트남 산 생고무의 품질이다. 또한, 생고무 원료를 제품으로 가공하는 기술력 부족으로 인해 생산된 고무의 국내 소비 비중이 매우 낮고, 수출에 주로 의존한다는 점 역시 약점으로 지적된다(<그림 11.5>). 이에, 고무를 원재료로 한 주요 공산품의 수입이 많은데, 2016년을 기준으로 베트남은 타이어, 고무호스 등 고무 관련 제품의 순 수입국이다(<그림 11.6>). 특히 국제 고무 가격이 지속적으로 하락하고 동남아시아 고무 생산국들 간 경쟁이 치열해지면서, 낮은 국내 제조 역량은 베트남 고무 산업의 지속적이고 자생적인 성장을 저해하는 요인으로 지적되고 있다(Luan, 2013).

그림 11.5 **베트남 천연고무 생산 및 소비(2010－2016, 1천톤)**

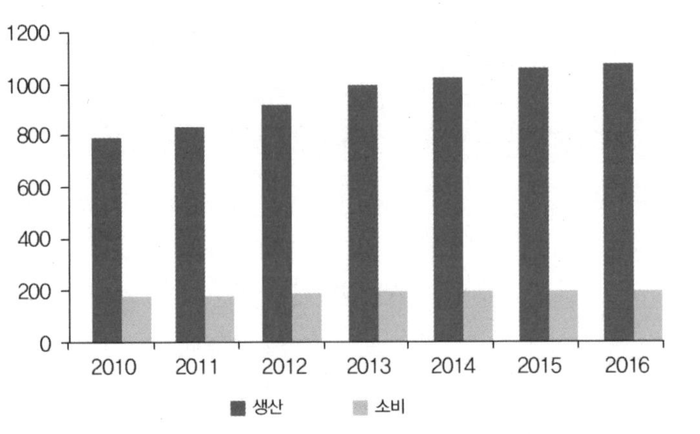

출처: 베트남 세관, VRA(2017) 재인용.

그림 11.6 **베트남의 고무 제품 수출 및 수입 규모(2012－2016, USD 백만불)**

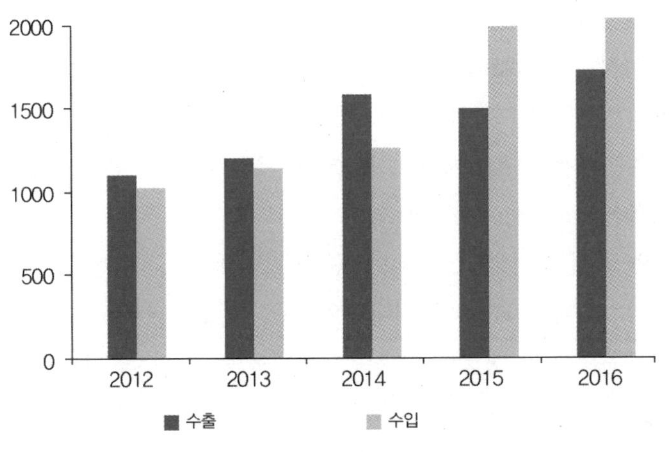

출처: 베트남 세관, VRA(2017) 재인용.

3. 고무 산업 표준화 전개 과정: 품질 개선에서 제품 혁신으로

3.1 국가표준 체계 설립과 품질 개선

베트남의 고무 관련 표준은 국가표준인 TCVN으로 개발, 관리된다. 베트남 과학기술부(Ministry of Science and Technology) 산하 기관인 표준측량품질총국(Directorate of Standards, Metrology, and Quality: STAMEQ)이 관장하는 국가표준인 TCVN은 각 산업 분야별 기술위원회(Technical Committees: TC)에서 개발되는데, 고무 제품 관련 표준은 TCVN TC 45번에서 개발된다. 이는 국제표준화기구(International Standards Organization: ISO)에서 천연고무 및 합성고무 제품의 표준화를 담당하는 기술위원회인 ISO TC 45번과 조응한다.

2016년을 기준으로 TCVN TC 45에 참여하고 있는 주요 기관들을 살펴보면, 베트남 농업부, 고무 분야에서 전통적으로 큰 영향력을 갖고 있는 국영기업인 VRG(Vietnam Rubber Group), 그리고 VRG의 연구기관인 베트남 고무 연구소(Rubber Research Institute of Vietnam: RRIV)가 표준화를 주도하고 있다. 특히 고무 플랜테이션부터 처리 및 제품 제조에 이르기까지 고무 산업 전 분야를 관장하는 국영기업인 VRG는 베트남의 고무 산업에서 우월한 지위를 유지해 왔다. 고무 산업 가치 사슬의 다양한 이해관계자들을 포괄하는 조직으로서 VRG는 천연고무 재배 및 생산, 베트남 천연고무의 처리 및 수출, 연구 및 기술 전수, 신발, 고무공, 고무나무 제품 등 고무 관련 제품의 제조 및 수출까지 고무나무와 관련된 다양한 산업 분야의 131개 회원사 및 기관을 거느리고 있다. VRG는 베트남의 천연고무 산업 전반에서 큰 영향력을 발휘하고 있는데, 2017년을 기준으로 베트남 전체 생고무 생산 면적의 1/3을 보유하고 있으며, 전체 고무 시장 매출의 32%를 기록하고 있다.

특히 고무와 관련된 기술 규격이나 표준과 관련해 VRG의 연구 부속기관인 RRIV의 영향력은 막강하다. 1941년 설립된 RRIV는 천연고무 관련 R&D와 기술 전수를 통해 베트남 고무 산업의 경쟁력 및 지속가능성을 높이는 것을 목적으로 한다. 특히 천연고무의 재배, 처리 및 제품 생산과 관련된 기술 문서 개발, 시험소 신규 기법 개발, 고무 제품의 물리·화학적 특성에 대한 시험, 고무나무용 비료 및 폐기물 관련 시험, 신규 시험소 인정(accreditation) 등 실질적으로 표준의 개발, 전파 및 적합성평가와 관련된 활동을 전담하여 수행하고 있다.

그밖에 고무 제품 제조업체로 Yellow Star, Danang, Southern Rubber Company 등 세 개의 대규모 타이어 제조기업이 고무 국가표준 개발에 참여하고 있는데, 이들 모두 민영화된 기업이라는 특징을 공유한다. 그밖의 기업 참여는 매우 저조한데, 이는 비교적 취약한 베트남의 고무 제품 제조업 기반 및 생산 기술 역량을 반영하는 것으로 볼 수 있다.

베트남에서 수출 산업으로서 고무가 오랜 기간 중요한 위치를 차지하였음에도 불구하고, 고무 제품의 베트남 국내표준을 개발하는 TCVN TC 45는 2008년에 이르러서야 공식 설립되었다. 2008년 이전 고무 및 고무 제품 관련 표준은 이를 담당하는 독립된 별도의 기술위원회 없이 기업의 요청이 있을 경우 비정기적으로 개설되는 3개의 하부위원회(subcommittees: SC)를 통해 개발되었는데, SC 1은 천연고무 및 라텍스, SC 2는 검사 방법, SC 3은 고무 타이어 관련 표준화를 주제로 하였다. 이렇게 뒤늦은 TC 45의 설립은 VRG와 RRIV를 중심으로 오랜 기간 이루어지던 VRG의 기업 내 품질 관리 체계가 산업 내 실질적(*de facto*) 표준으로 작용하고 있었기 때문이었다. VRG의 시장, 기술 지배력이 압도적인 상황 속에서 이미 RRIV를 중심으로 하는 품질관리 체계가 존재하였기 때문에, 별도의 TC 수립을 통해 국가표준을 제정할 필요성은 크게 제기되지 않았다. 실제로 2000년대 이전 베트남의 고무 관련 국가표준은 생고무 라텍스의 물리적, 화학적 특성을 정의하는 내용이 주를 이루었으며, 국제표준에 대한 레퍼런스 없이 개발된 표준 또한 상당수를 차지하였다.

2000년대 중반 이후, 국제 고무 시장의 성장과 더불어 베트남의 고무 관련 국가표준 또한 정비되기 시작하였다. 이 시기는 베트남의 WTO 가입을 전후해 고무 분야를 다루는 공식 기술표준위원회가 새롭게 설립되며 제도적 기반이 마련되었을 뿐만 아니라, 2000년대 이후 꾸준히 증가세를 보여왔던 국제 천연고무 수요가 정점에 올랐던 때이기도 하였다. 2007년 WTO에 가입한 베트남은 가입 요건 중의 하나로 국가표준체계 정비를 추진하였는데(Bridonneau, 2014), 국가표준, 부처표준, 지방표준 등 다양하게 존재했던 베트남 표준 체계를 자발적 국가표준인 TCVN, 강제성을 띠는 기술규정인 QCVN으로 이원화하였으며, 각 부처를 중심으로 이루어지던 표준 개발 체계 역시 과학기술부 산하 STAMEQ의 책임으로 명문화하는 등 체계와 조직을 정비하였다. TCVN TC 45 역시 이러한 국가 단위의 표준 제도화 흐름에 따라 공식적으로 설치되었다. 또한, 이 시기는 글로벌 제조업 경기의 호황에 힘입어 특히 중국, 인도 등 신흥국을 중심으로 자동차 타이어에 대한 수요가 급증하면서, 타이어의 원재료로서 천연고무에 대한 수요 증가가 두드러졌다. 고무 산업의 집중적인 성장 속에서 베트남 역시 수출량을 확대할 수 있었는데, 이를 위해서는 국제 품질 규격에 맞는 생고무 및 고무 제품을 생산하는 것이 필요하였다.

이 시기 베트남의 고무 표준화는 WTO 가입과 더불어 국가표준체계를 확립해야 했던 시장 외적 요인과 더불어, ISO 국제표준을 TCVN으로 도입해 베트남산 생고무 및 중간 단계 가공 고무 제품의 품질을 제고하기 위한 목적으로 적극 추진되었다. 특히 베트남의 국가표준과 국제표준과의 조화가 두드러졌는데, ISO 표준으로 대표되는 국제표준은 수출용 고무 제품의 품질을 향상시키기 위한 선진 품질 기준을 제시하였고, 이를 도입함으로써 해외 바이어들에게 베트남산 천연고무 및 라텍스 품질에 대한 신뢰를 제고할 수 있다는 점에서 중요하였다. 이 시기 신규 개발된 표준의 내용을 살펴보면, ISO 표준을 중심으로 베트남이 주로 수출하고 있던 천연고무 및 라텍스의 물리적, 화학적 특성 및 검사 방식을 다루는 표준들이 주를 이루었던 2008년 이전과 달리, 가황 고무 등 후가공 처리를 통해 보다 높은 부가가치를 지니는 고무 생산품의 검사 방식을 다루는 표준이 증가하였다.

3.2 국가표준 신규 이해관계자의 유입과 기술 혁신

베트남 고무 분야 국가표준화의 두 번째 전기는 2013년 이후 나타난다. 2010년으로 들어오면서 베트남 고무 산업에 변화가 일어났는데, 농업이나 소비재 관련 고무 제품에서 자동차 타이어 등 산업용 고무 제품으로 수요의 이동이 두드러지면서 고무 원재료의 종류 및 처리 방식 등에 있어서도 다각화가 요청되었다. 더불어, 이같은 새로운 제품 특성을 관리하기 위한 품질 기준 또한 요구되었다. 그러나 Yellow Star, Danang 등 최종 생산품에 해당하는 타이어 제조기업의 대규모 민영화 등에도 불구하고, 원자재나 중간 단계 생산품의 수출이 중심이 되는 산업 구조를 개혁하는 데에는 한계가 있었다. 또한, 생활 수준의 향상과 함께 보다 고부가가치 영역으로 넘어가는 소비재 혹은 산업용 가공 천연고무 제품에 대한 생산 역량은 여전히 낮아 2016년을 기준으로 베트남은 여전히 고무 제품 순수입국에 머무르고 있었다. 한편, 주요 수출품인 SVR, RSS 등 중간 단계 고무 생산품의 품질 향상에 대한 필요성이 대두되었다. VRA(2016)의 보고서에서도 드러나듯, "베트남 고무 브랜드의 부재"와 태국, 말레이시아 등 동남아의 다른 고무 생산국 대비 "낮은 품질"은 베트남 고무의 낮은 국제 경쟁력으로 이어졌다. 이는 현재 중국에 의존하고 있는 수출 채널 다각화, 고부가가치 영역으로의 이동을 제한하는 요인으로 천연고무 분야 가격 및 품질 경쟁이 치열해지기 시작한 2010년대 이후 더욱 심각한 문제로 대두되었다.

이 같은 문제들에 대해, 베트남 정부는 중간 단계 생산품의 품질 제고와 함께 고부가가치 영역으로 산업 가치 사슬을 이동하는 것이 필요하다는 점을 인식하였다. 이를 종합적으로 타개하기 위한 방안으로는 고무 제품의 R&D 역량 강화가 필요하였지만 이를 실행에 옮기기 위한 정부 및 민간의 자원과 인적 역량은 매우 낮은 수준이었다.

변화의 단초는 2013년 이후 TCVN TC 45의 기술위원회 위원으로 대학에 기반을 둔 R&D 인력의 신규 유입과 함께 시작되었다. 하노이 과학기술대학교(HUST) 출신 신규 기술위원들의 참여와 함께, "라텍스 알레르기 항원 단백질 제거 기술"이 신규 국가 표준 개발을 위한 주제로 새롭게 제안되었다. TCVN 표준으로 신규 개발이 추진된 것은 라텍스 알레르기를 일으키는 항원 단백질을 제거하기 위한 효소 기반의 기술로, 베트남 HUST 연구진이 개발하여 미국 및 일본에서 특허를 획득한 것이었다. 라텍스는 병원에서 감염의 전파를 막기 위해 사용되는 라텍스 장갑, 피임도구 등 다양한 제품으로 가공, 생산된다(<사진 11.3>). 그러나 라텍스를 피부에 직접 접촉하거나 라텍스 입자를 흡입하는 경우 피부 혹은 호흡기 알레르기를 유발할 수 있는데, 이는 특히 라텍스 재질의 장갑을 사용하는 의료계 종사자들에게 주요한 건강 문제가 되기도 한다. 베트남에서 국가표준화를 추진한 기술은 효소를 기반으로 한 기술로, 기존에 어떤 국제 수준에서도 표준화가 추진된 적이 없는 혁신 기술이었다.

사진 11.3 라텍스 장갑

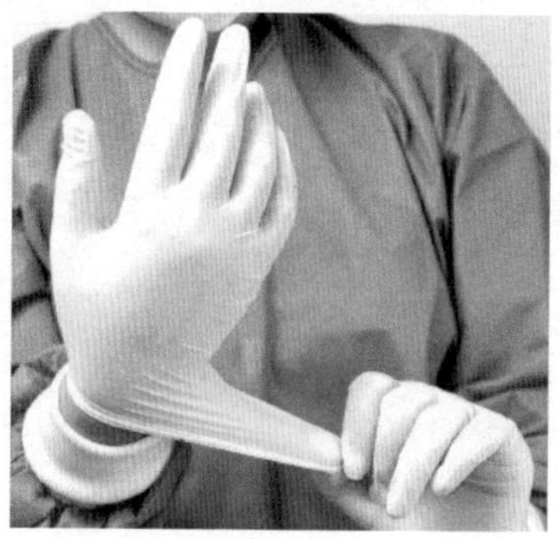

이를 베트남 국가표준으로 개발하는 과정에는 일본 국제협력단(Japan International Cooperation Agency: JICA)과 일본 과학기술처(Japan Science and Technology Agency: JST)가 집행한 일본의 과학기술 분야 공적개발원조(Official Development Assistance: ODA) 사업이 큰 역할을 하였다. 이 사업은 개발도상국의 R&D 역량 제고를 위해 일본 학자들과 개발도상국 학자들이 팀을 이뤄 제안하는 공동 연구를 선별하여 지원하는 것을 골자로 한다. 베트남 표준화에 신규 참여한 HUST 연구자는 바로 이 사업의 지원을 받고 있었다. 천연고무의 부가가치를 높이기 위한 가공 기술 및 가공 부산물 처리 방법 개선을 목적으로 추진된 바 있는 ESCANBER(Establishment of Carbon-Cycle-System with Natural Rubber, 천연고무 탄소순환 시스템 구축) 프로젝트는 HUST 및 일본 과학기술대학교 연구진을 주축으로 2011년부터 2016년까지 5년간 수혜를 받았다(<표 11.1>). TCVN TC 45의 신규 국가표준을 개발하는 것이 ESCANBER 프로젝트의 다섯 개 세부 과제 중 하나로 선정되었다. ESCANBER 프로젝트를 주도하는 두 연구자들이 2012년 미국에서 특허를 취득한 바 있는 기술을 바탕으로, 실제로 이 기술을 활용한 항원 단백질 제거 라텍스를 제품으로 개발하고자 하였으며, TCVN 국가표준의 개발이 주요 산출물의 하나로 추진되었다(JICA, 2016).

베트남 정부의 시각에서 알레르기 항원 단백질 제거 라텍스 검사 방법 표준화는 고부가가치 라텍스 제조에 관한 혁신 기술의 시장 보급을 확대하려는 전략적인 의도와 부합하는 것이었다. 심화되는 경쟁 속에서 베트남 고무 제품의 국제 경쟁력을 높

표 11.1 ESCANBER 프로젝트 개요

프로젝트 기간	2011~2016
지원금 총액	US 390만불
베트남 측 참여자	Hanoi University of Science and Technology(HUST), RRIV
세부 과제	• Polymer(폴리머) • Materials(재료) • Chemistry(화학) • Bio technology(바이오테크) • Environment(환경)

이기 위한 방안에 고심하던 베트남 정부는 부가가치가 높은 단백질 제거 천연고무 라텍스 생산을 촉진할 수 있는 신규 기술표준 개발 제안에 호의적인 반응을 보였다. 전술하였듯이, 생산 가치 사슬의 전 분야를 관장하는 거대 국영 기업이 강한 영향력을 갖고 있는 베트남 고무 산업의 구조 하에서, 기존 생산 사슬에 포함되지 않는 신규 이해관계자가 기존 이해관계자들을 중심으로 상당히 폐쇄적으로 운영되던 고무 분야 국가표준기술위원회에 새롭게 참여하는 것은 쉽지 않았다. 또한, 개발될 표준의 내용이 정부에 의해 계획되어 하달되는 방식의 베트남 국가표준화 체계 속에서, 기술위원 개인의 이니셔티브로 표준 개발 아젠다를 만들어 내는 것 역시 드문 사례였다. 특허 기술의 가치, 그리고 일본 ODA 자금의 지원을 받는 프로젝트로서 연구의 탁월성에 대한 신뢰가 있었기에 해당 기술을 사용해 제조된 고무 제품 시험 방법을 국가표준으로 개발하고자 했던 ESCANBER 연구자들의 제안이 TC 45에서 받아들여질 수 있었다.

한편 HUST 연구자들의 입장에서 볼 때 이들이 알레르기 항원 단백질을 제거한 라텍스의 검사 방법에 대한 국가표준을 개발하고자 했던 것은 이를 통해 자신들이 보유한 특허 기술을 베트남 고무 시장, 나아가 세계 시장에 보급하고자 하는 목적이 자리하고 있었다. 이를 위해 ESCANBER 프로젝트는 이미 형성되어 있었던 베트남-일본 간 국제 연구 네트워크에 RRIV와 같은 베트남의 고무 분야 연구기관을 포함해 R&D 네트워크를 구축함으로써 미약했던 베트남의 고무 분야 R&D 네트워크를 강화하고자 하였다. 특히, 과학기술 분야 프로젝트는 "기술 사이클"을 구성하는 서로 다른 요소들이 모여 구성되는 복잡성을 띠는데, 제품 개발의 전 과정을 아우르는 다양한 이해관계자들의 참여가 프로젝트의 성공을 위해 필수적이었다. 이에, ESCANBER 프로젝트 팀은 일본의 과학기술 ODA 사업 지원 단계에서 이미 VRG와의 접촉을 통해 이같은 계획을 공유하고, HUST 소속의 연구자와 고무 생산 및 처리기술 연구기관인 RRIV, 그리고 일본의 하이테크 고무 제품 생산 기업 등의 연구 파트너십을 구성하였다.

이 같은 과정으로, 2013년 시작된 표준 개발은 2016년 "TCVN 11527: 2016 단백질 함량이 낮은 생고무 라텍스에 관한 베트남 국가표준"으로 결실을 맺었다. 이 표준은 생고무 라텍스의 단백질 함유량을 측정하기 위한 기준에 대한 것으로, 2017년 현재 국제표준 혹은 여타 국가의 국가표준으로 개발된 바 없는 최초의 표준이다. ESCANBER 프로젝트는 고부가가치 고무 제품 생산 기술을 전파하고자 한 정부의 목적과, 혁신 기술의 시장 전파를 꾀하고자 한 HUST 연구자의 의도가 맞아떨어진 결과였다. ESCANBER 프로젝트 연구팀의 TCVN TC 45 표준 개발 참여는 해외 기술 표준을 그대로 수용하던 방식에서 벗어나, 신규 기술 인력의 표준화 활동 참여를 통해 독자적인 과학 기술 연구 결과를 바탕으로 한 국가표준 개발이 베트남에서도 가능하다는 것을 보여주었다.

4. 개발도상국 표준화의 도전과 기회

이 사례는 국가 차원의 R&D 역량이 낮은 개발도상국에서, 기술 혁신의 속도가 비교적 낮지만 국가 경제에서 중요한 역할을 차지하고 있는 1차 산업 분야의 기술 혁신을 정부 주도의 국가표준화를 통해 추진하고자 한 사례를 보여준다. 베트남 고무 산업은 내부의 혁신 동력이 부재하였으나, 국제 연구 네트워크를 보유한 자국 연구자들을 국가표준화 네트워크에 동참시켜 혁신 기술에 기반을 둔 국가표준을 개발하고, 이를 보급함으로써 베트남 내에서 보다 고부가가치 고무 제품 생산을 장려하고자 하였다. 이 같은 베트남 정부의 구상은 자신이 보유한 혁신 기술을 상용화하기 위해 베트남 국내 시장 및 규제 차원에서 큰 영향력을 발휘하고 있는 VRG와의 협력이 필수적이라는 점을 인식하고 있던 연구자들의 필요와도 조응하는 것이었다. 더불어, 일본 정부의 과학기술 ODA를 통한 자금 지원이 실제적으로 해당 기술의 상용화를 위해 국가표준을 개발하는 단계까지 이어지게 한 중요한 요인이었다.

이 사례는 그러나 "국가표준화"로서 그 영향력이 베트남 국내에 머무른다는 한계가 있다. 궁극적으로 기술표준화가 자국 고무 산업의 국제 시장 경쟁력을 높이는 방안이 되기 위해서는 자국 기술을 바탕으로 한 국제표준의 개발 및 전파가 이루어져야 한다. 그러나, 현재 베트남 국가 차원의 국제표준화 역량, 베트남 고무 산업의 기술력 및 인적 자원은 국제표준화 무대에서 자국 기술을 표준화하기 위한 수준에는 이르지 못하였다. 또한 ISO TC 45를 비롯하여 고무 산업 분야의 국제표준화에서 베트남의 영향력이 높지 않다는 한계가 있다. 대표적으로 ISO TC 45에서 베트남의 위치는 매우 미미하다. 베트남은 1977년부터 ISO 무대에 투표권이 없는 교신회원(corresponding member)으로서 참여하기 시작하였으나, 실제로 회비를 지불하면서 ISO의 표준 결정 과정에 참여할 수 있는 정회원인 P회원이 된 것은 2014년이다. ISO TC 45 고무 분야 표준위원회에는 2015년부터 참여하기 시작하였다. 즉, 고무 분야 국제표준화 무대에서 참관인의 역할을 넘어서, 형식적으로나마 의사 결정에 참여하기 시작한 기간이 매우 짧다. 이에 국가표준화를 총괄하고 있는 STAMEQ뿐 아니라 고무 분야 국제표준에서 코디네이터의 역할을 맡고 있는 VRG 등 주요 관계자들은 ISO 무대에서 베트남 국외의 주요 이해관계자들과 전략적인 파트너십의 수준이 매우 낮으며, 이로 인해 베트남 주도로 신규 안건을 국제표준으로 개발하기 위한 전략적 자원이 부족하다.

이를 고려할 때, 국가표준화는 베트남과 같은 개발도상국에서 개발된 기술을 곧바로 국제표준화하고자 할 때 겪게 되는 기술적, 재정적, 그리고 인적 자원의 한계를 극복하기 위한 중간 단계로 선택되었다고 볼 수 있다. 이 같은 중간 단계로서 개발도상국의 국가표준화는 공적 표준화 과정을 통해 개발도상국이 보유한 R&D 역량을 국가표준이라는 R&D 산출물로 개발하기 위한 제도적 역량을 강화한다는 측면에서도 중요하다. 또한 국가표준화는 혁신 기술의 국내 전파를 촉진해 국내 제조사들의 제조 역량 강화에 도움을 줄 수 있다. 그 궁극적인 영향력의 범위가 국내로 한정적일 수밖에 없다는 한계가 존재하지만, 국내 기술을 기반으로 한 국가표준화는 개발도상국의 기술 혁신 역량을 제도적인 차원에서 강화하고, 기술의 활용 저변을 확대하는 기회를 제공한다는 점에서 전략적 중요성을 지닌다.

토론 질문

1. 1차 산업으로서 고무 산업의 표준화는 어떤 특성을 갖는가?
2. 베트남의 고무 분야 표준화 체계는 어떤 특징을 갖는가?
3. 베트남 고무 분야 국가표준화의 주요 이해관계자들은 누구이며, 이들이 국가표준화에 참여하는 주요한 동기는 무엇인가?
4. 베트남 정부는 저단백질 생고무 라텍스의 국가표준화를 통해 어떻게 자국 고무 산업을 발전시키고자 하였는가? 또한 그 한계는 무엇인가?
5. 베트남의 사례에서 드러나는 개발도상국 표준화의 기회와 도전은 어떤 것이 있으며, 이를 어떻게 극복할 수 있는가?

부록
01 베트남의 고무 생산 규모

부록 11.1 베트남 고무 플랜테이션 지역 규모 변화(헥타르)

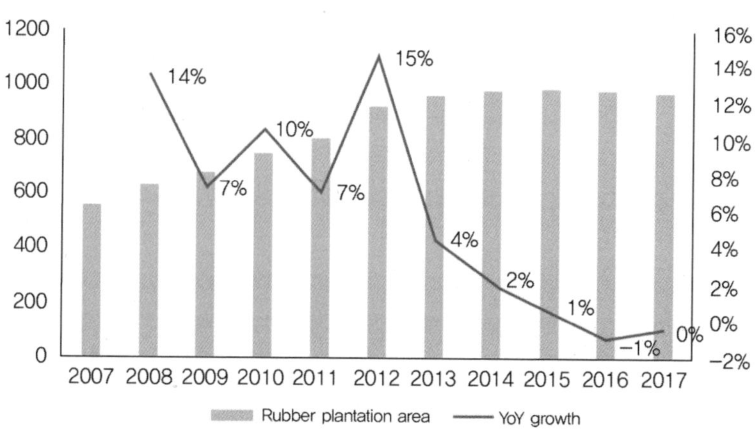

출처: Nguyen, 2018.

부록 11.2 **베트남 건조 라텍스 생산 규모(1,000톤)**

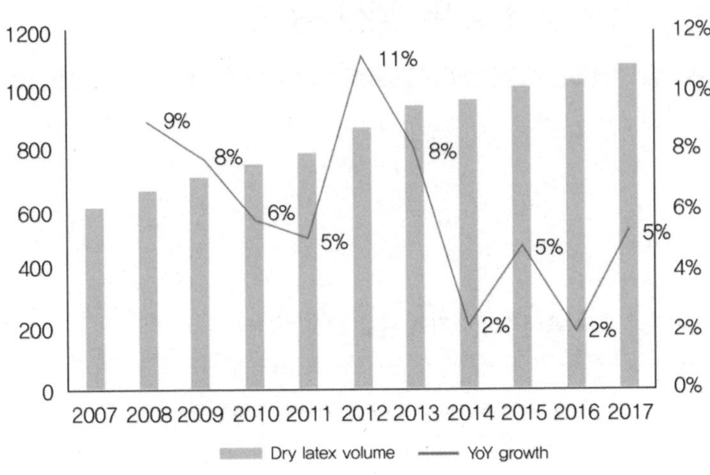

출처: Nguyen, 2018.

참고문헌

국내문헌

고무. (n.d.). 두산백과사전. 검색일: 2018년 7월 31일.
https://terms.naver.com/entry.nhn? docId=1061675&cid=40942&categoryId=32404.

국외문헌

Blind, K. (2013). The Impact of Standardization and Standards on Innovation. *NESTA Compendium of Evidence on Innovation Policy Intervention*, (13/15), pp.1~33. Retrieved from http://www.innovation-policy.net/compendium/

Bridonneau, M. (2014). *Viet Nam in post WTO: Current situation and future challenges for the agro-industry sector.* Hanoi.

Chanchaichujit, J., & Saavedra-Rosas, J. F. (2018). The Elements of the Natural Rubber Industry Supply Chain. In *Using Simulation Tools to Model Renewable Resources*, pp.19~41. SPRINGER. https://doi.org/10.1007/978-3-319-55816-5

Figueiredo, P. N., & Piana, J. (2016). When "one thing (almost) leads to another": A micro-level exploration of learning linkages in Brazil's mining industry. *Resources Policy*, 49, pp.405~414. https://doi.org/10.1016/j.resourpol.2016.07.008

Indexmundi. (2018). *Rubber Monthly Prices.*
Retrieved from https://www.indexmundi.com/commodities/?commodity=rubber&months=240

Intarakumnerd, P., Chairatana, P., & Tangchitpiboon, T. (2002). National innovation system in less successful developing countries: the case of Thailand. *Research Policy*, 31(8-9), pp.1445~1457. https://doi.org/10.1016/S0048-7333(02)00074-4

JICA. (2016). TCVN-ISO MEETING "ESTABLISHMENT OF TCVN STANDARD FOR PROTEIN-FREE NATURAL RUBBER." Hanoi: Japan International Coopration Agency Vietnam Office.

Luan, N. K. (2013). Natural Rubber Industry Report, Vietnam. *Fpt Securities.* Retrieved from http://www.scribd.com/doc/175277842/Natural-Rubber-Industry-Report-31052013- FPTS-1

Lundvall, B. A., Joseph, K., Chaminade, C., & Vang, J. (2009). *Handbook of Innovation Systems and Developing Countries.* Edward Elga.

Nguyen, N. (2018). *Vietnam Rubber Group (VRG)-A natural rubber leader with young tree profile-IPO Report.*

Phuc, T. X., & Nghi, T. H. (2014). Rubber Expansion and Forest Protection in Vietnam. Hue City: Tropenbos International Viet Nam.
Retrieved from http://www.forest-trends.org/documents/files/doc_4671.pdf

Vu, N. A. (2013). *Natural rubber industry in Vietnam.* Hanoi: VietinBankSc.
Retrieved from https://www.vietinbanksc.com.vn/Handlers/DownloadAttachedFile.ashx? NewsID=294170

VRA. (2017). *Vietnam Rubber Industry: Current situation and prospect for sustainable development.* Retrieved from https://www.vra.com.vn/en.html

호주 철도 역사에서 발생한 '궤간 단절'

Chapter 12

이희진(연세대학교 국제학대학원)
엄도영(연세대학교 국제학대학원)

1. 들어가기

20세기 후반까지 호주 철도 이용객은 주요 주도(state capital) 사이를 이동할 때 주의 경계에서 열차를 갈아타야 했다. 각 주 철도의 궤간[1]이 달라서 같은 열차로 달릴 수 없었기 때문이다. 호주의 2대 도시인 시드니와 멜버른은 1962년에 표준 궤간으로 연결되었지만, 멜버른-애들레이드 노선에는 1995년에야 비로소 표준 궤간이 놓여짐으로써(노던 테리터리(Northern Territory)의 주도인 다윈을 제외한) 주도들이 표준 궤간으로 연결되었다. 이렇게 주마다 다른 궤간의 사용은 철도가 주요 도시들을 연결하던 19세기 중반에 철도시스템이 건설되었던 때부터 시작되었다. 각 주의 철도는 고유의 궤간을 사용하였고 열차는 주 간 경계를 넘을 수가 없었다. 승객들은 기차를 환승해야 했고 화물은 국경 역에서 옮겨 실어야 했다. 이러한 현상을 "상이한 궤간의 네트워크가 만나는 지점"을 의미하는 '궤간 단절(breaks of gauge)'이라고 한다(Puffert, 2009, p.3). 호주가 철도의 표준화를 위해 고군분투한 사례는 지역, 국가, 그리고 세계적 수준에서 경제적, 기술적 요인들이 인프라의 거버넌스 측면에서 충돌하는 양상을 잘 보여준다.

1 궤간(gauge)이란 두 레일 사이의 내측 사이의 거리를 말한다. 표준 궤간은 1,435mm이다.

2. 호주 철도의 궤간 단절

영국에서 1830년에 리버풀과 맨체스터를 잇는 철도가 최초로 개통된 이후, 영국 전역에서 사기업들이 철도 노선을 구축하였다. 초기 철도는 단일 노선을 운영했기 때문에 연결을 위한 조정은 필요 없었다. 후에 철도가 서로 만나고 신생 네트워크가 생김에 따라 철도 네트워크들의 연결이 매우 심각한 문제가 되었다. 이에 영국 의회는 위원회를 구성하여 궤간의 국가표준화를 논의하였다(Bayley, 1973). 1846년에 "그레이트 브리튼에서는 4피트 8.5인치,[2] 아일랜드에서는 5피트 3인치 이외의 궤간으로 여객 수송을 위한 철도를 부설하는 것은 합법적이지 않다"고 명시한 새로운 법이 통과되었다(Bayley, 1973, p.6 참고).[3] 이에 따라, 영국 정부는 "잉글리쉬 궤간(English gauge)"을 호주 식민지에 권고하였다. 이것이 전세계적으로 "표준 궤간"이라고 불리는 것이다.

1850년대에 호주에 철도가 처음 건설되기 시작할 때, 호주 대륙은 대영 제국의 몇 개 식민지(colony)로 나뉘어 있었다. 1901년 1월 1일 연방이 설립된 이후에야 연방제도 하의 식민지들이 '주(state)'가 되었다. 1854년 5월, 남호주(South Australia)의 굴와(Goolwa)와 포트 엘리엇(Port Elliot) 사이를 잇는 호주의 첫 철도가 개통되었다.[4] 1854년 9월, 빅토리아(Victoria)는 멜버른 플린더스 거리(Flinders Street)와 샌드브릿지(Sandbridge, 지금의 Port Melbourne) 사이의 첫 증기 기관차 서비스를 제공하였다. 식민지에 대한 영국 정부의 권고에도 불구하고, 이 두 노선은 "아일랜드 광궤"(5피트 3인치: 1,600mm)를 사용하였다(Lee, 2003, Chapter 4). 궤간의 결정은 기술적, 경제적 요인을 고려하여 결정되었다. 아일랜드 광궤는 간격이 넓어서 "부드럽고 빠른 이동"이 가능하지만 "건설 및 유

---

2 1,435mm 궤간으로 이것이 오늘날 표준 궤간이라고 불리는 것이다. 이는 스티븐슨이 리버풀-맨체스터 간 최초의 철도에서 사용한 궤간이고 이전의 마차의 바퀴 간격에서 유래했다고 한다. 5피트 3인치는 1,600mm이고 아일랜드식 광궤라고 한다.

3 "An Act for regulating the Gauge of Railways", 18 August 1846. http://www.railwaysarchive.co.uk/documents/HMG_Act_Reg1846.pdf.

4 이것은 "머리 강(Murray River) 하구에서 운영하는 말이 끄는 철도"였다. "증기 열차가 끄는 첫 노선은 1856년 4월 21일에 개통한 애들레이드(Adelaide)와 포트 애들레이드(Port Adelaide)를 잇는 노선"이었다(Department of Infrastructure and Regional Development, n/d). 본 연구의 초점인 궤간에 관해서, 둘 다 아일랜드식을 사용하였다. 첫 번째 노선의 궤간이 후속 노선의 궤간을 결정한다는 점에서(경로 의존성), 말이 이끄는 것인지 증기력에 의한 것인지는 중요하지 않다. 그래서 남호주의 첫 노선이라고 표현한다.

지가 비싸다"(Bayley, 1973, p.5). 그러나 남호주와 멜버른의 아일랜드 광궤 선택이 호주 전역 철도 궤간의 선례가 되지는 않았다.

뉴사우스웨일스(New South Wales) 식민지에서 호주의 첫 철도 회사인 시드니 철도 회사(Sydney Railway Company)가 1848년에 설립되었다. 식민부 장관인 로드 그레이(Lord Grey)는 모든 호주 철도가 표준 궤간을 사용해야 한다고 명시하였다(Lee, 2003, Chapter 4). 그러나 대표 엔지니어였던 아일랜드 출신 프랜시스 쉴즈(Francis Webb Sheilds)는 1850년에 호주의 궤간을[5] 아일랜드식 광궤로 변경하자는 주장을 하였고, 회사는 이를 받아들였다(Bayley, 1973). 연봉 갈등으로 쉴즈가 사직한 이후, 해당 자리에는 제임스 월러스(James Wallace)라는 스코틀랜드인이 채용되었는데, 그는 표준 궤간으로 되돌아갈 것을 주장했고 회사는 이를 받아들였다. 그리하여 1855년에 개통한 시드니에서 파러매타(Parramatta)까지의 노선은 표준 궤간으로 만들어졌다. 그동안 빅토리아와 남호주는 이미 광궤 기관차와 차량을 주문하였다. 태즈메이니아(Tasmania), 서호주 그리고 퀸즐랜드(Queensland) 등 다른 식민지들은 협궤인 3'6"(3피트 6인치: 1,067mm) 궤간을 경제적 이유로 채택하였다. 협궤는 인구 밀도가 희박한 지역에 적합하다. <표 12.1>은

표 12.1 호주의 주요 궤간

궤간	너비	주	특성
광궤 (아일랜드식)	5피트 3인치 (1,600mm)	빅토리아(VIC)와 남호주(SA) 일부	부드럽고, 빠르지만 비쌈
표준궤 (잉글랜드식)	4피트 8.5인치 (1,435mm)	뉴사우스웨일스주(NSW)와 주간(interstate) 철도 네트워크	광궤와 협궤 특성의 절충
협궤	3피트 6인치 (1,067mm)	퀸즐랜드(Qld), 서호주(WA), 태즈메이니아(TAS), 남호주(SA) 일부	저렴하고 험한 지역에 적합

5 당시에 빅토리아는 뉴사우스웨일스의 일부였고, 1851년에 별개의 식민지로 뉴사우스웨일스에서 분리되었다. 퀸즐랜드는 1859년에 식민지가 되었다. 따라서 1850년대까지 뉴사우스웨일스가 가장 강력하고, 영국 정부에 관하여 어느 정도 호주를 대표한다고 말해졌다.

그림 12.1 호주의 철도망

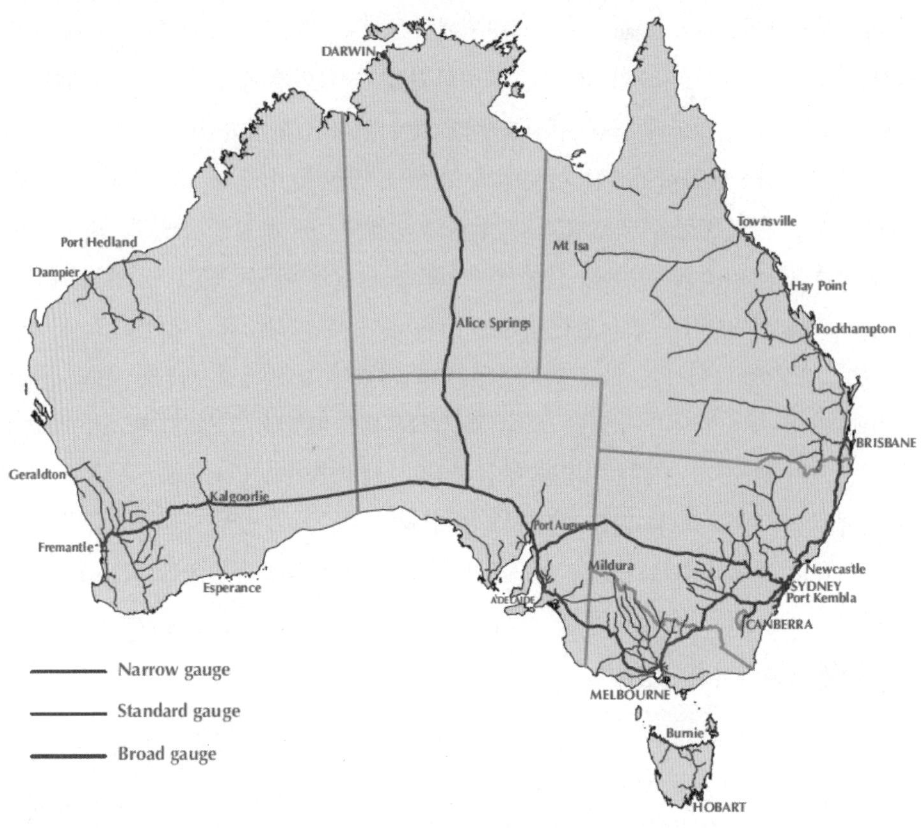

출처: Bureau of Transport and Regional Economics [BTRE] 2006, Optimising harmonisation in the Australian railway industry. Report 114, BTRE, Canberra, Australia. (https://bitre.gov.au/publications/2006/files/report_114.pdf).

호주에서 사용되는 세 가지 주요 궤간을[6] 요약한 것이다.

이것이 호주의 철도 시스템을 병들게 한 "엉망진창 궤간 혼돈(gauge muddle)"의 시작이었다(Lee, 2003, Chapter 4; Puffert, 2009). 철도 역사가 크리스천 울머(Christian Wolmar)는

6 호주에서는 22가지 궤간이 사용되어 왔기 때문에 '주요'라는 말을 추가하였다. 철도 애호가이자 전직 부총리인 Tim Fischer는 이를 너저분하게 휘날리는 "색종이 조각(a veritable confetti of gauges)들"로 묘사한다(Wolmar, 2014, p.297 인용).

다음과 같이 말했다:

“호주 철도의 파란만장한 역사는 여러 측면에서 철도 네트워크를 어떻게 관리하면 안 되는가를 보여주는 좋은 사례이다. 철도가 중요한 통합 기능을 하고 표준화된 방법으로 구축되어서 확장이 가능했던 다른 나라들과는 다르게, 호주 각 주의(state-run) 철도 기업들은 광활한 대륙을 가로질러 먼 거리를 이동하고자 하는 화물 운송 업자와 사람들의 삶을 힘겹게 만드는 데서 비뚤어진 쾌감을 느끼는 것 같다”(Wolmar, 2014, p.296).

예를 들어, 1927년 11월 7일에 개통한 시드니에서 퍼스(Perth)까지의 직통선에는 세 번의 궤간 단절이 있었다(Bayley, 1973). 즉 브로큰힐(Broken Hill), 포트오거스타(Port Augusta), 그리고 칼굴리(Kalgoorlie)에서 승객들이 열차를 갈아타야 했고 화물을 옮겨 실어야 했다. 나중에 퍼스부터 브리즈번(Brisbane)까지의 모든 주도를 연결하는 호주 횡단 철도가 완공되었지만 화물과 승객들은 “칼굴리, 포트오거스타, 테로위(Terowie, 포트피리(Port Pirie)로 변경), 애들레이드, 멜버른, 알버리(Albury), 시드니, 그리고 월랑가라(Wallangarra)에서 한 열차에서 다른 열차로 옮겨야 했다”(Bayley 1973, p.35). 포트피리에서는 세 가지 궤간이 만났고 이는 “세계에서 세 가지 궤간이 만나는 유일한 장소”였다(Hope, 1965, p.31; Bayley, 1973, p.25). 세계적 문호인 마크 트웨인(Mark Twain)은 1895년 호주 방문 당시 궂은 날씨에 알버리에서 열차를 갈아탔던 경험을 통해 이런 상황에 대해 다음과 같은 말을 남겼다: “저런 아이디어를 낳은 지성의 마비를 생각해 보라”(Mark Twain, *The Wayward Tourist*, p.47; Arnold, 2014 참고). 그 “마비”는 계속 진화했고, 퍼스에서 브리즈번까지 여정에서 상이한 궤간[7]으로 인해 최대 여덟 번의 환승을 해야 하는 상황에 이르렀다(Hope, 1965, p.26). 이런 상황은 1924년에 호주 연방 정부가 뉴사우스웨일스에서 브리즈번까지 가는 새로운 표준 궤간 노선 건설에 착수하도록 만들었다.

호주 연방 정부는 이 문제를 해결하기 위해 다양한 노력을 했지만 매번 다른 주가 협조하기를 거부했다. 예를 들어, “남호주는 특히 이러한 어려움에 일조했는데, 표준화를 받아들이는 조건으로 연방 정부가 호주 중앙 철도(Central Australia Railway)를 다윈

7 여기에서 상이한 궤간은 3피트 6인치, 4피트 8.5인치, 3피트 6인치, 5피트 3인치, 4피트 8.5인치, 3피트 6인치였다.

까지 완공하는 조건을 내걸었다. 이 조건 때문에 퀸즐랜드는 타운즈빌(Townsville)로부터 기존 노선을 서쪽으로 연장해서 노던 테리터리에 진입하지 못했다"(Fitch, 2006, p.168, 170).

1901년 호주 연방 정부가 건립되었을 무렵, 총 20,600km에 이르는 공영 철도 노선에 세 가지 다른 궤간이 사용되었고, 다섯 곳에서 궤간 단절이 있었다(Fitch, 2006, p.168). 1945년까지 철도 네트워크의 길이는 42,300km로 늘어났고, 궤간 단절은 13개로 증가하였다(Fitch, 2006). 1984년까지 세 가지 궤간은 38,300km 루트를 형성하고 있었다. 연방이 발족된 지 한 세기가 지난 2006년에도, 호주는 "여전히 세 개의 궤간으로 구성된 – 4,000km는 광궤, 15,100km는 표준궤, 14,100km는 협궤, 그리고 300km 이원 궤간 – 33,500km에 이르는 공영 철도 노선을 지니고 있고, 작동하는 10개 궤간 단절과 서비스가 중단되어서 작동하지 않는 3개 궤간 단절이 있다"(Fitch, 2006, p.183).

시드니–멜버른 노선은 1962년에야 비로소 표준화되어 인구 최대 도시 두 개가 연결되었다. 태평양 쪽의 시드니부터 인도양 쪽의 퍼스를 잇는 동서 대륙 횡단 노선 인디안–퍼시픽라인은 남호주와 서호주의 궤간이 조금씩 표준궤로 전환되는 과정을 거쳐 1970년에 개통되었다. 예를 들어, 1968년 8월 3일에 표준 궤간이 퍼스와 칼굴리 사이에 완공되었다. <사진 12.1>은 1969년 동쪽 노선과 서쪽 노선이 브로큰힐에서 표준궤에 의해 만난 것을 기념하는 명판이고 "호주 동서부 해안을 연결하는 표준 궤간 철도 노선이 브로큰힐에서 만나는 것을 기념하기 위해 1969년 11월 29일 Hon. J. G. Gorton, M.P. 호주 총리에 의해 제막식이 거행되었다"라고 쓰여있다. 태평양 연안의 시드니부터 인도양 연안의 퍼스까지 가는 첫 기차는 1970년 2월 23일에 출발했는데, 이는 호주 연방 발족 이후 가장 중대한 사건 중 하나로 간주되었다. 멜버른–애들레이드 노선이 1995년 표준 궤간으로 변경되었고 그때야 비로소 주요 주도(노던 테리터리의 다윈 제외)가 동일한 궤간으로 연결되었다. 애들레이드와 노던 테리터리의 다윈을 연결하는 노선은 남겨져 있던 협궤 구간을 표준궤로 전환한 후, 간(The Ghan)이라 불리는 호주남북 종단 철도에 의해 2004년에 마침내 연결되었다(Wolmar, 2014; Bayley, 1973; Laird, 2011).

사진 12.1 **1969년 동부해안과 서부해안을 연결하는 표준궤 철도 노선이 브로큰힐에서 만난 것을 기념하기 위한 명판**

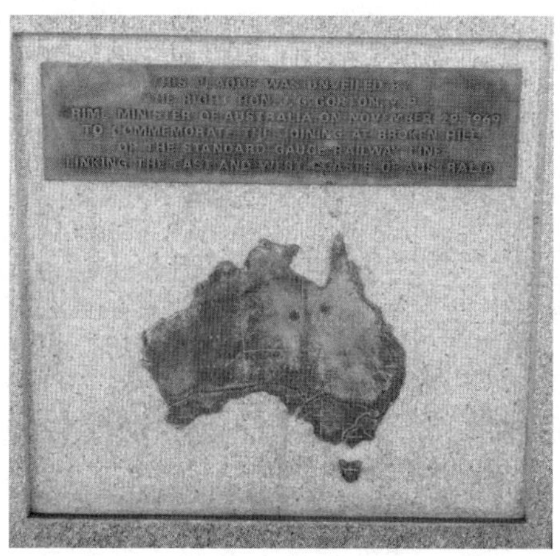

출처: 저자 직접 촬영.

3. 원인

궤간 단절은 아직도 호주 사회의 많은 측면에 영향을 미치는 유산을 남겼다. 무엇보다도 호주는 네트워크의 경제적 효과를 누릴 수 없었다. 표준화에 관한 결정은 각 주의 거버넌스[8] 역량 내에 있었는데, 특히 철도 네트워크 거버넌스에서 각각의 개별적인 결정은 주로 경제적 고려의 영향을 받았던 것으로 보인다. 철도는 주가 소유하였고 대개 화물을 각 주의 항구도시로 운송하기 위해 건설되었다. 따라서 각 주 중심의 경제적 이익을 우선시했고, 이 때문에 네트워크 외부효과로 창출되는 더 큰 규모의 경제적 이익을 등한시하게 되었다(Stevenson, 1987). 네트워크 외부효과는 네트워크의 규모 증대와 네트워크 사이의 교류에 의해 발생한다.

호주의 비효율적인 수송 시스템이 발생시키는 비용은 막대하다. 1인당 도로 화물 비율은 세계 1위이다(Laird, 2011). 트럭은 멜버른과 시드니 사이 흄(Hume) 고속도로에서

8 여기서 거버넌스는 "국경을 넘는 철도 사이의 상호운용성(interoperability)을 가능하게 하는 일체의 규칙과 관행"(Shot et al. 2011, p.267)을 의미한다.

기차보다 10배 많은 무게인 연간 1,000만 톤의 화물을 운송하고, 매일 3,000대 이상이 운행한다. 트럭을 이용한 화물 운송 방식은 비용이 더 들고, 교통 사고의 위험이 높으며 환경에도 좋지 않다. 베리(Berry, 2014)는 멜버른에서 시드니까지 화물 열차 한 번 운행이 150대의 트럭을 대체함으로써 45,000리터의 연료를 절약할 수 있다고 추산하였다. 더욱이, 고속철도 시스템 개발이 지연되는 것은 궤간 단절에서 비롯된 철도 시스템의 낙후에 부분적으로 기인한다.

궤간 단절의 영향은 수송 시스템에 국한되지 않는다. 그 영향력은 연관 산업에까지 미치고 경제 전체의 발전을 저해한다(Stevenson, p.142). 각 주는 철도를 차별적 목적으로 사용했다. 예를 들어, 철도에 필요한 장비와 기타 물품을 각 주 내의 기업에서 조달했다. 이러한 관행으로 인해, 각 주에 소재한 어떤 철도 관련 산업도 규모의 경제를 실현하지 못하였다. 이는 스티븐슨(Stevenson)이 말하는 "호주 산업의 파편화"로 이어졌다(Stevenson, 1987, p.142). 차별적 관행은 자원 분배도 왜곡하였다. 예를 들어, 화물 운임은 "산업 입지가 다른 주가 아니라 자기 주 내에 머물도록, 또는 수입업자와 수출업자가 다른 주의 항구가 아니라 그 주의 항구를 이용하도록 권장하기 위해" 결정되었다(Stevenson, 1987, p.142). 다시 말해, 경제 또는 인프라 발전이 연방국가의 관점이 아니라 개별 주의 관점에서 설계되고 계획되었다. 이것이 호주에 사회적 인프라가 부족한 원인의 일부이다.[9]

궤간 단절은 약한 연방제, 경쟁력이 없는 시장에서의 시장선점우위(first-mover advantage)와 결부된 잠김 효과(lock-in effect), 그리고 국가 수준에서의 경제적 파편화와 결합하면서 지속되었다.

호주 특유의 약한 연방제는 궤간 단절이 지속된 주요 원인 중 하나로 빈번히 거론된다. 1901년 1월 1일에 설립된 호주 연방의 새로운 헌법에 따라 국방, 우편에 관한 권한은 연방 정부에 귀속되었지만 철도는 각 주의 관할로 남겨졌다(Laird, 2011). 이는 캐나다, 미국과 같은 다른 영국 식민지와 극명히 대조되는 점이었다. 1867년 캐나다 연방은 철도를 연방 책임으로 두었고, 미국 대법원은 19세기 말에 주 경계를 가로지르는 철도 운영을 제한하는 많은 주 법을 폐지하였다. 그래서, 캐나다와 미국의 철도

9 http://www.infrastructureaustralia.gov.au/index.aspx 참고.

가 사기업의 지위를 가졌음에도 불구하고, 국가 거버넌스 요소들이 19세기 말에 궤간 표준화를 달성하는 데에 도움을 주었다. 호주에서는 철도가 연방 정부의 규제를 받지 않고, 주 소유로 남았다. 호주 철도의 낙후를 개탄하며, 전직 총리 폴 키팅(Paul Keating)이 말하기를, "본질적으로 주 중심인 호주 연방의 성격 때문에… 호주는 대륙의 필요를 충족하지 못하는 철도 시스템을 갖게 되었다"(Laird, 2011, p.4). 여러 특별 위원회가 이 문제를 해결하기 위해 만들어졌지만 주 사이의 이해관계 충돌 때문에 반복적으로 실패하였다. 예를 들어, 뉴사우스웨일스는 다른 주의 교체 작업 비용을 납부하는 것을 거절하였고, 빅토리아와 남호주 역시 다른 주가 비용을 지불하지 않는 한, 광궤 시스템을 표준궤로 변경하는 것을 원하지 않았다(Puffert, 2009).

또 하나 요인은 타이밍이다. 시스템 발달의 순서, 즉 철도 건설의 결정적 단계가 진행되는 시점이 막대한 잠김 효과를 가져왔다. 스티븐슨(1987)은 연방 정부가 세기가 바뀌는 시점에 철도에 관한 권한을 갖고 있었다고 하더라도 문제를 해결하기에는 늦은 시점이었을 것이라고 주장하였다. 호주 연방은 증기기관차 시대가 거의 끝날 때 등장하였고, 그 당시에 철도 네트워크의 절반(약 22,000km)이 이미 구축되어 있었다. 연방이 철도 성장기와 같은 시기 또는 그 이전에 성립된 캐나다와 미국에서는 대륙 횡단 철도의 건설이 국가 건설(nation-building), 국가 단일성 및 정체성과 관련되었다. 이 세 나라는 대영 제국의 유산이고 광대한 땅덩이에 걸쳐 있다. 대륙 횡단 철도는 경제적 이유뿐만 아니라 정치적 이유 때문에 중요하게 여겨졌다. 대륙 횡단 철도는 "5,000km^{2}에 가까운 땅덩어리를 가로질러서 미국의 여러 지역들을 통합시키는 하나의 방법"으로 간주되었다. "대륙 횡단 철도가 없었다면 미국은 아마 연합 상태를 유지하지 못했을 것이다"(Wolmar, 2014, p.120). 캐나다의 경우도, 대륙 횡단 노선을 "상업적 이유뿐만 아니라 다른 지역을–특히 분리독립하겠다고 위협하는 브리티시 컬럼비아(British Columbia)와 같은 지역–통합하기 위해" 만들었다(Wolmar, 2014, p.125). 19세기 말까지 미국에는 대륙 횡단 노선이 5개, 캐나다에는 1차 세계대전이 끝나갈 때 3개가 있었다(p.127). 그러나 호주 철도는 지역 정체성을 강화하는 데 기여했다.

파편화가 세 번째이자 가장 중요한 원인이다. 호주 식민지들(colonies)과 이후 (출현한) 주들(states)의 경제는 보완적이기보다는 경쟁적이었고, 서로에게 보다는 영국과 더 상호의존적이었다. 각 주의 경제는 넓은 내륙 지역에 분산해서 거주하는 사람들에 의해 운영되는 농업과 목축업에 기반을 두었다. 각 주에는 주요 항구 도시가 있었다. 따라서 수출을 위해서는 내륙의 농업 중심지를 다른 주의 항구가 아닌 자기 주의 항구와 연결하는 것이 중요했다. 각 식민지는 수도이자 항구인 큰 도시에서 지방 내륙 지역으로 가는 철도 네트워크를 깔았다. 주 경계 지역에 있는 생산지의 경우는 자기 주의 항구보다 다른 주의 항구가 더 가까운 경우도 있었다. 따라서 가까운 다른 주의 항구로 수송하고 그곳에서 수출하는 것이 경제적으로 효율적일 수도 있었지만 다른 주로 철도를 연결하는 것은 쓸데 없는 일이었다(Stevenson, 1987). 이것은 오히려 해당 주에 정치적, 경제적으로 해가 되는 것이었다. 각 식민지 철도 전략의 공통점 중 하나는 "이웃 식민지의 부유한 목축 지역의 무역을 자기 주 항구와 수도로 유인하기 위해 철도를 건설하는 것"(Lee, 2003)이었고, 각 식민지 또는 주 정부는 이런 시도를 저지해야 했다. 한 마디로 모든 주의 생산기지와 수송기지를 연결하는 표준화된 철도 시스템을 구축할 동기와 근거가 전혀 없었다(Stevenson, 1987).

마지막으로, 철도 네트워크의 표준화 실패에 영향을 미친 또 다른 경제적 요인은 각 주의 정치적 거버넌스의 형태로 나타났다. 전국적 네트워크로 얻는 먼 미래의 편익보다 주가 운영하는 철도로 얻는 지역의 경제적 이익에 호소하는 것이 더 쉬웠기 때문에 다른 주와 연결하는 것은 선거에서 표를 얻는 데 전혀 도움이 되지 않았다.

호주 식민지의 경제적, 정치적 구조는 독립된 식민지들 사이의 협력보다 경쟁을 더 많이 유발했다. 연방 수준의 사회적 통합 관점에서, 이러한 상황은 국가 건설에 해가 되었다. 이런 정치적, 경제적 환경에서 각 식민지는 별도의 발전 계획을 세웠고 각자 갈 길을 갔다(Kim, 2012; Clarke, 1995). 어떤 면에서 이러한 지역주의 관념은 상이한 철도 궤간을 채택하는 것으로 표출되었다. 철도 시스템은 본래 주 사이의 무역, 의사소통, 그리고 인적 교류를 촉진시키고 증가시켜야 하는데(Clarke, 1995), 호주에서는 이를 분리하는 정반대의 역할을 하였다.

4. 나가기

호주의 궤간 단절은 단지 역사적인 사실이 아니라 현재의 호주에도 지대한 영향을 미치고 있다. 호주의 낙후된 철도 시스템의 원인 중 하나는 바로 궤간 단절이다.

현재 철도 시스템의 더딘 발전을 단적으로 보여주는 것이 바로 고속철도의 부재이다. 연방정부는 동부의 주도인 브리즈번, 시드니, 캔버라, 멜버른을 연결하는 연장 1,748km의 고속철도 건설을 위한 연구와 투자를 주도하고 있다. 고속철도망을 구축하는 계획은 1980년대부터 논의되어 왔지만, 한국과 중국을 포함한 약 14개국이 고속철도 시스템을 운영하고 있는 가운데 호주는 아직도 진전을 보이지 못하고 있다. 고속철도망 도입에 대한 타당성 조사가 2010년부터 2013년까지 수행되었는데, 그 결과 건설비용으로 1,140억 달러가 소요될 것으로 예측되었고, 첫 노선 건설을 2027년에 착수하여 2035년 완공 후 마지막 노선은 2058년에야 운영 가능할 것으로 추정(Department of Infrastructure and Regional Development, 2013) 되는 등 고속철도가 운영되기까지 막대한 비용과 시간이 소요될 것으로 평가된다. 현재까지 지속되고 있는 호주 철도 시스템 문제점의 원인 중 하나는 당시의 거버넌스 구조와 그로 인한 궤간 단절이라고 볼 수 있다.

토론 질문

1. 호주에서 궤간 단절이 발생하고 그것이 지속된 원인(정치, 경제, 사회 등 측면에서)은 무엇인가?
2. 궤간 단절이 하나의 국가로서 호주 및 현대 호주 사회에 미친 영향은 무엇일까?
3. 궤간 단절은 표준의 중요성을 보여주는 고전적 사례이다. 표준 연구에서 사용되는 경로의존성, 호환성, 긍정적 피드백(positive feedback), 네트워크 외부효과 등 개념을 사용하여 궤간 단절을 설명해 보자.
4. 이 사례의 현대적 의미에 대해서 토론해 보자.

참고문헌

국외문헌

Arnold, A. "Tim Fischer on the Ghan," The Monthly, March 2014. Available at https://www.themonthly.com.au/issue/2014/march/1393592400/ann-arnold/tim-fischer-ghan Viewed on 1 April 2015.

Bayley, W. (1973). *Standard Gauge Railway Across Australia*. 2nd (revised) Edition. Bulli, N.S.W., Australia: Austrail Publications.

Berry, M. (2014). Off the rails: How Australia is at odds with global infrastructure plans. Available at https://independentaustralia.net/politics/politics-display/off-the-rails-how-local-reality-is-at-odds-with-global-infrastructure-plans,7151 Viewed on 28 April 2015.

Department of Infrastructure and Regional Development. Australian Government. History of Rail in Australia. Available at https://infrastructure.gov.au/rail/trains/history.aspx. Viewed on 20 August 2016.

Department of Infrastructure and Regional Development. High Speed Rail Study Phase 2 Report, 2013.
Available at https://infrastructure.gov.au/rail/publications/high-speed-rail-study-reports/ Viewed on 21 August 2018.

Fitch, R. (2006). *Australian Railwayman from Cadet Engineer to Railways Commissioner*. Rosenberg.

Hope, R. The gauge problem in Australia, *Trains Annual 1964*, Freeman Allen (Ed.), 1965, Ian Allan: London.

Laird, P. Railways in Australia: Federation unfulfilled. *The Henry Parkes Oration* 2011. Available at https://parkesfoundation.files.wordpress.com/2014/01/hporation2011.pdf Viewed on 15 March 2015.

Lee, R. (2003) Linking a Nation: Australia's Transport and Communications 1788–1970. *Australia: Our National Stories*. Australian Heritage Commission.

Available at http://www.environment.gov.au/heritage/publications/linking-a-nation Viewed on 16 March 2015.

Puffert, D. (2009). *Tracks across Continents, Paths through History: The Economic Dynamics of Standardisation in Railway Gauge*. University of Chicago Press.

Stevenson, G. (1987). *Rail Transport and Australian Federalism*. Canberra, Australia: Centre for Research on Federal Financial Relations.

Twain, M. (2007). *The Wayward Tourist*. Melbourne University Press.

Wolmar, C. (2014). The Iron Road: An Illustrated History of the Railway. London, UK: Dorling Kindersley.

공저자 소개

이희진

런던정치경제대학교(LSE)에서 박사 학위를 받고 영국 브루넬대와 호주 멜번대 교수를 지냈다. 연세대 국제학대학원 교수이며 연세대 미래융합연구원에 소속된 '융복합 산업화와 표준화 연구센터'를 이끌고 있다. 연구 주제로 시간-표준-철도 세 키워드를 좇고 있다.

강병우

일본 동경대학교에서 박사 학위를 받았다. LG전자, 일본무역진흥기구를 거쳐, 현재 일본 히토츠바시대학 부교수로 재직 중이다. 기술경영 및 과학기술정책 분야에서 동북아시아와 ICT 산업을 주제로 연구하고 있다.

곽동철

한국무역협회에서 국제통상규범 연구와 기업 컨설팅 등을 담당하고 있다. 현재 서울대학교 국제대학원 박사 과정에서 국제통상법을 전공하고 있으며 2019년 8월 박사 학위 취득을 앞두고 있다. 디지털통상규범, ICT 국제표준, 디지털경제를 집중적으로 연구하고 있다.

곽주영

중국 북경대학교의 광화관리학원(Guanghua School of Management)에서 전략을 공부했으며 매사추세츠공과대학(MIT)에서 박사 학위를 받고 2009년부터 연세대학교에서 재직 중이다. 현재 경영대 교수이며 연세대 학부과정 연계전공 중국학과 외교통상학 책임교수를 역임하였다. 중국 및 신흥시장, 비즈니스 네트워크, 정치적 연결 등을 주로 연구한다.

김동휴

연세대학교에서 박사 학위를 받고, 현재 영국 글라스고대학 아담스미스 경영학부에서 조교수로 재직 중이다. 연구 주제는 기술표준, 혁신, 전략, 중국 등이다.

김민정

서울대학교 국제대학원에서 박사 학위를 받고 동 대학원 국제통상전략센터 선임연구원이자 강사로 활동하고 있다. 비관세 조치 및 무역기술장벽(TBT)을 중점 분야로 국제통상법과 통상 정책을 연구하고 정부 자문활동을 하고 있다. 우리나라 무역기술장벽(TBT) 대응역량을 강화하는 일에 기여하고 국제경제법학회(KSIEL) 기획이사를 맡고 있다.

엄도영

현재 연세대학교 국제학대학원 박사 과정에 재학 중이다. 주요 관심 분야는 신기술과 관련된 표준정책과 국제통상이다.

주한나

미국 뉴욕대학교(NYU)에서 개발 정책을 공부했으며 연세대학교에서 박사 학위를 받고 2018년부터 한림대학교 글로벌협력대학원에서 강의전담 조교수로 재직 중이다. 개발도상국 대상 기술 협력, 지속가능한 통상과 표준 등의 주제에 관심을 두고 있다.

최동근

한국표준협회에서 표준 정책 및 국제협력 관련 업무를 담당하고 있으며, 미국 국립표준연구소 객원연구원, 국제표준교육연합 의장, ISO IWA 30 의장 등을 지냈다. 한양대와 서울대에서 교통을 전공하고, 성균관대학교에서 기술경영 박사를 받았다. 표준을 통한 기술확산 및 발전과 인력양성에 관심을 두고 있다.

한태화

연세대학교의료원 의과대학 연구교수로 IEC SyC AAL WG5 convenor를 수임하고 있다. 안전성과 유효성이 보장된 의료기기 SW와 헬스케어 의료기기(IoMT) 및 의료정보에 대한 연구를 수행하고 있으며 국내 표준화 활동으로서 TTA PG1001의 부의장과 스마트보안포럼의 디지털헬스산업분과의 분과장을 맡고 있다.

허준

런던정치경제대학교(LSE)에서 경영정보학 석사를 마치고 KT, SK, 현대자동차 등을 거치며 산업분석, 미래전망, 신사업 전략 등의 업무를 수행해왔다. 현재 한양대학교 과학기술정책학과 박사 과정에 재학 중이며 미래 모빌리티 관련 정책을 주제로 연구하고 있다.

Vladislav Fomin

리투아니아 빌뉴스대학교 교수로 재직 중이다. 표준과 표준화, 조직 혁신, 디지털 인프라 개발, 기술전략 및 정책 등의 연구 주제에 관심을 갖고 있으며, 100편 이상의 저술이 있다. 리투아니아, 라트비아, 프랑스에서 경영정보시스템, 조직의사결정론, 비즈니스 프로세스 최적화 등을 가르치고 있다.

Henk de Vries

네덜란드 에라스무스대학교 로테르담경영대학에서 표준경영학 교수로 재직 중이며, 델프트기술대학교 기술정책경영학부 방문교수로 있다. 기업 관점에서의 표준화에 중점을 두고 가르치며 연구한다. 유럽표준화아카데미(EURAS) 학회장을 맡고 있으며, 표준화 분야에서 380편 이상의 저술이 있다.

4차 산업혁명과 표준화: 사례 모음

초판발행 2019년 7월 31일

편저자 이희진 · 주한나 · 최동근
펴낸이 안종만 · 안상준

편 집 조보나
기획/마케팅 조성호
표지디자인 이미연
제 작 우인도 · 고철민

펴낸곳 (주) 박영사
서울특별시 종로구 새문안로3길 36, 1601
등록 1959. 3. 11. 제300-1959-1호(倫)
전 화 02)733-6771
f a x 02)736-4818
e-mail pys@pybook.co.kr
homepage www.pybook.co.kr
ISBN 979-11-303-0689-6 93320

정 가 23,000원